改訂版

近代ジャーナリズムの誕生

イギリス犯罪報道の社会史から

村上直之

現代人文社

改訂版に寄せて

本書は、一九九五年六月に刊行した『近代ジャーナリズムの誕生』(岩波書店)を大幅に加筆したものである。私は、そのあとがきで、執筆の動機を次のように述べている。

「私を駆りたてたのは、一九世紀に成立した近代ジャーナリズムもいずれ近い将来に終焉するだろうという予感であった。(中略)インターネット時代の幕開けといわれる今日、かつて一九世紀に『知識への課税』をめぐってさまざまな言説がわき起こったように、数多くの議論がなされなければならないだろう。その時、振りかえって、歴史を繙いてみることはけっして無駄ではあるまい。」

あれから一五年、わが国のメディアには〝ジャーナリズムの崩壊〟〝新聞・テレビの消滅〟〝メディア複合不況〟などの言葉が飛び交い、私の予感がまさに的中したかのような様相を呈している。現在、既存メディアとネット・メディア間のさまざまな葛藤は、私には、一九世紀初めの近代ジャーナリズム誕生の前後の状況と酷似しているように見えるのである。

歴史の教訓に学ぶことの重要性の一例をあげよう。

本書刊行の翌一九九六年、アメリカでインターネット電話のソフトが無料配布された。そのニュースに接した私は、某紙に「歴史は繰り返す」と題して、次のような指摘をした。

――郵便はがきは全国どこでも同じ料金で配達されるのに、電話料金は市内と遠隔地とでは大幅に異なる。郵便物の配達には人手も輸送コストもかかるが、電波は一秒間に地球を七回り半するにもかかわらず、である。切手が発明されたのは一九世紀初めのイギリスであるが、じつは、それ以前は郵便料金も現在の電話料金と同様、配達地域間で大きな格差があった。今日のような全国一律定額料金制が生まれたのは、イギリスにおける「知識への課税」との戦い、すなわち言論の自由の最後の戦いの成果なのである。

一九九六年、インターネット電話の無料ソフトの配布が始まった時、じつは当時のNTT社長は、近い将来、電話料金の定額制ないし全国一律制の実施を示唆していた。けれど、あれから一四年、電話料金システムは旧態依然のままである。そればかりでない。IP化した携帯電話の普及にもかかわらず、その料金は高止まりしたままというのが現状にほかならない。ジャーナリズムの戦いなくしては、歴史はけっして繰り返さないのである。

思えば、一九世紀初め、「知識への課税」との戦いが始まってから、その最後の勝利までおよそ半世紀を要している。本書は、近代ジャーナリズム誕生以前のイギリス民衆にとって唯一のニュース・メディアであったブロードサイドの歴史からはじめて、当時の既存メディアや政府・議会の動向を含めてそこにかかわる関係諸力の歴史過程をたどったものである。

インターネット時代の現在、電話もテレビも含めてメディアに関するすべての問題はジャーナリズムの歴史に属するという認識こそ必要ではないだろうか。あらためて本書を世に問うゆえんである。

二〇一〇年一二月

村上直之

目次

改訂版に寄せて　ii

第一章　イギリス民衆世界の中のニュース　1

第一節　セヴン・ダイヤルズの出版王　3
バラッド売りとメイヒュー／セヴン・ダイヤルズの出版王／サーテル事件のもたらしたもの／「赤い納屋の殺人」の教訓／コックスとキャッチペニー

第二節　ブロードサイドの歴史　23
民衆活字文化圏のはじまり／ロビン・フッド伝説／狩猟法・密猟そしてアウトロー・バラッド／国家の検閲とステイショナーズ・カンパニーの独占／ニュース観念のめばえ

第三節　ニュース・バラッドの謎　39
ニュース・バラッドの成立／〈速報性〉の意味するもの／改悛の舞台としての公開処刑／犯罪原因についての無関心

第四節　日付のないニュース　56
〈日付〉の意味するもの／恋愛・悲劇バラッドの系譜

第二章　知識への課税との戦い――自由と干渉の結節点　65
第一節　近代ジャーナリズムの神話　67
ジャーナリズムの歴史―その通説／ピータールーの虐殺／一八二〇年代の静穏
第二節　ラディカル・プレスの戦い　78
『プアマンズ・ガーディアン』の登場／遍歴の騎士ヘザリントン／「廉価な知識」の象徴的意味
第三節　新聞業界のジェントルメン　87
『タイムズ』の場合／T・バーンズと《世論》の発見／レスペクタブルな新聞の場合／時代のキーワード
第四節　ブルジョワ階級の改革論議　98
ホイッグの改革キャンペーン／自由放任か国家干渉か／チャドウィックとベンサム主義者／教育改革論者とその言説／自由貿易論者とその言説／郵便改革論者その他の言説／プレイスとそのロビー活動
第五節　リットンの演説と刑罰のメタファー　115
リットンの下院演説／演説の政治的効果／刑罰のメタファーとその歴史的コンテクスト

第三章　ロンドン首都警察の誕生──統計と予防　127
第一節　イギリス刑事司法政策の転換　129
イギリス刑事司法政策の転換―その通説／犯罪統計と警察の誕生／建物なきパノプティコン／Ｐ・カフーンの『首都警察論』／「危険な階級」の創出／犯罪統計の読解法／一九世紀初頭の「犯罪の波」
第二節　ポリス・ガゼットの系譜　158
警察広報の歴史／貧民の道徳教育／チャドウィックふたたび／ピール卿の懐疑
第四章　近代ジャーナリズムの誕生　175
第一節　ブルワー＝リットンとその時代　177
感性の変容／死に対する態度の変容／ブルワー＝リットンとニューゲイト小説／殉教者としての犯罪者／『英国と英国人』／リットンの死刑廃止論
第二節　ヴィクトリア朝の殺人嗜好　201
一八三六年法の影響／レスペクタビリティと殺人嗜好／絵入り新聞の隆盛／イエロープレスの先駆者／日曜新聞とペニー・ドレッドフル
第三節　新聞の自由の最後の勝利　222

「新聞印紙税特別委員会報告書」／証言者たち／進歩と改良への信仰／「新聞の自由」の最後の勝利／
大衆ジャーナリズムへの道

補論

スキャンダリズムの起源 247
魔女裁判のニュース・パンフレット／ランターズ、その恐怖と神話

図版解説 256
各章全注 259
旧版あとがき 270
あとがきにかえて—インターネット時代へ問いかけるもの 272
イギリス・ジャーナリズム史年表 281
主要引用文献 284

第一章　イギリス民衆世界の中のニュース

1618年9月に起こったとされる「コーンウォールのペリンからのニュース」のパンフレットの表紙画。息子が継母に金と宝石の入った袋を預けている場面と、その背後に父親の殺人場面が異時同画法で描かれている。わが国の中近世の絵草紙にも共通する画法である。

第一節　セヴン・ダイヤルズの出版王

バラッド売りとメイヒュー

一九五一年、第一回万国博覧会を間近にひかえたある日、ロンドンの裏町の路上で、みすぼらしい身なりの中年男がひとりの紳士を相手にしゃべっていた。

「まったく、奴らときたら、寄ってたかってどんどんこっちの領分に入りこんできやがる。旦那、奴らはあっしらのあとをつけてきて、あっしらが見せてやった立派な手本を真似しやがるんでさあ。ほんとうにうまくこすったり、磨いたりするもんだ。この原稿はだめ、ここは削ってこっちを入れる。こっちの方が新聞向きだから、といった調子でさあ。え、旦那だってご存知でしょう。わかってますさあ。旦那もだてにモーニング・クロニクルにいたわけじゃねえでしょう。」

男は、先ほどから、紳士が次つぎと発する質問に答えていた。男はバラッド売りだった。子どもの頃に家を飛び出し、一六の歳にはこの商売に入っていた。最初に売ったのが「赤い納屋の殺人」で、もう二四年もロンドンのあちこちの街頭でブロードサイドを売って暮らしてきた。また若い頃には地方の町にも遠出して売りさばいた。今では、ざっと一〇〇人はいる、通称「走る口上師」と呼ばれる仲間の相談役だ。ちょうど一年前、街角で紳士に呼びとめられ、これまで何度か、自分や仲間の商売や暮しぶりについて聞かれた。紳士はそのつど小銭をくれるのだ。

ロンドンの街頭のもの売りの間では、博覧会のうわさでもちきりだった。鉄骨ガラス張りの、これまで見たこともない巨大な温室のような建物が会場だ。水晶宮と呼ばれていたが、設計したのは庭師らしい。イギリス各地いや世界各国からやって来る客をあてこんで、みんな浮き足立っている。けれど、どうやら博覧会場の敷地内はもの売りが禁止されるらしい。近頃は、ただでさえ路上の立ち売りも警察の目がきびしい。すき好んでこの商売に入った男にとって、ロンドンの街は恐いものなしだが、警官だけは別だ。それが、最近、その姿がやたらと目につく。「いったいどうなるんですかね」と、紳士にたずねてみても、返事はあいまいだった。一八二九年、ちょうど男が商売を始めて間もない頃に創設されたスコットランドヤードが、今度の博覧会を首都治安対策の正念場とみて厳重な警備体制を敷こうとしているのを、紳士は職業がら知っていた。

紳士の名前はヘンリー・メイヒュー(1812-87)、この年三九歳、偶然にも、バラッド売りの男と同い年だった。男のいうように、昨年一二月まで、自由党系の日刊紙『モーニング・クロニクル』の特報記者をしていた。同紙は、二年前から、労働と貧困に関する全国調査シリーズを企て、メイヒューはロンドンを担当した。八二回におよぶ彼の記事は好評だったが、有力な広告主の労働者搾取の実態を暴露し、このため編集側と対立して連載を打ち切った。

その年の暮れ、記者をやめるとすぐにオフィスを開き、二ペンスの週刊誌『ロンドンの労働とロンドンの貧困』を発行した。『モーニング・クロニクル』では、仕立て職人や靴職人やお針子など屋内で働く「苦汗」労働者もあつかったが、自分の雑誌では、大道商人や大道芸人そして犯罪者や売春婦など、ロンドン市内に五万人いる街頭生活者に焦点をしぼった。屋内労働者の実態は今後もそう変わることもないだろうが、「路上の民」の調査は急がなければなるまい。メイヒューは得意の統計を駆使しながら、精力的にルポルタージュを再開した。発行部数三〇〇〇、売れ行きは好調だった。バラッド売りの男は、ヴィクトリア朝下層世界のよき水先案内人のひとりだった(☆1)。

メイヒューは男に、一六世紀いらいイギリス民衆にもっとも親しまれてきた読み物、彼らにニュースを提供してくれるほとんど唯一の媒体であるブロードサイドについて、そのネタ集めから印刷・発行そして販売にいたるプロセス、また、それらの中でどんなものが人気だったかを、微にいり細にいり聞き出していた。

ブロードサイドとは、ふつう一枚の紙の片面に刷られた俗謡(ballad)と散文そして粗末な絵入りの読み物のことである。その書き手は居酒屋にたむろするハックライター(三文文士)だ。当時もっともよく読まれたのは「絞首台のバラッド」つまり殺人などの犯罪をあつかったものである。

メイヒューはそれらの発行部数を推計している。一八二七年に村娘マライア・マーテンが農場主の息子ウィリアム・コーダーに誘惑され殺されて埋められた「赤い納屋の殺人」が一六五万部、一八三六年の結婚詐欺師による「グリーンエイカー殺人事件」と、一八四〇年に召使いクルヴォワジェによる主人殺し事件が一六六万六〇〇〇部、さらに一八四八~九年にかけて世情を騒がせた小作人ラッシュによる農場主一家殺害事件(「スタンフィールドの悲劇」)と、それにつづく一八四九年のマニング夫妻による高利貸し殺人事件(「バーモンジー殺人事件」)がそれぞれ二五〇万部である、と(☆2)。

彼はまた、当時こうした殺人事件が起こった際に、ブロードサイドがどんな手順で発行されるか、次のように説明している。——まず、事件の最初の様子を伝える縦九・五インチ、横七・五インチのビラが出まわる。次に、最初のビラの二倍大で、犯人の発見や、犯人が拘留されると取調や裁判についてのビラが出る。これらのビラはほとんどロンドンに限られ、そのネタもほとんどが新聞からとられる。それから、事件全体をあつかったブロードサイドが前のビラのさらに二倍のサイズで発行され、大事件になると、二ページ立てのブロードサイドが出まわる。もっとも重大なブロードサイドは処刑をあつかったものである、と。

さて、冒頭のバラッド売りの男の言葉は、ブロードサイドが新聞によって駆逐されようとする不安を語ったものだが、いまあげたブロードサイドの発行部数とあわせて考えると、矛盾するように感じられる。なぜなら、これらの数字が示しているのは、メイヒューの調査がおこなわれた頃はまさにブロードサイドのもっとも隆盛をきわめた時期だったからである。

LONG-SONG SELLER.

“Two under fifty for a fardy'!”

[*From a Daguerreotype by* BEARD.]

①バラッド売り

たしかにバラッド売りの男は、一八四八〜九年の「スタンフィールドの悲劇」のブロードサイドについて、次のようにも語っている。

「ラッシュのお蔭でひと月ほどは暮らせたね。ラッシュを売りはじめた時、家賃を一四シリングかた溜めこんでたけど、二週間もしないうちに借りてた分をぜんぶ大家に返したんでさあ。」

ちなみに、このラッシュの殺人事件をあつかったブロードサイドの二五〇万部という発行部数は、マニング夫妻の事件とならんで、ブロードサイド史上最高記録だった。

しかしながら、バラッド売りの男の不安は、こうした記録的売れ行きという事実とけっして矛盾するものではなかった。一九世紀半ばの隆盛はブロードサイド最後の輝きというべきものであって、その後、一六世紀いらいロンドンの街角に見られたバラッド売りの姿は急速に消えていくからである。たとえば、一八六〇年に世情をわかせた兄弟殺しのコンスタンス・ケント事件のブロードサイド（ただし裁判もののみ）は一五万部、その五年後、妻と四人の子どもを殺害したスティーヴン・フォワード事件はわずか三万部発行されたにすぎない。

その原因は何だったのだろうか。バラッド売りの男の予感はまさに的中していたのである。ロンドン万国博覧会が開かれた一八五一年、下院に設置された新聞印紙税特別委員会では「知識への課税」すなわち新聞印紙税法をめぐってさかんな論議が交わされていた。一八世紀初めに制定されていらい、言論・出版の自由の「最後の猿轡」と呼ばれたこの法律もその四年後に廃止される。この時、今日のような大量部数の日刊新聞が誕生するのである。

むろんバラッド売りの男はそんな経緯は知るよしもなかった。けれど、彼は、街頭で売り歩くブロードサイドが時代遅れになろうとしているのを肌身に感じていたのだ。実際、新聞印紙税はすでに一八三六年に一部あたり四ペンスから一ペニーへと大幅に引き下げられており、ブロードサイドのさかんなこの時期は、同時に、『ウィークリー・ディスパッチ』『イラストレイティド・ロンドン・ニューズ』『ロイズ・ウィークリー・ニューズペイパー』『レノルズ・ウィークリー・ニューズペイパー』など、挿し絵入りの日曜新聞が隆盛をきわめた時期でもあった。これらの日曜新聞もまた、犯罪事件をその紙面に大きく取り上げることによって、たとえブロードサイドには遠くおよばなかったにしても、大量の読者層を開拓しつつあった。そして、日曜新聞とそののちに成立する大衆的な日刊新聞こそ、今日社会面と呼ばれる記事内容だけでなく、その全体の紙面構成つまりタイトルに使用される活字の組みかた（今日の「見出し」）、サブタイトルがニュース・ストーリーの要約的な表現（「リード」）になっている点、さらに挿し絵（今日の報道写真）など、そのレイアウトは一八世紀初めに成立した「政論新聞」(opinion journal) にはけっして見られず、バラッド売りの男のいうように、まさしくブロードサイドを模倣したものであった。

セヴン・ダイヤルズの出版王

ブロードサイドは、街頭で同じように販売されたチャップブック（辻売本）とならんで「大道文芸」(street literature) と分類され、なかでも犯罪事件をあつかったものは「絞首台文学」(gallows literature) とも呼ばれる。その多くにはバラッドが載っていて、しかもきまった曲で唄うように指定されている。フィドラーという素朴な弦楽器の伴奏に合わせて、路上で唄われながら売られることも多かったのだから、これを文学といってよいかは疑問の余地がある。ブロードサイド・バラッドが街角で唄われる様子は、今日のロック音楽の先駆けだといいたい気さえする。メイヒューとは別の推計では、一九世紀半ば、ロンドンにはブロードサイド・バラッドを唄い歩きながら売るバラッド・シンガーがおよそ二〇〇人いたという。

私としては、ブロードサイドを今日の新聞のプロトタイプといいたいのだが、そうした分類にも入りきれない何かが残ってしまう。もっとも、そうした分類不可能という点にこそ、近代以前のイギリス民衆にながく親しまれていたブロードサイドの秘密が隠されている。

ブロードサイドの世界に探らなければならないのは、イギリス民衆のフォークロアの世界とはまた異なった感情構造（☆3）であるだろう。ブロードサイド・バラッドはより古い伝承バラッドと対照させて論じられることが多い。吟遊詩人《ミンストレル》や吟誦詩人《バード》といわれる流浪の遊芸者によって唄い継がれてきた伝承バラッドがいわゆる口承文芸の世界に属するのに対して、一六世紀に始まるブロードサイド・バラッドはそうした伝承バラッドを単に活字文化圏へと移しかえたものだったわけではない。

ここで、一九世紀のブロードサイドの出版状況をみておこう。

一九世紀初め、ブロードサイド・バラッドの流行に先鞭をつけた出版者の一人に、ジョン・ピット（1765-1844）がいる。彼は、一八〇二年、ジョン・ゲイのバラッド劇『乞食オペラ』（一七二八）で名高いロンドン最大のスラム街、セント・ジャイルズ地区のセヴン・ダイヤルズの一角でブロードサイド業を開始している。彼の出版した数多くのバラッド、そして、それらを一六ページ立てに綴って物語形式に仕立てたチャップブックは、一六、七世紀いらい、イギリス民衆の間に、都市と農村の別なく唄いつづけられてきた古い伝統的な愛唱バラッドを中心としていた。

彼はまた、アイルランドの民謡やバラッドの採集をおこない、それらを一枚刷りのブロードサイド・バラッドとして出版している。当時、古着商、酒売り、乞食そして犯罪者の巣窟として知られたセヴン・ダイヤルズ地区は、日時計を意味するその地名とは逆に、薄暗い木賃宿の狭い一部屋に一七人もの男女や子供たちが身を寄せあって暮らすアイルランド移民の密集居住地帯だった。バラッド売りたちの宿の多くもこの地区にあった。

ピットがブロードサイド・バラッドの隆盛（あるいは復興というべきか）に火をつけたことは、大道文芸の集成者として、イギリス民衆文化の歴史に大きな足跡を残す功績であった。彼がおこなった伝承バラッドの集大成は、一八世紀末、ロマン派詩人S・T・コウルリッジとW・ワーズワースが、その『叙情民謡集《リリカルバラッズ》』（一七九八）において、今や失われようとしているイギリス民衆の生活様式への哀惜を、自らの孤独な内面世界に共鳴させつつ詠《よ》んだのに比肩する成果だった。いや、一九世紀初め、伝承バラッドがブロードサイドとして出版され、それが民衆の間に広く人気を集めたという事実の方にこそ、むしろ、失われゆく世界への郷愁というこの時代の感性のありようを読みとることができる。

しかしながら、ピットはまた、居酒屋にたむろするハックライターたちを使って、「ニュース・バラッド」と呼ばれる時事的なバラッドを書かせ、販売した。その中でもっともよく売れたのが、前にも述べたように、「絞首台のバラッド」といわれた犯罪ものだった。それらのブロードサイドは、殺人犯の生涯・裁判・告白・処刑の模様が散文で書かれ、最後にバラッドが載るという形式がほとんどだった。また、しばしば、見出しの下に絞首台の光景を描いた木版画が掲げられていたが、その版画は様式化され、まったく別の事件のブロードサイドに何度も転用された。

ピットの活動は晩年、盲目となってからも続けられたが、その最盛期は、一八一〇年代前半までだった。というのも、一八一三年、彼の最大のライバル、北イングランドのノーサンバランド州生まれの印刷業者ジェイムズ・カトナック(1792-1841)が、同じセヴン・ダイヤルズの一角モンマス街に印刷所を開き、ブロードサイド出版を始めると、その人気の中心はピットからカトナックへと移行することになるからである。

弱冠二一歳でブロードサイド出版に乗りだしたカトナックが、その経営に成功したのは、一八二〇年、二八歳の時である。この年、治世六〇年におよぶジョージ三世の死去、閣僚全員の暗殺とイングランド銀行の襲撃を計画して未遂に終わったケイトー街の陰謀団事件、そしてキャロライン王妃離婚事件が継起して生じた。彼は、これらの事件を次つぎと風刺的なニュース・バラッドに仕立てあげ、その地歩を築いたのである。

ここで、当時の新聞のケイトー街陰謀団事件に関する報道に触れておこう。日曜紙『オブザーバー』が判決の下される前にこの事件を報じて法廷侮辱罪 (law of contempt) に問われ、五〇〇ポンドの罰金刑を課せられている。この時代、つまり警察制度が成立する以前、法廷で審理中 (sub judice) の事件は、報道そのものが禁じられていたのである。ちなみに、この法律は、一八四八年、公平で正確な記事という条件を付してようやく事件報道を許可するにいたる。今日の、いわゆる客観報道の始まりである。

『オブザーバー』が罰金を覚悟してまで審理中の事件の報道にあえて踏みきったのは、犯罪ニュースが多大な利益をもたらすことを経営者がようやく自覚し始めたからである。この裁判を報じた部数は一三万七〇〇〇部に達したという。当時、「レスペクタブル・ペイパー」(respectable papers〔良識紙〕)と呼ばれた中産階級の新聞とりわけ日曜新聞がこぞって刑事法廷の記事にその紙面の多くを割くようになるのは、この頃からのことである。もっとも、その発行部数は、一九世紀半ばにいたるまで、ブロードサイドには遠くおよばなかった。

キャロライン王妃事件とは、王妃が不倫を理由に摂政皇太子のちのジョージ四世から離縁された事件である。王妃へのほめ歌を唄ったブロードサイド・バラッド(「ブリトンの人びとよ、金持ちも貧しい者も、みんな私の歌を聞いてくれ」)は熱狂的に売れ、ロンドン民衆の間に、皇太子と王室の冷酷な仕打ちに対する怒りを煽りたてた。

キャロライン王妃を非難した『モーニング・クロニクル』は、暴徒の投石によって、その社屋の窓ガラスを破壊されたほどだった。『タイムズ』は、キャロライン王妃非難から一転その擁護へと態度を変えることによって、発行部数をいっきに倍増している。のちに詳しく触れるウィリアム・コベットの急進派新聞『ポリティカル・レジスター』が国王攻撃のペンを振って民衆の支持を得るのは、この事件を唄ったブロードサイドの熱狂の中であった。

カトナックはまた、ウォータールーの戦い、ナポレオン戦争の終結、一八二九年のピール卿内閣によるロンドン首都警察スコットランドヤードの創設、そして一八三二年の選挙法改正などの政治問題についてもニュース・バラッドを発行している。その一部一ペニー（ときには半ペニー）という廉価な値段とあいまって、彼のブロードサイドはまさに「貧民の新聞」の役割を果たした。労働者階級の健全教育をめざしたヘンリー・ブルーアム卿（1778-1868）の有用知識普及協会発行の『ペニー・マガジン』、また急進派労働者へザリントンの非合法新聞、その名も『プアマンズ・ガーディアン』は、当時のブロードサイドにならって、いずれも定価を一ペニーとしている。

しかしながら、カトナックが莫大な利益をえたのは、殺人、誘拐、暗殺、事故、決闘、姦通などのニュース・バラッド、とりわけ「絞首台のバラッド」のお蔭だった。彼のブロードサイドが初めてその記録的な部数を達成したのは、一八二三年から翌年にかけてのサーテル事件（別名「ギルズ・ヒルの悲劇」）によってである。

この事件は、一八二三年一〇月二四日の夜、ロンドン近郊のセント・オルバンズ街道沿いのギルズ・ヒルで、ウィリアム・ウェアという男が友人のジョン・サーテルとその共犯者に殺され所持金を奪われて、屍体を近くの池に投げ込まれるという事件だった。凶行のあった五日後には、サーテルと共犯者は逮捕され、二ヵ月におよぶ裁判ののち、一八二四年一月九日正午、ハーフォード監獄の前で、州長官代理ニコルソンと教誨師ウィルソン立ち合いのもと、刑吏トマス・チェシャーの手で絞首刑に処せられている。その日、小さな田舎町ハーフォードは、処刑を見物しようとロンドンやイングランド各地から集まったおよそ一万五〇〇〇人で埋めつくされた。なかには、遠くアイルランドからやって来た者もいたという（☆4）。

カトナックのブロードサイド・バラッドは、次のようなフレーズで始まる。

一〇月のある晴れた晩
さえざえと照る月の下
馬車にゆられて町を出たのは
サーテルとウェア

やがて二人が着いたのは
暗くさみしいギルズ・ヒル
突然、サーテル銃をぬき
めがけて撃つはウェアの顔

あわれウェア、馬車からころげ
あわてふためき逃げようとする
逃してなるかと、サーテルは
銃を頭に投げつける

次にはナイフを取りだして
男の前に仁王立ち
ナイフで喉をかき裂けば

②『オブザーバー』1823年11月10日付けのサーテル事件の挿し絵

あたり一面、血汐に染まる

この事件のニュース・バラッドのタイトル「ジョン・サーテルとその共犯者によるウェア氏殺害の完全、真実、かつ詳細な報告」が、共犯者の存在を明記しているにもかかわらず、バラッドはサーテルを単独犯として唄っている。この事実は、ブロードサイドがいかにずさんな代物だったかを語っているのだろうか。

これについてはあとで検討するとして、カトナックは、このニュース・バラッドを刷るのに四台の印刷機を用い、印刷工たちを一週間昼夜の別なく働かせ、一時間に二～三〇〇枚の速度で二五万部刷り上げている。また、裁判の模様を伝えるブロードサイドでは、下請けの業者二人に発注し、それぞれ二台の印刷機を八日間フル・スピードで作動させて五〇万部を刷り、記録を更新している。サーテル事件は、ピットや他のブロードサイド業者も競ってニュース・バラッドを発行したが、カトナックがえた利益はこの事件関連のブロードサイドだけで五〇〇ポンドに達している。

サーテル事件のもたらしたもの

この事件は、被害者ウェアがプロの賭博師だったこと、犯人サーテルがノリッジ市長を勤めた父親をもつ名門の出で、若くて美男のスポーツマンだったこと、さらに共犯者の裏切りの証言や法廷での彼の弁明（一八三六年までは、重罪犯は自分で弁護しなければならなかった）が巧みだったことなど、ロンドン市中をうわさでわかせた。

もっとも、サーテル事件がありふれた殺人にすぎないという指摘は、すでに多くの同時代人が指摘している。ロマン派詩人で歴史小説家ウォルター・スコット卿(1771-1832)は、その一年後、『日誌《ジャーナル》』で、サーテルの犯行の手口からその後の行動にいたるまで、事件の全容を「絶望的なまでに無分別な愚行」と指摘したうえで、「血なまぐさい殺人が新聞のビジネスとなるのは血なまぐさい戦争がない時である」と述べている。また、事件の四年後、ド・クインシー（1785-1859）は、『ブラックウッズ・マガジン』に寄せた耽美主義芸術の宣言ともいうべきエッセイ「殺人の芸術的考察」において、それが巻き起こした熱狂的な興奮にもかかわらず、「サーテル事件はつくりものじみた凡庸な事件にすぎない」と語っている（☆5）。

スコット卿の指摘は、この時期なぜかくもサーテル事件が騒がれたのか、さらにその後、ヴィクトリア朝時代になって犯罪ニュースが隆盛をきわめるのはなぜか、その重要な社会的条件をみごとに洞察している。この事件は、キャロライン王妃離婚問題から一八三二年の選挙法改正までの間で、イギリス民衆のもっともポピュラーな関心事であったが、この時期は政治史上、「静穏の二〇年代」と呼ばれる。

ともあれ、サーテル事件はカトナックをブロードサイド業界の王座にのし上げ、セヴン・ダイヤルズ出版の総元締めという地位を築かせた。と同時に、この事件はまた、その紙面の大半を殺人・強姦・誘拐などの犯罪ニュースやスポーツやメロドラマに当てた『ベルズ・ウィークリー・ディスパッチ』（のちに『サンデイ・ディスパッチ』）、『サンデイ・タイムズ』、『オブザーバー』などの日曜新聞の興隆に拍車をかけた。

これらの新聞は、裁判の開かれているハーフォードの法廷に特派員を送りこみ、裁判の経過やサーテルの告白と称する記事を掲載して、法廷から譴責を受けている。なかでも、『ベルズ・ウィークリー・ディスパッチ』の記者ピアス・イーガンは、獄中のサーテルにインタヴューをおこない、その模様をリポートしている。この事件は「新聞による裁判」（trial by newspaper）の最初の事件で、サーテル被告の弁護人は数社を告訴したが、敗訴している。

レスペクタブルな日刊紙『タイムズ』や『モーニング・クロニクル』もまた、この事件の熱狂的な興奮の渦の外にあったわけではない。処刑されたサーテルの遺体は、判決によってロンドンの聖バーソロミュー病院で解剖されたが、解剖室の前には何週間も見物人が列をなした。『タイムズ』も『モーニング・クロニクル』も、見物に行けない読者のために、遺体の腐蝕状態の記事を連日掲載している。

「赤い納屋の殺人」の教訓

サーテル事件ののち、カトナックのブロードサイド出版の記録をさらに更新した事件は、一八二七年に起こった「赤い納屋の殺人」事件である。そのあらましは次のとおりである。

サフォーク州のポルステッドに住むマライア・マーテンという名の貧しい村娘が、一八二七年五月一八日から行方不明となった。その秋、義母に夢のお告げが三度あり、村から半マイルほど離れたところにある納屋の床下から遺体が発見された。マライアの恋人だった二四歳の富裕な農場主の息子ウィリアム・コーダーが、ピストルで殺して埋めたことが判明する。

コーダーの逮捕は翌年の春、そして八月六日、裁判がベリー・セント・エドマンズの町で開かれた。判決はその四日後に下り、刑執行は翌一一日だった。おりしもその夏、ポルステッドの村市チェリー・フェアは、異例の賑わいをみせた。およそ二〇万人もの群衆が「赤い納屋」を一目見ようと列をなした。また、ロンドンからやって来たメソジスト派の牧師がその付近でマライアの死を教訓に説教をおこない、五〜七〇〇〇人もの聴衆を集めている。さらに、裁判の間、ポルステッドの村には、事件を題材にした人形芝居や覗き写真の小屋が掛けられ、ウィリアム・コーダーの似顔絵が六ペンスで売られた。また、ロンドンの劇場でも芝居が打たれ、殺人場面を描いたスタフォードシャー製の陶製人形が飛ぶように売れたのだ(☆6)。

こうした熱狂がなぜ生じたのか。その理由は当時のブロードサイドや新聞による事件の報道を抜きにしては考えられない。カトナックは、「罪深い激情の犠牲となった」マライアの屍体の発見から「殺人者」にして「怪物」であるコーダーの逮捕、そして「体を支えられてやっと絞首台に立つことのできた」彼の処刑と、次つぎにニュース・バラッドを刷り、最後の処刑のブロードサイドだけで一一六万六〇〇〇部という発行部数を記録している。

そのブロードサイドは「ウィリアム・コーダーの告白と処刑」というタイトルで、彼の告白と刑執行の模様が散文で書かれ、そして最後に、「マライア・マーテンの殺人」というバラッドが彼の自作という触れこみで掲げられている。

さあ、愚かな若者たちよ、集まって俺の教訓話を聞いてくれ
そして首を吊られる不幸な運命を思ってくれ
俺の名はウィリアム・コーダー
マライア・マーテンという美しい娘にいい寄った

いつか結婚しようと彼女を口説いた
けれど、心変わりから生まれたのは殺意
五月一八日のこと、あの娘の親父の家に出かけ
式の日取りをきめよう、とマライアにいった

赤い納屋に来てくれ、俺は待ってる
イプスウィッチの町へ行って式を挙げよう
そういった後、家にもどって銃と鶴嘴と鋤を持ちだし
赤い納屋に駆けつけ、マライアの墓を掘った

③「赤い納屋の殺人」事件の挿絵

以上が八連からなるバラッドの冒頭だが、これは「絞首台のバラッド」と呼ばれるものの唄い出しの典型である。カトナックのものにかぎらず、絞首台のバラッドは犯罪者の罪の告白の物語という形式を踏んでおり、このバラッドの「さあ、愚かな若者たちよ、集まって俺の教訓話を聞いてくれ」というフレーズは、当時、多くの「絞首台のバラッド」が、その第一連か最終連にほぼかならず使われた常套句であった。

当時、「赤い納屋」事件は、青少年とりわけ未婚女性の道徳的教化のための絶好の機会とみなされた。ブロードサイド出版業者は、イギリス各地でおこなわれた数多くの説教をこぞって出版しているが、そこにはステロタイプな事件の潤色がされている。被害者マライア・マーテンは「けがれなき乙女」（実際は父親の異なる三人の非嫡出の子どもの母親だった）として、またコーダーは純真な少女を誘惑して孕ませた「女たらしで意気地のない放蕩息子」として描かれたのである。

歴史家E・P・トムソン（一九六八）によれば、一九世紀初めの二〇年間は、ジャコバン主義の台頭と結びついた女性の権利要求がさかんで、これを抑制しようとする説教や戒めを説き、結婚生活での妻の絶対的服従と未婚女性の純潔と謙譲の美徳を唱える宗教冊子がさかんに出版された時期であった。経済の発展にともない女性労働の役割が重要性を増すにつれて、その地位向上をめざす急進的で闘争的な女性の労働組合運動家たちの出現が、地主貴族とブルジョワジーを含めて、有産階級に対する新たな脅威となりつつあった。

有産階級とそのレスペクタブルな新聞は、彼女らを経済的生産力と社会秩序への脅威としてだけでなく、より基本的な労働力の再生産機関すなわち「家族」という制度の安定を脅かすものとみなしたのである。たとえば、日刊紙『クーリエ』（一八一九年七月一五日付）は、マンチェスター政治同盟の女性活動家たちを妻そして母という「聖なる役割」を放棄した「堕落女」と非難し、また王党派の『ニュー・タイムズ』（一八二二年一一月一六日付）は、非合法の急進派新聞を販売したかどで訴追されたノッティンガムのレース編工の既婚女性を、「キリスト教世界の歴史に例を見ない女のかたちをした怪物」と報じている。

けれど、こうした「新しい女性」を魔女視するレスペクタブルな新聞とは逆に、「赤い納屋」事件のブロードサイド・バラッドのマライアには、悪逆非道な地主に手ごめにされる貧しい村娘といった、中世いらい、イギリス民衆の間に脈々と伝承されてきた古いロマンスのヒロイン像が投影されている。私たちは、この事件のブロードサイドが若い未婚女性への道徳的教訓として広範な人気を集めたという事実に、女性の貞淑と謙譲の美徳を説くメソジストや福音主義派の説教や宗教冊子の隆盛とは別に、イギリス民衆とりわけ女性たちの、急激な社会変動に対する不安感情をも読みとらなければならない。

このことは、単に「赤い納屋」事件のブロードサイドだけにとどまらない。たとえば、当時もっとも親しまれたブロードサイドに、「スカボローの悲劇」、「リヴァプールの悲劇」、「ファニー・アムレットの痛ましい処刑」、「わが子によって殺されたエリザベス・ウッド夫人の残忍かつ恐るべき殺人」、「アン・ウィリアムズの痛ましくも悲しい死」などがある。

「美しい乙女たちよ、私の悲劇に耳を傾けなさい」というフレーズで始まる「スカボローの悲劇」のブロードサイド・バラッドはとりわけ有名で、いくつかの異文が存在する。カトナックの版で、この事件は、ヨークシャーの港町スカボローの近郊の村に住む農夫の一人娘スーザン・フォスター（牧師の娘という版もある）が、ロバート・サンダーという海軍士官に無理やり犯されて身ごもり、殺されて樫の木の下に埋められたというものである。

ながいバラッドに唄われている事件の発覚のくだりを要約すると、次のとおりである。

「いつしかスカボローの町にうわさがたった。冬なのに、樫の木の下に赤いバラの花が咲いている。花を摘んでも、その度にまた咲きだす。うわさを聞いたロバートが群衆の中にやってきて、バラを手折る。すると、その手の中で、花はたちまち萎れる。彼は、良心の呵責にたえかねて、『これはスーザンの血だ』と叫ぶ。その声を聞いた人びとに問いつめられ、ロバートは罪を告白し、やがて獄に繋がれる身となる……」

これに対して、「リヴァプールの悲劇」のブロードサイドは、事件を伝える散文だけでバラッドはない。同じカトナックの版によると、事件は数日前、東インドから三〇年ぶりに故郷リヴァプールに帰ってきた船乗りの青年が、泊まった旅籠で、宿の主の貧しい老夫婦によって金目あてに刺し殺された。殺人のあった翌朝、「きれいな身なりをした美しい女性」が宿にやってきた。やがて老夫婦はその女性が青年の妻で、ゆうべ手にかけた客が実の息子だったことを知り、絶望のあまり自殺した、というものである。

コックスとキャッチペニー

この二つのブロードサイドには、処刑の模様の記述や殺人者の告白もない。しかも、二つの事件には、実は、はっきりとした日付も記されてはいない。「リヴァプールの悲劇」になると、事件の当事者の名前さえ明記されていないのである。

とはいえ、どちらの事件もまったくのフィクションといいきることはできない。これらは、当時、「コックス」(cocks)と呼ばれてイギリス民衆の間に親しまれたブロードサイドなのである。コックスという語はおそらく料理 cook に由来しており、過去に実際に起きた、あるいはそのように信じられてきた事件を最近の事件として「料理した」ブロードサイドである。

これら二つの「悲劇」だけでなく、先にあげた「ファニー・アムレットの痛ましい処刑」や「わが子によって殺されたエリザベス・ウッド夫人の残忍かつ恐るべき殺人」もまたコックスで、前者は男に誘惑されて妊娠し、生活苦か

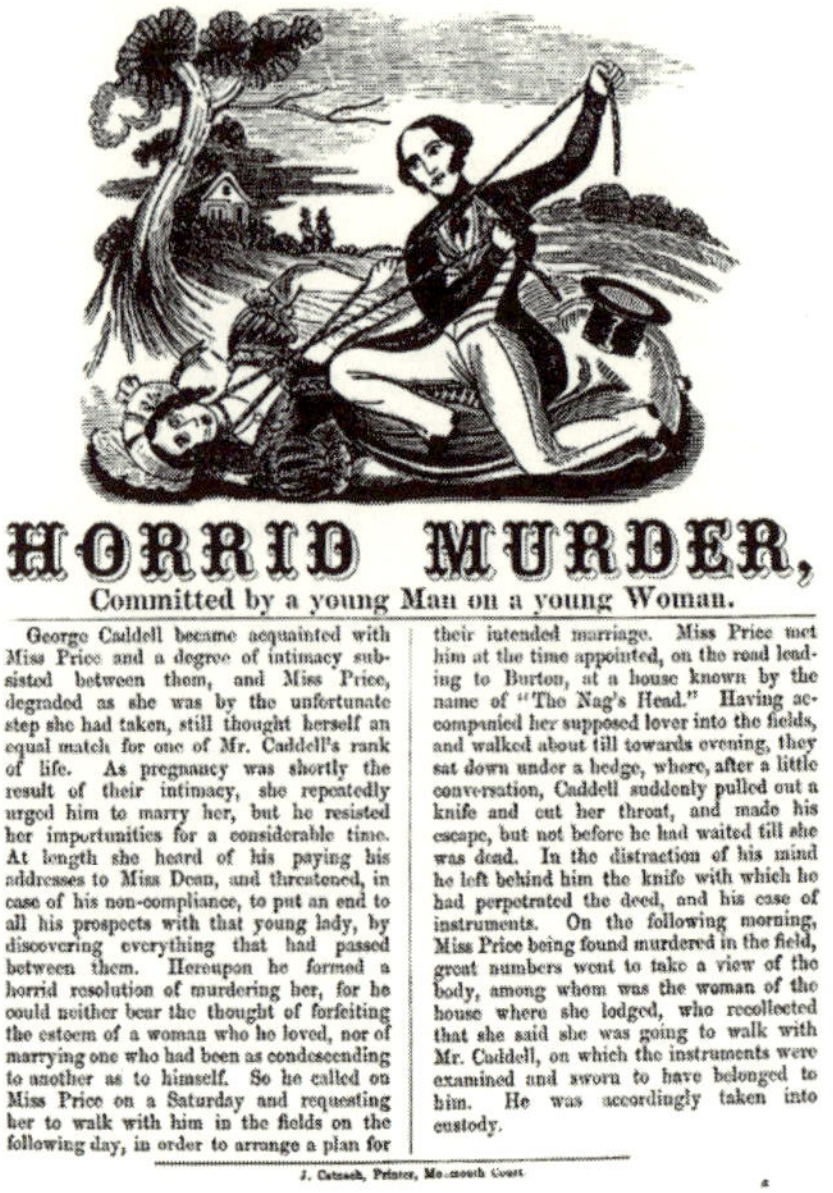

HORRID MURDER,

Committed by a young Man on a young Woman.

George Caddell became acquainted with Miss Price and a degree of intimacy subsisted between them, and Miss Price, degraded as she was by the unfortunate step she had taken, still thought herself an equal match for one of Mr. Caddell's rank of life. As pregnancy was shortly the result of their intimacy, she repeatedly urged him to marry her, but he resisted her importunities for a considerable time. At length she heard of his paying his addresses to Miss Dean, and threatened, in case of his non-compliance, to put an end to all his prospects with that young lady, by discovering everything that had passed between them. Hereupon he formed a horrid resolution of murdering her, for he could neither bear the thought of forfeiting the esteem of a woman who he loved, nor of marrying one who had been as condescending to another as to himself. So he called on Miss Price on a Saturday and requesting her to walk with him in the fields on the following day, in order to arrange a plan for their intended marriage. Miss Price met him at the time appointed, on the road leading to Burton, at a house known by the name of "The Nag's Head." Having accompanied her supposed lover into the fields, and walked about till towards evening, they sat down under a hedge, where, after a little conversation, Caddell suddenly pulled out a knife and cut her throat, and made his escape, but not before he had waited till she was dead. In the distraction of his mind he left behind him the knife with which he had perpetrated the deed, and his case of instruments. On the following morning, Miss Price being found murdered in the field, great numbers went to take a view of the body, among whom was the woman of the house where she lodged, who recollected that she said she was going to walk with Mr. Caddell, on which the instruments were examined and sworn to have belonged to him. He was accordingly taken into custody.

J. Catnach, Printer, Mo..mouth Court

④「恐ろしい殺人」の木版画

ら嬰児を殺害して絞首刑になった女を唄ったバラッドであり、後者は、放蕩息子によって殺された母親を唄ったバラッドである。これらは、「スカボローの悲劇」や「リヴァプールの悲劇」と同様、当時、女性たちの涙を誘ったものの代表例である。

さらにまた、「キャッチペニー」(catchpenny) と呼ばれたブロードサイドの存在を忘れることはできない。キャッチペニーとは、きわものの意味で、虚構の事件をほんとうに起こった出来事としてあつかったブロードサイドのことである。「ある若者の恐るべき殺人」というブロードサイドはカトナックによるキャッチペニーの一例であり、そのストーリーは誘惑されて妊娠した娘が結婚をせまったあげく殺されるという、これまであげたブロードサイドと同様、若い未婚女性に対する教訓をテーマとしたものである。

このブロードサイドが興味深いのは、本文ではナイフで殺害したと書いているのに、挿し絵では絞殺の場面が大きく描かれていることである。これはキャッチペニーのずさんさの好例といえるが、実は、当時の人びとがいかに犯行の手口や動機といったものに無関心だったかを知る手がかりをあたえてくれる。若くて美しい娘が誘惑されて殺されたという事実だけで十分なのである。ここで、先にみた「サーテル事件」のニュース・バラッドのタイトルと内容がくい違っている理由についても触れておこう。そもそも、絞首台のバラッドの「殺人犯の生涯・裁判・告白・処刑」という形式は複数犯を唄いこむにはなじまない。この一六世紀いらい連綿とつづいてきた形式がサーテルを単独犯に仕立てあげているのだ。もっとも、このニュース・バラッドはサーテルと共犯者の逮捕後まもなく発行されたもので、発行時点は従来のブロードサイド・バラッドの形式を大きく逸脱しているが、このことはのちに詳しく述べる。

さて、私たちは、コックスやキャッチペニーの圧倒的な人気の秘密を単にその宗教的・道徳的な要因にのみ帰するわけにはいかない。ピットにせよカトナックにせよ、彼らブロードサイド業者の意図は、メソジストや福音主義派の宗教冊子あるいは急進派労働者の新聞とは異なり、宗教的・政治的プロパガンダにあったわけではない。カトナックの伝記作者でブロードサイド収集家として知られる一九世紀半ばの出版業者チャールズ・ヒンドレー(1821-93)によれば、カトナック自身は頑固なトーリーびいきの国教徒であったが、彼の関心はもっぱら金銭的利益にのみ注がれていた。だが、このことはむしろ、ブロードサイドを買い求めた民衆が何をもっとも好んだかを明らかにしてくれる。ブロードサイドはその道徳的な教訓という装いとは別に、イギリス民衆の伝統的な娯楽読み物だったのであり、その典型がコックスやキャッチペニーにほかならない。

ヒンドレーによれば、そもそもキャッチペニーという言葉は一八二四年のサーテル事件のブロードサイドに由来するという。カトナックがこの事件の「絞首台のバラッド」だけで五〇〇ポンド稼いだことは前に述べたが、事件の興奮の余韻がまだ残る処刑の二週間後、彼は「WE ARE ALIVE AGAIN!」という見出しのブロードサイドを発行している。この見出しの「WE」と「ARE」との単語にはほとんど間隔がなく、それを目にした者に、サーテルに殺害された被害者ウェア(WEARE)が奇跡的に生き返ったような印象をあたえたのである。

このブロードサイドは数千部売れたというが、こうしたトリックがキャッチペニーと呼ばれ、カトナックはきわものの発行元として顰蹙を買う。彼を総元締めとするセヴン・ダイヤルズ出版が、一九世紀の後半しだいに衰退の道をたどった原因を、そうしたセンセーショナルなキャッチペニーやコックスの発行そのものに見いだす研究者も少なくない(T・ピーターソン、一九四五、五〇)。

過去あるいは虚構の事件をまるで最近の出来事のように唄ったコックスやキャッチペニーは、現在の私たちの目に、悪しきセンセーショナリズムの典型と映る。当時、ピットもカトナックも同業者から「ダーティな成功者」として蔑まれ、良識ある人びとからは犯罪を誘発するものと危険視されていたのも事実である。

けれど、コックスやキャッチペニーが当時の民衆の間にどのように受け入れられていたかを、今日の感性でもって推し測ってしまっては大切な何かを見失ってしまうだろう。私たちは、一九世紀初めにピットやカトナックのようなブロードサイド業者が現れ、当時の印刷技術の限界内で最大限のブロードサイドの大量生産をおこない、それがイギリス民衆の間に広く普及していたという歴史的事実に、この時代の感性のありようをこそ探らなければならないのである。

第二節　ブロードサイドの歴史

民衆活字文化圏のはじまり

ここで、ブロードサイドの歴史を振りかえってみることにしよう。

ブロードサイドの起源は、印刷技術の誕生とともに古い。かのグーテンベルクが活版印刷術を発明したのが一四四五年、イギリスに印刷技術が導入されたのはそのおよそ四半世紀後の一四七六年、ウィリアム・カクストン(1422?-91)がウェストミンスターに印刷機を備え付けた時をもってはじまるといわれる。さらに、ブロードサイド・バラッドが初めて印刷されたのはそれからまた四半世紀ほどのち、一五〇〇年前後のことであった。このブロードサイドの出版は、カクストンの死後、その印刷所を受け継いだ弟子ウィンキン・ディ・ワード(?-1534?)によるものである。

師匠のカクストンが人文主義的著作の出版、たとえば『黄金伝説』の英訳やチョーサーの『カンタベリー物語』の出版に情熱を傾けたのに対して、弟子のディ・ワードの方はより実利的な企業家で、一六世紀を通じて最大の印刷業者として知られている。師から譲り受けたウェストミンスターの印刷所をフリート街に移し、当時のグラマースクールの教科書の出版によって経営の基礎を固めるとともに、イギリス民衆の間で口伝えに伝えられてきたフォークロアの世界を〈活字文化圏〉へと転換させた最初の人物となったのである。

ディ・ワードが出版したブロードサイドとは、中世のロビン・フッド伝説を一連のバラッドに唄ったものといわれるが、彼は、カクストンが『黄金伝説』の挿し絵として使った木版画を流用することによって、早くもその後のブロードサイド出版の方法の先鞭をつけている。もっとも、彼が出版したロビン・フッド・バラッドで現存しているのは書物形式のもの（『ロビン・フッド武勲詩』）で、ディ・ワードがこれをブロードサイド形式で出版していたかどうかは疑問が残る。ちなみに、現存する最古のブロードサイド・バラッドは一五一三年に起きた「フロドゥンの野の合戦」を唄った「スコットランド王の歌」である。

けれど、今日、最初期のブロードサイドはことごとく散逸しており、たとえば、一五二〇年、オクスフォードのジョン・ドーンという本屋の仕訳帳には一九〇のブロードサイド・バラッドが記載され、販売されていたことは明らかであるが、もはやそのタイトルさえわからない。もっとも、これらのブロードサイドが当時、クリスマス・キャロルや暦、ＡＢＣ読本、初等教科書などと一緒に一ペニーないし半ペニーで売られ、すでに一六世紀前半には数多くのブロードサイド・バラッドが出版されていたことはたしかである。

ディ・ワードと同時代の印刷業者として知られる代表的人物として、彼のライバルだったリチャード・ピンソン、あるいはリチャード・バンクス、トマス・バートレット、さらに「乞食オペラ」で有名なジョン・ゲイの名があげられるが、出版の中心はロンドンやウェストミンスターやサザックに限られ、また読者層そのものもきわめて限定されていた。だが、一六世紀を通じて、徒弟や商人の子弟を教育するための初等学校が発達するにつれて、チャップブックやブロードサイドの需要は急速に増大しつつあった。当時、宮廷・貴族階層からなる高級文化圏はいまだ「手写本」を中心としていたのに対して、新興の都市商人階層をはじめとする民衆の方がいち早く活字文化圏を形成していたことは注目にあたいしよう。もっとも、これはある意味で当然のことであった。というのも、活版印刷は、他のいかなる技術にも先行した大量複製生産という近代技術のパイオニアだからであった。

ロビン・フッド伝説

さて、ブロードサイドの歴史がロビン・フッド伝説を唄った伝承バラッド、いわゆるアウトロー・バラッド（ならずもののバラッド）から始まるという説には、きわめて興味深いものがある。ここでは、最初期のブロードサイド・バラッドについて検討する前に、まず、イギリス中世に始まるアウトロー・バラッドの成立とその歴史的コンテクストをたどってみることにしたい。

〈シャーウッドの森〉を舞台に、百数十人の屈強の弓の名手をしたがえ、ノッティンガムの悪代官や聖マリア僧院の悪僧どもを懲らし、女子どもには優しく、富める者から奪い貧しき者に施す、高貴なる盗賊ロビン・フッドの数かずの冒険譚……これ以上、ロビン・フッドの物語について言葉を費やすまでもないだろう。

今日、ロビンその人については、その実在がほぼ否定されているが、伝説のもととなった数かずの事件は一三世紀にまで遡り、おそらく一二一五年の大憲章（マグナ・カルタ）からエドワード一世までの時代に起きたものといわれている。その背景にあったのは、過酷な御猟林法とその執行者である代官と治安官（のちの治安判事の原型）の圧政、そして大土地所有者であった大僧院の僧侶たちの農民に対する搾取と蓄財であった。

⑤「ロビン・フッドの賞金」

その伝承バラッドは、すでに一四世紀後半にはイギリス民衆の間でポピュラーとなっていたことが知られるが、そのなかで現存する最も古いものは、先にも触れた『ロビン・フッド武勲詩』で、一五世紀半ばの創作といわれている。

また、ロビン・フッド・バラッド以外にも、「ジョニー・コック」、「アウトロー・マレイ」、「ロビンとガンデリン」、そして「アダム・ベル」などが、森のアウトローを唄ったバラッドとして中世民衆の間に親しまれていた。

そもそも、アウトローとは、一〇六六年のノルマンの征服王ウィリアム一世いらい、中世を通じて、国王所有の狩猟場であった〈御猟林〉（その森はイギリス全土に六八あり、国土の五分の一を占めていた）を隠れ家として、密猟、近在の村の掠奪、街道での追剥ぎによって生計を立てていた、一般の市民法よりもむしろ御猟林法を犯すことによって法の庇護と身分資格を剥奪された無法者の群れのことを指す。たとえば、一三世紀の半ば、ヘンリー三世の治下に、イングランド中西部のウスターシャーの森には、一〇〇人近い手下を従えたジェフリー・ディ・パークという名のアウトローが隠れ棲み、王の猟獣である森のシカを殺し、林務官を襲い、また森から出ては村々を荒らしまわった。

もっとも、ここで指摘しておきたいのは、数かずの伝承バラッドのなかで、彼らが無法に敢然と立ち向かう誇り高きヒーローとして唄われるようになった時代には、〈森〉をアジールとした彼らアウトローたちの跳梁跋扈はすでに下火となっていたという事実にほかならない。アウトロー・バラッドそのものの隆盛は、一四世紀末に始まる封建制の崩壊とその時期を同じくしているのである。

イングランド民謡の研究者A・L・ロイド（一九七五）によれば、アウトロー・バラッドは、ノルマン征服いらいの被抑圧階級としてのイングランド農民が、封建制度の衰退とともに古代農民の諸権利の復権を自覚するにいたった、その「抵抗の精神」の象徴にほかならないという。

一四世紀になると、森林は薪炭資源としての経済的価値が高まるとともに濫伐がすすみ、御猟林もまた耕地や牧草地へと姿を変えつつあった。それと同時に、御猟林法の直接の執行は代官の管轄から地方の地主ジェントリーの手に委ねられ、その適用が緩やかとなっていった。だが、その所有形態もまたしだいに地主ジェントリーの支配下へと移行を遂げることによって、逆に、それ以前には農民の間に黙認されていた日常の燃料用の薪の伐採や密猟はむしろその取り締まりが強化されることになったのである。イングランド南部農村地帯に勃発した一三八一年の農民一揆、ワット・タイラーの乱は、そうした生命線下の苦境にあえぎながらも、農奴身分制・人頭税・労働取引の制限そして狩猟法の撤廃など古代農民の諸権利を要求する下層農民によってひき起こされ、やがてロンドンの職人と都市労働者を巻きこんでいった封建制の崩壊期を代表する蜂起であった。アウトロー・バラッドは、なによりもまず、被抑圧者のチャンピオンの唄として、これらの農業労働者の間に唄い継がれてきたのであった。

それでは、ロビン・フッドに代表される〈森〉のアウトローたちは、なぜ、都市と農村の別なく、その後もながくイギリス民衆の英雄として親しまれてきたのであろうか。

川崎寿彦(一九八七)によれば、〈森〉(forest)はイギリス民衆にとってその生活の源泉であるとともに、foreignと同じ語源をもった一種の〈異界〉をも意味している。御猟林(Park)を棲み家とするアウトローたちは、イギリス民衆の想像力のなかで、そうした森の記号論的な両義性を付与されたトリックスター(彼らはしばしば緑衣を着けている)なのである。法のしがらみに縛られて生きる平凡な民衆は、〈カオス〉と〈ノモス〉との間を自由に行き来する彼らに羨望と尊敬を感じつづけてきた。そこには、害獣であったオオカミでさえその絶滅の後にはロマンチックな美化を受けるのと同様の「文明史の逆説」がある、と(『森のイングランド』)。

狩猟法・密猟そしてアウトロー・バラッド

けれど、私たちはまた、アウトロー・バラッドがイギリス民衆の間にかくもながく唄い継がれてきたその背景をなす歴史的事実を忘れてはならない。それは、一三八九年に制定されていらい、一八三一年法の成立にいたるまで改正につぐ改正を重ね、とりわけ一八世紀後半から一九世紀初めにかけてその刑罰と執行が強化された〈狩猟法〉の存在と、それが農民とりわけ下層農業労働者の生活におよぼしつづけた影響にほかならない。

狩猟法（game law）とは、ゲームと呼ばれるキジ、ウズラ、ツグミ、野兎などの〈森〉に棲息する野生の鳥獣の捕獲に対して、土地・財産所有による資格制限とともに、その売買の禁止によって、事実上、狩猟というスポーツが地主ジェントリーだけの特権であることを定めた法律である。この法律が興味深いのは、社会通念上の規定にすぎない〈ジェントルマン〉という身分を法的に規定した数少ない法律だったという点にある（川島昭夫、一九八七）。

この狩猟法によって、下層農民の生活が数世紀にわたって激しい経済的圧迫をよぎなくされたのである。彼らが生存のためになしたのは、しだいに苛酷さを増していった罰則とその執行の強化にもかかわらず、常習的に密猟（poaching）をおこなうことであった。野生の鳥獣を私有財産とみなすことは理不尽かつ不可能というべきであり、彼ら密猟者の側においてもそのように意識されていた。野生の鳥獣は、彼らの貧しい食卓を飾るささやかなご馳走であったし、また大切な収入源であった。そもそもその棲息場所はなにも地主ジェントリーの所有する森とはかぎらず、しばしば彼ら小屋住農が雇われて働く自営農民や小作農の耕作地や農場そして共有地を荒らしまわったからである。E・J・ホブズボウムは、G・ルデとの共著『キャプテン・スイング』（一九六九）のなかで、密猟は地主、農場主への隷属をいさぎよしとしない下層農民、とりわけ若くて屈強の農民が選択しうる数少ない「職業」であったとさえ述べている。

それがフルタイムの「職業」であったかどうかはともかく、重要なことは、密猟こそがイギリス近世以降の犯罪現象の中心をなしてきた罪種にほかならないという事実である。一八世紀の初めには、ウォルサム・ブラックスと呼ばれた一群の武装した密猟者たち（彼らは顔を黒く塗っていた）が、ウィンザーやハンプシャーの御猟林のシカを襲い、一七二三年には有名なブラック法（Black Act）が制定されている。ウォルポール宰相の下に制定されたこの法律は御猟林に侵入して猟獣を盗んだ者を死刑に処するというものだが、これによって密猟は死刑に相当する五〇種類以上の犯罪を構成することになる。このブラック法こそ過酷かつ錯綜をきわめた一八世紀の刑罰コードを象徴する法律にほかならない。

密猟に対する取り締まりの強化は、容易に推測されるように、一七世紀後半から一八世紀を通じて私有財産制が確立していったことと密接な関係がある。一七世紀後半に始まる改良農法がこれまでの開放耕地制にとって代わるにつれて、これまで漠然として曖昧であった土地や森林の所有概念が明確化され、とりわけ一八世紀から一九世紀初頭にかけて、伝統的な共有地に対する大規模な囲い込み (enclosure) が進行し、農民の入会権を一掃するにいたった。

一七世紀終わりから一八二〇年までの間に、牛馬羊盗などの財産犯に対する死刑を規定した刑法コードが五〇から二〇〇へと厖大な数に達するのは、この歴史的事実と密接な関連がある。

E・P・トムソン(一九七五)がいみじくも示唆するように、改良地主層ジェントリーの利害を代表する「ハノーヴァー朝ホイッグ党の上昇と絞首台の上昇との間には一種の共犯関係がある。」密猟に対する取り締まりの強化は、まさにこうした歴史的コンテクストの中で進行したのであった。だが、それにもかかわらず、そののちも保護地に囲い込まれた猟獣の密猟はやむことなく、密猟した鳥獣を非合法かつ組織的に売買するブラック・マーケットが都市と農村の間に張りめぐらされていたのである。

ふたたびホブズボウムによれば、「コンスタントかつ常習的」だった密猟こそが農村の経済状態を反映し、その増減がただちに農業労働者の窮乏化の度合いを示す指標的犯罪であるという。しかも、一八三〇年、イングランド南部諸州を席捲したスウィング暴動で中心的な役割を演じたのは彼ら密猟常習者にほかならなかった、と。

もっとも、犯罪というものが取り締まる側と取り締まられる側との相互作用プロセスとして生起する社会現象であるというパースペクティブに立つならば、狩猟法とその執行という取り締まる側の態度の変遷を度外視して、こうした見解をそのまま受けいれるわけにはいかない。しかし、そうした要因を十分考慮にいれた上で、この密猟の激増こそが一九世紀初頭の「犯罪の波」（あるいは「統制の波」）を特徴づけた犯罪であった。

いいかえれば、イギリス近代における犯罪現象の最大の原因は産業革命のもたらした人口の過剰な都市集中によるという通説（というよりも一九世紀末に成立した社会病理学が生んだ神話）に反して、その動向を特徴づけたのは農村地帯における犯罪の激増であったということである。

すでに一八二六年、J・S・ミルは、その論文「狩猟法について」（『ウェストミンスター・レヴュー』）のなかで、イングランドの犯罪全体の四分の一が狩猟法の違反であるだけでなく、この法律がむしろ犯罪者を生みだしていると述べて、その撤廃を唱えている。これはやや遅れてジュネーブの統計学者A・カンドールが、一八三〇年、「イギリスの犯罪増加は狩猟法と穀物法の影響による」と指摘している事実でもある。

やがて、これら農村地帯を追われた下層農民たちは、ロンドンはもとより、マンチェスターやバーミンガムをはじめとする新興の工業都市へと流入し、その労働人口の大部分を構成したのである。私たちは、このような歴史的事実にこそ、数かずのアウトロー・バラッドが、農村と都市の別なく、ながくイギリス民衆の間に唄い継がれてきたその社会的背景を見いだすことができる。ホブズボウムもいうように、貧民は、彼らの「正義」の象徴としてロビン・フッドを必要としたのであり、彼が実在しなければ無理にでも彼を生みださなければならなかったのだ。

要するに、アウトロー・バラッドは、彼ら下層農民がその最低限の生活のためにおこなわなければならなかった密猟という犯罪行為の一種の正当化メカニズムであった。イギリス民衆のブロードサイド・バラッドの世界に、〈森〉のアウトローたちを讃える響きがたえず通奏低音のように流れているのは、まさにこのためにほかならない。

国家の検閲とステイショナーズ・カンパニーの独占

それでは、ブロードサイド・バラッドは、アウトロー・バラッドに代表される伝承バラッドとどのように異なるのか。とりあえずその相違を二つ見ておこう。

第一に、ブロードサイド出版は、その当初からコマーシャリズムすなわち利益追求的な目的によって動機づけられていることである。このことは、その先駆者ディ・ワードの例によってすでにみてきた。

第二に、印刷されたブロードサイド・バラッドは、その出現の当初から直接的ないし間接的な「検閲」の介在、すなわち国家による出版規制や出版者の自主規制による支配的イデオロギーの干渉下にあったということである。ブロードサイドが最初に出版されてからおよそ半世紀ほど後の一五四三年、英国教会の創設者ヘンリー八世の治下(1509-47)に、「真実の宗教の振興と異端を廃絶するための」法律が施行され、「印刷された本、バラッド、戯曲、詩歌の類」が取り締まりの対象とされている。この年、三〇名にのぼる出版業者と書籍商が枢密院に召喚され、過去三年間に発行された本やバラッドのリストの提出を命じられている。

その後の印刷・出版の法的規制の先駆けとなったこの法律の成立のきっかけは、一五四〇年、当時の代表的な詩人ウィリアム・グレイがブロードサイド・バラッドを発行して政治家トマス・スミスの政治的立場を攻撃し、これに対してスミスもまたブロードサイドによって応酬したことに端を発している。二人はその出版業者ともども枢密院に召喚され、フリート監獄に二週間投獄されることになる。この政治論争はプロテスタントとカトリックの権力闘争の一環で、その後、グレイの方はその反教皇派プロパガンダの功績によって、ヘンリー八世に召し抱えられている。のちのエリザベス一世の治世(1558-1603)になると、イギリス最初の悪漢小説『不幸な旅人、あるいはジャック・ウィルトンの生涯』（一五九四）の作家、風刺バラッドの作者でもあったトマス・ナッシュのような職業的な人気作家が、政府の政治宣伝とピューリタン攻撃に起用されている。この事実は、ブロードサイド・バラッドが当時、世論形成にいかに強大な政治的宗教的な影響力を発揮していたかをものがたっている。

政府が扇動的な印刷・出版の規制をおこなったのに対して、他方、出版業者の側では、一五五七年に設立されたロンドンの出版・書籍業組合（Stationers' Company）が、同年、彼らの業界の競争を回避するために国王の許可状（Royal Charter）を求めて請願を起こしている。ステイショナーズ・カンパニーは、この許可状によって、事実上、印刷出版の独占権とともに、非合法な出版業者を摘発しその印刷物を没収する権限をも獲得するにいたる。この出版ギルドの加盟者が発行した本とブロードサイドはその出版者名、タイトルが登録され、ブロードサイドは四ペンス、書籍は六ペンスの登録料が納められることになる。これが言論出版の自主規制の始まりである。

その登録の第一号は「立て目覚めよ」というバラッドであるが、私たちはこの登録制度によって、それが廃止される一七〇九年までに発行された三〇〇〇点をこえるブロードサイドのタイトルを知ることができる。もっとも、このような登録目録の存在なしにはイギリス初期の印刷出版の実情を知ることができないというのは皮肉というほかない。

さらに、カトリックに帰依したメアリー女王の治世下（1553-58）では、出版に対する国家規制の苛酷さは熾烈をきわめた。「種々の扇動的で虚偽の著作物、詩歌、バラッド、書簡、論文、書物」を禁止する法律が施行され、これに違反した者は首手枷台に晒され、耳を削ぎ落とされるかそれとも二〇〇ポンドの科料を払わなければならなかった。また、国王と女王を批判したパンフレットやバラッドを書いたり出版したりした者は右手を切り落とされた。

この法律はエリザベス女王の治下になっても存続し、メアリー女王治下の三年間にはおよそ三〇〇人のプロテスタント信者が殺されたのに対して、逆に、エリザベス女王の時代には一二四人のカトリック信者が同様の罪で処刑されている。ちなみに、魔女信仰の禁止を規定した法律が施行され、数多くの「魔女」が迫害を受けるのも、このチューダー朝からであり、魔女処刑がブロードサイドやパンフレットの格好の題材となっている（魔女のニュース・パンフレットについては、補論「スキャンダリズムの起源」を参照されたい）。

しかし、こうした政府による苛酷な弾圧とステイショナーズ・カンパニーによる出版の独占にもかかわらず、一六世紀を通じて非合法な出版は絶えることなく、数多くの反政府的なバラッドやパンフレットが印刷され流布した。これらは政治パンフレットと呼ばれ、のちに一八世紀になって現れる政論新聞の先駆的形態である。興味深いのは、その隆盛がブロードサイド・バラッドのそれと時期を同じくしていることである。いや、むしろ逆に、一六世紀の政治パンフレットそのものがブロードサイド・バラッドの隆盛を背景として出現したのである。一五三五年頃のものと推定される日付もタイトルもない「ルターと教皇と農夫」の「対話」をテーマにした政治的なバラッドが現存している。ルターが免罪符の無効を唱えてローマ教会を激しく非難した語法がそうだったように、政治パンフレットは、ブロードサイド・バラッドという卑俗な民衆言語を批判感情の源泉とすることによって成立したのである。

エリザベス女王の時代にはブロードサイド・バラッドが早くも全盛期をむかえ、その基本的な形式をすでに確立している。当時、二〇〇人にのぼるバラッド作者が存在していたことが知られており、彼らはトマス・デロニー、マーティン・パーカー、ウィリアム・エルダートン、リチャード・ジョンソンなどのように著名な詩人や劇作家・廷臣・僧侶から居酒屋の無名のハックライターにいたるまで、さまざまな階層からなっていた。もっとも、いずれのブロードサイド・バラッドにもその作者名はほとんど明記されていない。

ちなみに、これら一六世紀から一七世紀にかけてのブロードサイドは『ピープス氏の日記』で有名な海軍省役人サミュエル・ピープス（1633-1703）の一八〇〇点のコレクションや、一七世紀後半にアンソニー・ウッドが収集したものの一部である『ロクスバラ古謡集』（一四〇〇点）などによってその片鱗をうかがうことができる。これらのブロードサイドは、ゴチック体の古活字で印刷され、その紙面の黒々とした印象からブラックレター・ブロードサイドと呼ばれ、一八世紀以降のローマン体活字のものと区別されている。

ニュース観念のめばえ

ところで、当時のブロードサイドの特徴は、その多くが「――のニュー・バラッド」あるいは「――のニュー・ソング」というタイトルが付けられており、その内容が政治風刺や社会戯評、ラヴソングから災害、惨劇、絞首刑、さらには「世にも不思議な出来事」(たとえば天変地異や奇形児の誕生)にいたるまで多岐にわたることである。それら種々雑多な内容に共通する性格は《時事性》(topicality)という点にある。いいかえれば、ブロードサイド・バラッドは、伝承バラッドのもつ牧歌的な世界に「出来事性」という新しい要素をつけ加えたのであった。

これらのブロードサイドは、都市においては大道商人、農村では呼び売り商人によって教会の広場やマーケットで売られ、イギリス全土に流布した。その刷りものは、旅籠や貧しい農夫小屋の壁にも貼られ、あらゆる階層に広く愛唱されたのである。エリザベス時代を代表するシェイクスピア作品の登場人物、たとえば『ヘンリー四世』『ウィンザーの陽気な女房たち』のフォールスタッフや『一二夜』のトゥビー・ベルチ卿、『ロミオとジュリエット』のマーキューショー、そしてハムレットがしばしばバラッドを口ずさみ、また『冬物語』のオートリカスのような盗人のバラッド売り(ballad-monger)が祝祭的場面の狂言回しとして登場する背景には、こうした時代状況がある。

私たちは、以上のような事実に、ブロードサイド・バラッドが伝承バラッドと決定的に異なる第三の特徴を見いだすことができる。すなわち、伝承バラッドがイギリス農村の生活に深く根ざしたフォークロアの世界に属するのに対して、ブロードサイド・バラッドはまさに都市民衆の生活世界から発生しているということである。さらにいえば、吟遊詩人《ミンストレル》や吟誦詩人《バード》など流浪の遊芸者たちによって唄われた伝承バラッドが、太陽と自然に支配された農耕社会に固有の循環的時間のリズムにしたがっているのに対して、同じように全国を渡り歩くバラッド売りは、彼ら放浪芸人の直系の末裔だったとはいえ、そのブロードサイド・バラッドの世界はそうした伝統的な自然的時間のリズムからの離脱、まさに都市社会に特有な機械的で不可逆な直進的時間の流れの中で生まれたのである。

ブロードサイド・バラッドが全盛をむかえたエリザベス時代は、イギリス民衆の時間意識に革命的ともいうべきドラスティックな転換が進行した時代であった。いわゆる不定時法から定時法システムへの転換である。一五六三年に施行された全国的な賃金規定を定めた徒弟法は、すべての職人と労働者が一日の労働時間を機械時計の示す時間(朝五時から夜七~八時まで)を基準とすべきであると定めている。たとえこの法律それ自体は当時すでに一般的となっていた就業規則の追認であったとしても、イギリスにおける時間労働制、いいかえれば「作品中心の労働」から「時間労働」への転換はまさにこの時代から始まる(角山栄、一九八六)。

活版印刷が言葉を互換可能な最小単位すなわち活字に分割し規格化することによって大量複製生産という近代技術の先駆的役割をになったその同じ時代、労働時間もまた分割かつ互換可能で計画的に制御しうる機械的な時間へと転換することによって、きたるべき産業社会を刻々と準備しつつあったのである。

ブロードサイド・バラッドが、このような機械的で抽象的な時間の支配の始まりの時代に早くもその最初の全盛期をむかえているのは、けっして偶然の出来事だったわけではない。「ニュー・バラッド」や「ニュー・ソング」と題されたブロードサイド・バラッドに唄われる内容に〈トピカリティ〉という共通した特徴が生じるのは、このような時間意識の変容という歴史的事実ときわめて密接な関連がある。

伝承バラッドの世界にはそうした〈トピカリティ〉のもつ「今そしてここ」という性質はなかったし、またその必要性すら認められていなかった。伝承バラッドは、たとえば厖大なロビン・フッド・バラッド群のように、数世紀という時間の流れの中で数多くの挿話的事件がつけ加えられ、さまざまなヴァージョンが存在する。けれど、それらの事件はことごとく過去の神話的時間（その非歴史的な無時間性）へと回帰させられており、たとえそのさまざまなヴァージョンにイギリス民衆のヒーロー像の歴史的な変貌をうかがうことはできても、それら個々の出来事がそれぞれ有していたはずの〈トピカリティ〉という要素は痕跡もなく消去されている。

これに対して、ブロードサイド・バラッドの世界に〈トピカリティ〉という性質が生じるのは、自然の循環的時間のリズムから遊離した都市民衆の時間意識そのものに起因している。いいかえれば、近代的な時間意識の成立なしには「新奇さ」への飽くなき欲望というものは生じえなかったということである。機械的で抽象的な時間に生きる都市民衆はたえず〈現在〉という瞬間にプライオリティをおくことによって、その均質で単調な流れに刺激とリズムをあたえ、それを活性化させなければならない。ブロードサイド・バラッドは、都市生活の中のさまざまな新奇な出来事すなわちトピックスを、伝統的な歌謡のもつ循環的時間のリズムにのせて唄うことで、伝承バラッドとは異なった新しい表現形式を創出したのである。ブロードサイド・バラッドが牧歌的なフォークロアの世界を継承すると同時に、その後の散文形式による大衆的な新聞の先駆的形態であるのは、まさにこのような意味においてなのである。

さらに重要なことは、ブロードサイド・バラッドのもつ〈トピカリティ〉という特徴にこそ《ニュース》という観念の萌芽が芽生えつつあったという点である。ジャーナリズム史の通説は、一七世紀初めの海外交易情報を伝えるニュースブックやニュースレターと呼ばれる新聞の初期形態にニュース報道の始まりをみてきた。たしかに、経済情報の伝達という観点からすれば、通説には異論の余地はない。だが、近代的なニュースという観念の起源を、そうした情報形態の観点においてではなく、より民衆的な生活世界にそって遡るならば、早くも一六世紀のブロードサイド・バラッドの誕生にそれを見いだすことができるのである。ちなみに、ニュースという語自体が一般的に用いられるようになったのもすでにこの頃のことである（☆7）。

もっとも、一六世紀半ばに起こった時間意識の革命がいかに決定的なターニング・ポイントをなしたとはいえ、機械的で直進的な時間が都市民衆の生活のあらゆる領域にわたって浸透していたわけではない。

呼び売り商人がブロードサイド・バラッドやチャップブックとともに持ち歩き、むしろバラッドよりもコンスタントに売れたのは暦(almanac)であった。アルマナックとはブロードサイドやパンフレット形式の印刷物で、キリスト教の祝祭日や村祭やフェア、天文・栽培法などを記載したいわゆる絵入りの農事暦のことで、時には、そこに行商人が通る街道名が記されているものもあった。アルマナックは、数世紀にわたって農村部のベストセラーであったばかりでなく、都市部でもよく売れ、出版業者に大きな利益をもたらす印刷物であったことは、ロンドンのステイショナーズ・カンパニーがその独占権を一八世紀の終わりまで手放そうとしなかったことからも明らかである。このことは、都市民衆もまた、その生活の基底においては農民と同様な循環的時間のリズムにしたがって暮らしていたことを端的にものがたっている。

その意味では、ブロードサイド・バラッドは、たしかに機械的時間の支配する都市的世界の産物であるとはいっても、あくまで伝統的な歌謡という循環的時間のリズムそのものを生命とするバラッド以外の何ものでもない。都市民衆がそのような時間を失うにいたるのは、むしろ、彼らの生活世界からブロードサイド・バラッドそのものが完全に姿を消す時にほかならない。そして、それは、はるかにずっと時代がくだって一九世紀の後半、あの「知識への課税」の撤廃の結果、大量部数の日刊新聞がブロードサイドとバラッド売りたちを街角から追放することによってなのである。人間はおそらく均質で単調な機械的時間の灰色の流れの中では生きることができない。大衆的な日刊新聞が都市民衆の間にもたらしたニュースの消費という習慣、そしてその習慣のもつ儀礼的なリズム(これが新聞の〈定期性〉の意味である)によって、自然の循環的リズムを失った人間はやがて都市生活のおびただしい機械的時間の奔流の中で「今そしてここ」に生きているという事実を日々繰りかえし確認しながら暮らすようになるのである。

私たちは、次に、そうした都市的世界の始まりの下に成立したブロードサイドの中でとりわけ特異な位置を占める犯罪や事件のニュースについて、さらに検討しなければならない。

第三節　ニュース・バラッドの謎

ニュース・バラッドの成立

イギリス最初期のニュース・パンフレットの研究家M・A・シャーバー（一九二九）によれば、一六〜一七世紀のチューダー朝およびスチュアート朝の犯罪のパンフレットやブロードサイドで現存するものは、当時、苛烈をきわめた宗教戦争下に起こった大逆罪や謀反事件などの政治的・宗教的犯罪に関するものが多い。しかも、それらのほとんどは枢密院の命を受けた御用印刷所（royal printer）による出版か、あるいは政府寄りの印刷業者に印刷させたもの、いずれかであるという。それらの犯罪パンフレット類は、当時出まわっていたが今は散逸した非合法な地下出版のパンフレットやブロードサイドに対抗して出版されたものであろう、と。

シャーバーは、その一例として、エリザベス女王治下の一五八二年、クリストファー・バーカーという名の出版者によって発行された、『イエズス会士エドマンド・キャンピオンその他の死刑宣告を受けた僧侶たちによる女王への大逆事件の全貌を、彼ら自身の告白によって明らかにした詳報』という長いタイトルの犯罪パンフレットをあげている。その本文の冒頭に、「不忠な輩が種々の中傷的なパンフレットを発行し、反逆者たちを正当化しようと誤った情報を流しているが、枢密院はキャンピオンらの告白にもとづき、またこれを論駁するために、真実かつ完全な報告を提供する」と記されていることがその根拠である。政府資料の独占的利用という事実から、その「不偏中立」の装いにもかかわらず、犯罪パンフレットやブロードサイドの出版の意図が国家権力による政治的プロパガンダにあったことが読みとれる。

けれど、私たちが注目したいのは、政府発行のパンフレットのあとにつづいて、しばしば同じ事件をあつかったブロードサイド・バラッドが大量に出まわり、それらがみな政府支持を唱えたものばかりだという事実である。

そうしたブロードサイド・バラッドの例に、一五六九年から翌年にかけて起こったノーサンバランドの反乱についての二七種類のブロードサイドとパンフレットがある。たとえば、「すべての謀反人、反逆者そしてローマ教会派に対して、神と教会とわれらが女王と王国の繁栄を祈って歌う祝歌」(ジョン・オードリーによるブロードサイド、一五六九?)や「謂子者どもの首を肩につなぎ留めるために警告を与える反逆談義」(トマス・チャーチヤード詩、ウィリアム・グリフィス出版、一五七〇)、「ノーサンハランドからのニュース」(ウィリアム・エルダートン作、トマス・コルウェル出版、一五七〇)がその代表的なブロードサイド・バラッドである。

ステイショナーズ・カンパニー加盟の出版業者によるこれらのブロードサイドは、おそらく、政府から直接の命令あるいは依頼を受けて発行されたものとはいえない。この事件の起こった一五六九年は宗教史上、「近代イギリスの起点」(トレヴェリアン)と呼ばれる年だったが、たった一つの反逆事件についてこれほど多くのニュース・バラッドが発行されているのは、当時、すでにそうしたブロードサイドが一般の民衆に愛好され、出版業者にとって大きな商品価値をもったジャンルだったことをものがたっている。

では、そうしたニュース・バラッドはどのようなものだったのであろうか。つぎに掲げるのは、一九世紀のブロードサイド収集家ヒンドレー(一八七二)が翻刻したエリザベス時代の代表的なバラッド作者、トマス・デロニー(☆8)によって書かれたブロードサイド・バラッドの冒頭の部分である。

そのタイトルは、「一五八六年九月二〇、二一日、ロンドン近郊のリンカン・イン・フィールドで処刑された一四名の悪逆非道な謀反人どもの死刑執行を簡潔に告げるニュー・バラッド」である。ヒンドレーによれば、一六世紀のオリジナル版には一四の首を描いた木版画が掲げられていたという。

祝え、善良なる人びとはみな
神を誉めたたえ、たからかに歌え
謀反人どもの悪逆から、その力もて
我らを救いたまいし神を
過日、謀反人どもは
我らが女王への反逆のかどで
ロンドンにて、しかるべき報いを受けた
最初の死はバラードに下された

バラッドはこのあと一三連つづき、神と女王とイングランドへの祝歌を織りまぜながら、他の一三名のカトリック教徒の刑死を次つぎと唄いこんでいる。この例からもわかるように、当時の政治犯罪に関するニュース・バラッドにはニュースを伝えるよりもむしろ、そこから警告と説教そして教訓を引き出そうという意図がうかがえるのである。ところで、以上にみてきた例はいずれもエリザベス時代の、しかもカトリック教徒による反乱や謀反事件に関するパンフレットやブロードサイドに限られている。だが、それ以前の、熱烈なカトリック教徒であったメアリー女王の治世下に処刑されたおよそ三〇〇名にのぼるプロテスタントの反逆者たちに関する犯罪パンフレットが現存していないのはなぜだろうか。

政治的・宗教的犯罪というものは体制の変動とともにその評価が逆転する。それらのパンフレットは、エリザベス時代になって彼らの名誉回復がなされると同時に、廃棄されたのだろう。実は、エリザベス時代いらい、聖書とともにイギリス民衆の間にながく親しまれてきた『殉教者列伝』（一五六三）こそ、メアリー女王治下、大陸へ亡命していたジョン・フォックスが彼らプロテスタントの受難の生涯を叙述したものにほかならない。また、このことは、逆に、ヘンリー八世やエリザベス女王治下のカトリック殉教者を擁護した地下出版のパンフレットやブロードサイドが、歴史的重要事件のものをのぞいてほとんど今日に伝わっていない理由をも推測させる。それらもまた、エリザベス時代の苛酷な検閲下で焼却されたにちがいない。

〈速報性〉の意味するもの

これまで述べてきたのは政治的・宗教的犯罪とりわけ大逆罪に関するものに限られてきたが、一般の殺人事件についてはどうだったのだろうか。

ここで、当時のイギリス刑法の犯罪の分類について簡単に紹介しておくと、大逆罪 (high treason)、反逆罪 (petty treason)、重罪 (felony)、軽罪 (trespass) の四つの審級があり、殺人は三番目の重罪に属していた。ちなみに、この重罪には重傷害、窃盗、強姦、放火などが分類されるが、その刑罰はかならずしも死刑ときまっていたわけではない。

さて、殺人事件をあつかったブロードサイドの中で記録に残っている最も古いものは、「わがスタートン卿が、一五五七年三月六日、死を前にして群衆に告白して語った言葉」というタイトルのブロードサイドである。一般の殺人事件に関するブロードサイドやパンフレットが大量に現れるのは一五七五年以降のことで、それらのほとんどが処刑者の嘆き (lamentation) と罪の誘惑に対する訓戒に終始していた（シャーバー）。

そうした例の中に、「パーク卿を殺害したアーノルド・コズビーの一五九一年一月一四日の糾問、審理、判決、そして同月二七日の死刑執行」という題の犯罪パンフレットがあるが、私たちはここで奇妙な事実に出会うことになる。というのは、このニュース・パンフレットがステイショナーズ・カンパニーに登録されているのが一五九一年一月二五日、つまり刑執行の二日前だからである。これはいったい何を意味しているのだろうか。

この事実は、皮肉にも、パンフレットやブロードサイドの出版業者が当時すでにニュースの「速報性」を重要視していたという事実を示唆している。公開処刑のように期日があらかじめわかっている出来事のニュースは、その当日に発売できるよう前もって印刷されていたのだ(☆9)。

このような例として、エリザベス女王の戴冠式(一一月一七日)を祝った多数のブロードサイド・バラッドがその数日前に登録されているのをはじめ、王室の祝典やパレードを唄ったロイヤル・バラッドがあるが、なかには祝典の日程が未定のために日付の個所を空白にしたまま登録されているものもある。

ニュース・バラッドがその発生の当初からすでに「速報性」を重視していたという事実は、他の例にもうかがうことができる。一五八〇年四月六日、ロンドンを襲った地震を伝える三冊のパンフレットと二つのバラッドがステイショナーズ・カンパニーに登録されているのは、その二日後のことである。また、一六一三年六月二九日、シェイクスピア演劇で名高い、テームズ川南岸サザックにあった地球座が『ヘンリー八世』上演中に全焼したことを伝えた二つのバラッドは、早くもその翌日に登録されている。

もっとも、これらのブロードサイドやパンフレットの主要な関心は、今日の私たちが想像するような災害の時間的経過や被災状況などの事実を伝えることにはなく、天変地異は「神の御《み》業《わざ》」つまり神の怒りの顕現であり、罪深い人間への警告である

⑥1607年, ウェールズのモンマスシャを襲った洪水のニュース・パンフレット

という説教に終始したものが大半である。その意味では、災害のブロードサイドやパンフレットも犯罪のそれとよく似た意図をもった出版物であった。

以上のような事実から、私たちが考察すべきなのは、そもそもニュースの「速報性」とはいったい何であったのかという問題にほかならない。なぜ、ニュースは「速報」されなければならないのか。私たちは、あまりにも自明とみなされてきたその隠された動機を、一六世紀後半から一七世紀初めにかけての最初期のニュース・パンフレットやブロードサイド、とりわけ、「絞首台のバラッド」と呼ばれるブロードサイド・バラッドが、すでにその出現の当初から公開処刑の当日に発行されていたという事実の中に探ることができるのである。

ここで、あえて誤解をおそれずにいえば、ニュースの「速報性」の本質は、起こった出来事を可能なかぎり迅速に報道しようとする努力のなかに存在するわけではない。たしかに、活版印刷技術の発明から電信技術や写真、さらには今日の電子メディアにいたるまで、メディア技術の進歩とは「速報性」を最大の使命とするたゆみない努力、つまりニュース素材の収集から編集・印刷そして頒布までの時間の短縮化への歩みだったということができる。けれども、私たちが見誤ってならないのは、メディア技術の進歩とは、これまでの常識が語るように起こった出来事を事後的に伝達する手段の発達だったのではない。むしろ、すでにその成立の当初から、起こりつつある出来事を即時的に伝えようとするコミュニケーション手段の発達であったということである。いいかえれば、ニュースの「速報性」の本質とはまさに《同時性》への飽くなき志向のうちにこそ存在するということである。

私たちは、さらに次のように問わなければならないのだ。ニュースの《同時性》への志向とはいったい何か。なぜ、ニュースはその発生の当初から、事前であれ事後であれ、出来事の《現在》へと可能なかぎり接近しようとするたゆみない努力にとり憑かれてきたのだろうか、と。そして、まさにこのような問いの中にこそ、私たちは、ニュースという観念の本質を見いだすことができるのだ。

ニュースの《同時性》への志向――そこには、出来事の《現在》の共有に対する激しい知の欲望とも呼ぶべき動機がひそんでいる。さらにいえば、そもそもニュースという観念それ自体が、出来事の現場に、「今そしてここ」という時制において立ち会いたい（あるいは立ち会わせたい）という欲望にこそ動機づけられて成立し、しかもその欲望をたえず増幅することによって形成されてきたのである。

要するに、私たちが、最初期のニュース・バラッド、とりわけ公開処刑や祝典やパレードを唄ったブロードサイドやパンフレットがステイショナーズ・カンパニーに事前に登録されているという事実の中に理解しなければならないのは、このようなニュースの《同時性》への志向、すなわち出来事の《現在》の共有への飽くなき欲望がすでにその発生の当初から存在したという事実にほかならないのである。

しかしながら、それでは、なぜ、最初期の犯罪に関するブロードサイドやパンフレットには、たとえば殺人事件の発生（より正確にいえば発覚）を唄ったニュース・バラッドが存在しないのであろうか。火災や地震などのニュース・バラッドがその発生のほとんど直後に発行されていたのと同じように、なぜ、事件の発生そのものを伝えるニュース・バラッドは発行されなかったのだろうか。

たしかに、現存のあるいは記録に残っている最初期のブロードサイドやパンフレットは当時発行されていたものののうちのほんの一部にすぎない。犯罪事件の発生そのものをあつかったブロードサイドやパンフレットの類はもはや散逸してしまったのだと推測することもできる。人間の犯罪に対する関心が普遍かつ不変だとすれば、そうした推測も可能だろう。しかし、驚くべきことには、一九世紀になるまでは、犯罪事件に関するブロードサイドやパンフレットは「絞首台もの」つまり犯罪者の審理と判決そして刑の執行に焦点をあてて発行されたものばかりなのである。

この事実はいったい何を意味しているのだろうか。

ここには、犯罪事件のニュース・バラッドが、ブロードサイドの世界の中で占める特異な地位を解き明かすための重要な鍵がある。そして、私たちは、このような事実にこそ、まさに近代ジャーナリズムが誕生する以前のイギリス民衆の間の犯罪に対する関心のありようを探ることができるのである。

改悛の舞台としての公開処刑

最初期のブロードサイドの世界には、なぜ、犯罪事件の発生そのものを唄ったニュース・バラッドが存在しないのか。なぜ、犯罪に関するブロードサイドやパンフレットは刑の執行時点で発行されたものばかりであって、事件発生の時点で発行されたものが存在しないのか。私たちは、この謎めいた事実をめぐって、さまざまな推論を加えることができる。

第一に考えられる理由は、ニュース・バラッド出版の企業的未成熟という問題である。ブロードサイド出版業者の経営規模は零細であり、その後の新聞企業のように専門化された取材記者を擁していたわけではない。そのために、事件の情報をその発生時点で収集する人員の欠如が、そのニュース源を裁判所にのみ依存させていたのである、と。

たしかに、ブロードサイド出版業者の取材態勢は組織的に確立されていなかったし、また、そもそも事件発生の時点でニュース源となりうる犯罪捜査組織としての警察機構そのものが成立していなかった。だが、これらの事実をもって、犯罪事件の発生を唄ったニュース・バラッドがまったく存在しないことの主要な理由とみなすことはできない。

ここで想起してほしいのは、前に触れた、一六一三年六月二九日の地球座の火災のニュース・バラッドが早くもその翌日にステイショナーズ・カンパニーに登録されているという事実である。もっとも、現存する最初期のニュース・バラッドの中でこのような「速報性」の例はわずか数例にすぎない。しかし、災害ニュースを伝えるブロードサイドやパンフレットがその発生に焦点をあてて発行されているという事実には変わりはない。だとすれば、もしもブロードサイド出版業者にその意図さえあったならば、犯罪事件についても、その発生時点でニュース・バラッドを発行するのはけっして不可能ではなかったはずだ。というのも、災害のニュース・バラッドの多くが、当時ハックライターによって書かれていたのであり、たとえば殺人事件の発生を聞きつけたブロードサイド業者が、火災や地震や洪水の被災地へと同様に、殺人のあった現場へと彼らを走らせることは十分可能だったはずだからである。

ちなみに、C・H・ファースの研究(一九一六)によれば、一六世紀半ばの吟遊詩人たちが最底辺の貧困を余儀なくされていたのにくらべて、二、三世代あとのエリザベス朝のバラッド作家やその唄い手や売り手は、同時代の作家チェトルの証言(一五九二)からすると、一日に二〇シリングを稼ぐほど繁盛していたという。この数字が誇張だとしても、さらにチェトルは、「正業をきらい住所不定で自堕落な生活を送る彼らの姿は、この国のありとあらゆる街角と市場に見受けられ、バラッドを唄ってはブロードサイドを売っている」と、苦々しそうに伝えている。そうした彼らが、日々のさまざまな事件情報に精通していなかったなどと想像することはおよそ不可能であろう。

さらに、ステイショナーズ・カンパニーの登録資料の中に見いだされる興味深い事実がある。すでに一六世紀の半ばには、犯罪事件を専門にあつかう特定のブロードサイドやパンフレット出版業者が存在していたのである。たとえば、ヘンリー・ゴッソンとトマス・パヴィアという二人の出版業者は、彼らの存命中、殺人事件をあつかったニュース・バラッドの出版数において、他のブロードサイド業者すべての関連事件のバラッド出版数を合計したものよりもはるかに多い。また、一五九四年に登録されたロバート・ビーチ殺人事件をあつかったニュース・バラッド六種の中の五つがトマス・ゴッソンとトマス・ミリントンというブロードサイド出版業者のものだ。さらにまた、一六一三年のトマス・オーヴァベリー卿毒殺事件に関するブロードサイドやパンフレット一六種の中の五つがジョン・トランドルという出版業者によるものであった。

以上のような事実は、一六世紀半ば、ステイショナーズ・カンパニー加盟のブロードサイド出版業者の間で、ニュース・バラッド発行が分業化されていたことをものがたっている。と同時にまた、犯罪事件をあつかうパンフレットやブロードサイドの発行に直接的・間接的な検閲が介在していたという事実をも示唆しているのである。

このことは、最初期の犯罪ニュース・バラッドがことごとく刑の執行に焦点をあてて発行されている理由について、私たちを第二の推論へと導くのである。すなわち、ステイショナーズ・カンパニーはその印刷出版の独占と引きかえに反政府的な出版物の取り締まりを引き受けていたのであり、その加盟業者が発行する犯罪事件のパンフレットやブロードサイドは国家権力の意向を反映していたということである。

ここで触れておかなければならないのは、犯罪者の「改悛の舞台」としての公開処刑という制度の起源についてである。

私たちは、すでに、政府発行の「犯罪パンフレット」の成立が、チューダー朝における大逆罪や謀反事件などの政治的・宗教的犯罪をめぐって発行された非合法の「地下出版物」に対する政府の対抗策として始まったことをみてきた。実は、公開処刑が犯罪者の「改悛の舞台」としての役割をになうにいたったのも、同じチューダー朝における政治的・宗教的犯罪をめぐってであった。刑罰としての公開処刑そのものの起源は一二世紀半ばまで遡るが、それが「改悛の舞台」としての祭儀的役割をになうのは、一六世紀初め、ヘンリー七世の時代の発明にほかならない。当初、それは、国家に対する反逆者の処刑にのみおこなわれていたが、しだいに一般の重罪犯の場合にも定期的に適用されるにいたったのである。

この絞首台上の改悛劇の中心をなすのは、犯罪者自身による罪の「告白」と悔悟の表明としての「絞首台上の演説」(gallows speech) であった(「死を前にした言葉」(last dying word)」ともいうが、こちらは印刷されたものに限定しておく)。その演説は、犯罪者が有罪とされた行為事実にとどまらず、自分が生涯になしたすべての悪行の告白であることが期待され、その内容と形式はステロタイプ化され、絞首台の介添え役の教誨師によってあらかじめ獄中で死刑因に教えこまれたのである。

公開処刑が宗教的祭式にもとづく国家権力の正統性の顕示を主要な目的とするとともに、恐怖感情の喚起による犯罪抑止のための手段であったというのが通説である。しかし、それは歴史的に不変の現象だったわけではけっしてない。

A・J・シャープ（一九八五）によれば、一六世紀の発明である改悛劇としての公開処刑は、「この世は舞台、人はみな役者」（シェイクスピア）という演劇的想像力が時代を支配していた一七世紀になってその形式を完成させたといわれる。そのクライマックスをなす犯罪者の「絞首台上の演説」は、それ以前の一四、五世紀にはまったく見られなかったものであり、この特徴は、近世の刑罰観を中世のそれとはっきりと分かつ「罪人は苦しみと改悛によって救済される」という観念の発達と密接不可分な関連がある。しかも、シャープによれば、宗教的・政治的な反逆者であれ一般の重罪犯であれ、また身分の上下を問わず、処刑者の多くがみずから進んで刑台に登り「絞首台上の演説」を唱えたのであり、また、そこに群がる観衆が求めたものはこの改悛劇が首尾よく遂行されるかどうかにあった。

こうした公開処刑の模様を伝える貴重な記録がある。『ピープス氏の日記』は、一六六四年一月二一日、強盗罪で死刑の宣告を受けた通称コロネル・ターナーという男の絞首刑が一万三〜四〇〇〇人の観衆の見まもる中で執行される様子を記している。一シリングの大金を払って見物しやすい荷車の車輪の上によじ登って絞首台を眺めたピープス氏は、ターナーが刑の執行中止を期待して異常にながい「絞首台上の演説」を唱える姿を「哀れ」に思ったと書きとめている。

私たちは、この哀れみの感情をどう理解したらよいだろう。間違えてならないのは、絞首刑それ自体を残酷視する私たちの近代的感性が感じるような、受刑者の死の苦しみへの同情とはまったく別の感情だということである。それは、犯罪者が苦しみの受容と改悛による贖罪の秘蹟をえずに死んだことへの憐憫あるいはむしろ軽蔑であって、今日の私たちにはほとんど想像しがたい感情なのだ。

もっとも、死刑囚の「絞首台上の演説」は、一八世紀になると、教誨師の努力にもかかわらず、しだいに実行されなくなっている。公開処刑は、国家権力自体の世俗化の進行につれて、犯罪者の受苦と改悛の舞台からやがて彼らがその勇気を誇示する舞台へと変質していったのだ。このことは、ミシェル・フーコーがその著『監獄の誕生』(一九七五)のなかで明らかにしている事実である。彼によれば、公開処刑は単なる刑事司法制度ではなく政治的な儀式として理解しなければならない。たしかに、そのとおりである。だが、公開処刑が、フーコーがいうような、罪人の《身体》が国王権力と対決する華ばなしい肉体劇の舞台となるのは、一八世紀以降、国家権力そのものの世俗化によって、公開処刑に宗教儀礼的な改悛劇としての意味が失われたために生起した事態であったのだ。それ以前、来世での救済を希求する人間にとっては《身体》など魂の衣裳にすぎなかったからである。

さて、興味深いのは、一六～八世紀までの犯罪パンフレットやブロードサイドの多くが、この改悛劇を司った教誨師たちによって書かれていることである。私たちは、この事実に、公開処刑を唄ったニュース・バラッドがなぜその執行の数日前にステイショナーズ・カンパニーに登録することができたのか、その理由を見いだすことができる。というのは、改悛劇のシナリオとそのクライマックスをなす「絞首台上の演説」が教誨師によって書かれたものであれば、刑の執行以前に、それを処刑者の「死を前にした言葉」として印刷に回し、ステイショナーズ・カンパニーに登録することが可能だからである。実際、監獄の牧師たちは副業としてこれを書き、ブロードサイド出版者から金銭的利益を得ていたのである。

ここに、一八世紀のニューゲイト監獄の教誨師について面白いエピソードがある。

ある牧師が、処刑を目前にひかえた窃盗犯を自分の部屋に呼び、彼が安息日の破戒か常習的飲酒か放蕩かの罪を告白するように勧めた。だが、囚人はこれをきっぱりと拒んだ。すると、怒った牧師は、「私がうまく書けるのは三つの罪についてだけだ。きみはどれかの罪を犯しているはずだ。思い出しなさい！」と叫んだ。囚人が、「そんなことは窃盗となんの関係もない。私は窃盗の罪で処刑されるのだ」と答えると、牧師は、「出ていきなさい。お前のような悪人が私の書くものの売れ行きを台なしにするのだ。私はお前を強情者と書いてやる」といい、事実、そうしたのであった。

このエピソードは、一八世紀の犯罪の主要テーマとなった財産犯というものがそれ自体では罪の告白と改悛という演劇的な制度になじみにくい犯罪であったことを示唆している。だが、それだけではない。むしろ、一八世紀に入って、それまで犯罪者に対する死刑執行の正当性を保証してきた「絞首台上の演説」が実行されなくなると、それにかわって、ブロードサイドやニュース・パンフレットに印刷された「死を前にした言葉」が公開処刑制度にとって重要な役割をになうにいたるという事実である。

しかし、さらに重要なことは、一六世紀に発明され一七世紀に完成をみた「改悛の舞台」としての公開処刑の演出者としての役割を演じてきた教誨師は、一八世紀以降、死刑囚の魂の救済という本来の目的のためであれ金銭的利益という世俗的な動機によってであれ、出版業者の求めに応じて獄中の死刑囚に罪の「告白」と「死を前にした言葉」を語らせ、拒否された場合は捏造して書くことによって、実は、その中心的地位を出版業者に売り渡していったという事実である。もっとも、このことを逆にみれば、監獄の教誨師こそ、近代ジャーナリズム誕生以前の犯罪報道の先駆者であったということである。これは、のちに述べるように、けっして単なる皮肉などではない。

犯罪原因についての無関心

しかしながら、以上のような事実は、犯罪パンフレットやブロードサイドが刑の執行時点で発行された理由を説明しても、なぜ、事件の発生時点で発行されたものが存在しないかを明らかにするものではない。私たちは、さらに、その理由を探らなければならない。

人間の犯罪に対する関心は、歴史的に不変の、また人類共通の普遍的な感情に属するものではないだろうか。たとえば、殺人がどこでどのようにおこなわれたかというわさは、事件が発生するや否やたちどころに広まるものである。であるとすれば、一九世紀に入るまで、犯罪が起こった時点で発行されたニュース・バラッドが存在しなかったのは、いったい、なぜなのだろうか。

私たちは、ここで、第三の推論に入らなければならない。結論を先取りしていえば、そもそも当時のブロードサイドやパンフレットの世界には、犯罪事件の発生それ自体をものがたるための言語が存在していなかったということである。

今日の私たちは、事件発生の年月日時や犯行場所にはじまり、被疑者の氏名・年齢・職業そして犯行動機・犯行手口、また彼あるいは彼女の性格とそれを形成した社会経済的背景など厖大なボキャブラリーを所有している。私たちの犯罪に関する言説において、とりわけ、その中心をなすのが原因論的言説、つまり犯罪者を犯行にいたらしめた内的および外的な動機づけについての文法とレトリックにほかならない。

そもそも、犯罪であれほかの現象であれ、あらゆる物語はその発端と結末なくして語ることはできない。今日の私たちが犯罪の発生の物語(そのもっとも簡潔な形式が5W1Hからなるニュース・ストーリーである)を語りうるのは、実は、事件の発生それ自体をひとつの結果としてものがたることを可能ならしめる原因論的なボキャブラリーと文法からなる言説空間が存在しているからにほかならないのである。

これに対して、一六~一八世紀の裁判資料を見ても、事件の個別性とその原因、犯罪者の性格特性などについての記述はほとんど皆無であり、まるで関心さえ抱かれていないのである。そうした犯罪動機的理解を中心とする言説空間の成立は、一九世紀以降、あの「予防警察」(ロンドン首都警察の理念)の誕生と時を同じくして進行するのであり、まさに《予防》というプレ=アクティヴな(事前の)知のまなざしが犯罪の発生それ自体を結果として語ることを可能ならしめることによってなのである(☆10)。一九世紀初め、イギリス近代警察の基礎を築いたP・カフーンはいみじくも「警察とは新しい科学である」と述べているが、やがて一九世紀の後半から、犯罪の発生についての物語をさまざまな学問が語りはじめる。犯罪学、犯罪心理学、社会病理学などの学問は《予防》という新たな知のまなざしの誕生なくして成立しえなかったのである。

しかしながら、犯罪の物語はそうした原因論的な言説空間の存在なくしてはまったく語りえないのだろうか。もちろん、そうではない。しかし、その物語とは、犯罪の発生それ自体を語るのではなく、犯罪の結末を語る物語、あの「——の生涯、審問、告白そして処刑」という犯罪パンフレットやブロードサイドのタイトルに要約されている物語にほかならない。プレ=アクティヴな知のまなざしの誕生以前には、犯罪の結果への言及なしに犯罪それ自体を語ることはありえなかったのであり、事件の発生についての関心は、せいぜいのところ、犯行現場についての興味、つまり、たとえば殺害の場面が犯罪パンフレットやブロードサイドの木版画に描かれる以外にはその表現形式を見いだしえなかったということである。

その意味では、一九世紀初め、「サーテル事件」や「赤い納屋事件」のブロードサイドが、事件の発覚から逮捕そして処刑にいたるまで、次つぎと発行されてセンセーションを巻き起こしたという事実は、一六世紀いらい連綿と続いてきた「——の生涯、審問、告白そして処刑」という形式が崩れつつあったことを端的にものがたっている。もっとも、あの「サーテル事件」のニュース・バラッドがそうだったように、その内容はくどくどしいまでの殺害状況の描写に集中している。宗教的な意味世界を失いながら、いまだ人間論的な動機理解の言説をもたないこの時代、人びとのまなざしは《身体》そのものへと集中したのである(☆11)。

とはいえ、当時の人びとの関心が犯罪の発生よりは裁判に、そして裁判よりは刑の執行にあったことは、これらの事件のブロードサイドの発行部数が明瞭に語っている。まるで今日の私たちの関心の方向と逆なのである。その関心が処刑者の解剖された死体の腐蝕状態にまでおよんだことは、先に、「サーテル事件」の『タイムズ』や『モーニング・クロニクル』の例にみたとおりだ。一九世紀はまさしく過渡期だったのである。

L・B・フォーラーは、一七、八世紀の犯罪者の伝記に関する研究『報告書』(一九八七)の中で、当時、犯罪の原因はきわめてありふれた理由から発生するものとみなされていたと述べている。その理由とは、人間はすべて罪深い存在であり、誰もがいつ犯罪に駆りたてられるかもしれないという観念、あの「原罪」についての認識があまねく普及していたために、犯罪者は他の人びととは別種の人間であるとは考えられなかったのである、と。

フォーラーの見解、すなわち、宗教的な罪という観念と世俗的な犯罪という観念とがまだはっきりと分節化されていなかったという指摘はきわめて重要である。当時の人びとは、犯罪を人間の堕落とりわけ怠惰の一形態であって、誰もが犯すかもしれない行為の一種とみなしていたのである。そうでなければ、犯罪の結果、すなわち、あの「絞首台上の演説」への熱狂的な関心は生ずべくもなかったのである。

一七世紀初め、ニューゲイト監獄の教誨師であり数多くの犯罪パンフレットを書いたヘンリー・グッドコール師は、一六一八年、「死にゆく者の言葉はつねに傾聴にあたいし、その最後のおこないは次の世代にとって記憶にあたいする。彼らに、よるべきは美徳か悪徳かを教え、悪をしりぞけ善を学ぶことを覚えさせるであろう」といって、死刑囚の「死を前にした言葉」の効用を説いている。グッドコール師の言葉にみられるように、人びとはその身分のいかんによらず、自らがいずれ死の床でおこなわなければならない贖罪の秘蹟(「臨終の言葉」)の大仕掛けの模範例をまなぶために公開処刑に群がったのであり、また、ステロタイプ化された犯罪パンフレットやブロードサイドの犯罪者の「死を前にした言葉」が熱心に読まれたのであった。しかも、刑死した犯罪者は聖別され、その遺品は護符として珍重されたのである。こうした経緯にくらべれば、犯罪事件の発生そのものはうわさという物語のきれぎれの断片にすぎず、ニュース・ストーリーを構成するにあたいするものとはみなされなかったのではないだろうか。

それでは、災害ニュースを伝えるブロードサイドやパンフレットがすべてその発生に焦点をあてて発行されているという事実はどうか。それらは、災害の発生それ自体をものがたるニュース・バラッドではなかっただろうか。否である。私たちは、火災であれ地震であれ洪水であれ、災害事件を伝える最初期のニュース・パンフレットが、すべて宗教的な説教に終始していることをすでにみてきた。天変地異は神の掟を遵守しない人間の堕落に対する神の怒りの顕現であり、警告であるとみなす宇宙観が、災害の発生を人間の堕落の結果についての教訓物語として語らせているのである。私たちは、災害ニュースであれ犯罪ニュースであれ、最初期のニュース・パンフレットやブロードサイドの世界には、その物語が常にたち帰り準拠すべき参照体系として、聖書という巨大な神話的言説空間が存在していたことを忘れてはならないだろう。いや、というよりもむしろ、これら最初期の災害ニュースや犯罪ニュースによって、聖書という神話的言説空間そのものをたえず更新し活性化することができたということである。

監獄の教誨師がキリスト教社会のジャーナリストだったというのは、このような意味においてである。また、一般の牧師たちも教会の礼拝時に事件のニュースを取りあげ、信者たちに説教するのが常であった(☆12)。この習慣が一九世紀になっても続いていたことは、「赤い納屋事件」の例にみたとおりである。

第四節　日付のないニュース

〈日付〉の意味するもの

私たちは、これまで、ブロードサイドの世界にはなぜ犯罪事件の発生そのものを唄ったニュース・バラッドが存在しないのか、その理由を考察する中で、一六、七世紀の最初期の犯罪ニュース・パンフレットやブロードサイドが改悛劇としての公開処刑という制度とほぼ同時に出現し、まさにそれと表裏一体をなすものであることをみてきた。その発行は、絞首台の前に参集できなかった人びとに対するいわば実況報告だっただけでなく、国王の祝典やパレードなどを唄ったニュース・バラッドと同様に、公開処刑という国家儀式そのものを顕彰する役割をになっていたのである。

私たちはまた、公開処刑や祝典やパレードのニュース・バラッドがステイショナーズ・カンパニーに事前登録され、その催行の当日に発行された例をあげて、最初期のニュース・バラッドがすでに「速報性」すなわち《同時性》への飽くなき志向を有していたことをみてきた。そうした志向それ自体の中に、国家儀式という出来事の《現在》を民衆に共有させることによって国家統合を図ろうという明確な権力の意思を読みとることができる。私たちは、ここで、最初期のニュース・バラッドの中にすでにひそんでいる、ニュースが人びとに出来事の《現在》を共有させる働きをニュースの共時化作用と名づけることにしよう。一六、七世紀の御用印刷業者やステイショナーズ・カンパニー加盟の印刷業者の発行になる祝典やパレードとりわけ「絞首台」のブロードサイドやパンフレットは、ニュースの本質をなすこの共時化作用を最大限利用することによって、国家の統合機能を果たしていたのである。

その意味では、最初期の犯罪パンフレットやブロードサイドがステイショナーズ・カンパニーに加盟していない印刷業者の手によって非合法に営利目的で発行されたものであっても、それらが処刑者の「死を前にした言葉」を中心として語り唄われ、しかも刑の執行時点にあわせて発行されているかぎりは、その言説はことごとく公開処刑という国家儀式の磁場に吸い寄せられ、そのことによって国家の統合機能を果たしていた。

一六世紀に発明され一七世紀に完成された公開処刑は、犯罪者にとっては受苦と改悛の舞台として、またそこに群がる観衆にとっては誰もがいずれは迎えなければならない死 (memento mori) とその臨終の秘蹟の壮大な模範劇として、そして国家にとっては宗教的祭式にもとづく権力の正統性の顕示の舞台として、これら三者の利害関係をみごとに統合した祭儀であった。そして、犯罪パンフレットやブロードサイドは、御用印刷業者やステイショナーズ・カンパニー加盟の印刷業者の発行であれもぐりの業者の手になるものであれ、いずれも国家の顕彰に寄与していたのである。最初期の公開処刑を唄った犯罪ニュース・バラッドに、恐怖感情の喚起による犯罪抑止のための威嚇効果が欠如しているのはけっして不思議ではない。公開処刑にそうした抑止効果が見いだされ期待されるのは、むしろ、そこに宗教儀礼的な意味が失われることによってであり、一八世紀以降の時代に属する。先に、その冒頭のみを訳出したトマス・デロニーの「絞首台のバラッド」が神と国王とイングランドを繰りかえし誉めたたえていたように、そこに流れる主調音は国家への祝歌にあったのである。ここに、最初期の犯罪ニュース・バラッドがブロードサイドの世界において占める特異な地位がある。

ここで、さらにもうひとつの重要な事実を指摘しておかなければならない。それは、最初期の犯罪ニュース・バラッドの《日付》のもつ意味についてである。ステイショナーズ・カンパニー加盟の印刷業者の発行したブロードサイドやパンフレットはすべて登録され、その登録の日付が記録されていることは前にも述べた。だが、そのことは、登録されたすべてのニュース・バラッドが日付をもった出来事を唄っていたことを意味するものではない。これらステイショナーズ・カンパニーに登録されたニュース・バラッドと非加盟のもぐりの印刷業者によって発行されたものとを合計してみるならば、むしろ、ブロードサイドの世界には日付のないニュース・バラッドの方が圧倒的に多いのである。

日付のないニュース・バラッド？　だが、日付のないニュースとはそもそもニュースという概念そのものに反するものではないか。たしかに、私たちが属している近代的な時間意識、あの不可逆な直進的時間の支配の下に成立しているニュースの観念からすれば、日付をもたない出来事の記録を「ニュース」と呼ぶことはできない。けれど、一六、七世紀の人びとは、ブロードサイドやパンフレットに印刷されたさまざまな出来事を唄ったバラッドをまさしく「ニュース」とみなしていたのである。前に、ブロードサイド・バラッドが伝承バラッドとは異なって、「ニュー・ソング」「ニュー・バラッド」のタイトルをもち、そこに《トピカリティ》（時事性）の要素がすでに芽生えていることを指摘したが、実は、それらのバラッドのほとんどが日付のないニュース・バラッドなのである。

それらの中で「世にも不思議な出来事」と呼ばれたニュース・バラッドのタイトルを若干あげれば、――「ワイト島に生まれた怪物の子供の真実の報告」（一五六四）、「ミード海岸の砂浜に打ちあげられた奇怪（かつ驚異）な魚の報告」（一六三六？）、「体のくっついた二人の兄弟」（一六三七）、「スペインの悲劇あるいは狭海からのニュース」（一六三九）、「ヨークシャーのブラザートンで麦が降った奇妙なニュース」（一六四八？）、「オクスフォードの薬草園の巨人のバラッド」（一六六二）などである。

さて、ブロードサイドの世界の中で、公開処刑を唄った犯罪ニュース・バラッドに日付があるという事実は、日付というものにきわめて重要な意味作用があることを示唆している。たしかに、犯罪ニュース・バラッドは、日付のないニュース・バラッドが大半を占めるブロードサイドの世界で、今日の私たちのニュースという観念により近づいている。けれど、そこには、もっと重要な意味が隠されている。

最初期の犯罪ニュース・バラッドが日付をもつことの意味は、事件とその当事者を、不可逆的な直進的時間の一定の枠の中に固定化させることにある。

ロビン・フッド・バラッド群に典型的な伝承バラッドが、そのトピカリティの不在によって、時代の異なるさまざまな事件を挿話として加えてゆくことで、数多くのヴァージョンを構成しているのとは対照的に、犯罪ニュース・バラッドは日付の刻印によって、事件そのものの伝説化を禁圧するという効果を発揮しているのである。伝説の禁圧、まさに国家への反逆と異端の弾圧を目的とした「犯罪パンフレット」に始まる犯罪ニュース・バラッドの世界は、その日付の刻印によって、伝説という民衆的想像力の繁殖を抑止することができたのであった。おそらく、9ブロードサイドの出版業者にしてみれば、日付のないニュース・バラッドの方が営利目的のためには望ましかったであろう。容易に推測されるように、日付のあるニュースは古びてしまうのも早い。日付のないニュース・バラッドのほとんどが「ニュー・ソング」「ニュー・バラッド」というタイトルをもち、またサブタイトルにはしばしば「最近の」(lately)とか「近ごろ起きた」(recently happened)などの語句がみられるが、それによって長時間にわたって「新しさ」を保持できるといった利点がある。大道商人や行商人の手によって全国の都市や農村に流布するにはながい時間を要するからである。

恋愛・悲劇バラッドの系譜

しかしながら、一六世紀に定時法システムの導入による時間革命が進行したとはいえ、まだまだ太陽と自然に支配された循環的時間のリズムに生きていたイギリス民衆にとって、不可逆的な直進的時間の上に刻まれる日付はそれほど大きな意味をもたなかったであろう。こうして、それら日付のないニュース・バラッドの中には伝説化され、数多くのヴァージョンを変奏していくものがある。

ここに、「コーンウォールのペリン(ペンリン)からのニュース、一六一八年の九月、父親が(東インドから帰郷したばかりの)息子を無慈悲な義母に唆されて殺し、悲惨な結末をみた残酷かつ前例のない殺人」と題されたニュース・パンフレットがある。

そのストーリーはタイトルからもうかがえるが、家を飛びだした放蕩息子が数かずの冒険ののち、金も蓄えてまじめな男となって帰郷し、実の父親の家と知らずに宿を借り、もっていた金と宝石の入った袋を宿の女主人に預けた。彼女は父親の再婚相手で、客を殺してその袋を奪うよう夫を唆した。夫は何度か思いとどまろうとしたが、その夜、殺害を実行した。翌朝、夫は、自分が手をかけた犠牲者が実の息子と知って絶望のあまり自殺をとげ、その妻もまた死んだ。

ニュース・パンフレットは、最後に、「すべての貪欲な継母に二度とこのような過ちを犯すことのないよう警告」して終わる。ちなみに、このパンフレットの表紙には、木版画が掲げられており、息子が女主人に金と宝石の入った袋を手渡している場面と殺人の場面が同時に描かれている。

すでにお気づきのように、「コーンウォールのペリンからのニュース」は、一九世紀半ばのブロードサイド「リヴァプールの悲劇」と酷似している。そのストーリーには多少の相違があり、「リヴァプールの悲劇」では、継母ではなく実の母親であり、息子の美しい妻の登場によって事件が明らかになるという点が異なっている。このブロードサイドは散文形式であるが、その他にもバラッド形式のものがあり、その版では妹がいて、事件のショックで狂死するというエピソードがつけ加えられている。

私たちは前に、「リヴァプールの悲劇」が「スカボローの悲劇」とともに「コックス」と呼ばれたきわもののブロードサイドの一種で、それが今日のセンセーショナリズムの源流とみなされていると述べた。だが、実は、こちらの方がむしろ伝承バラッドの正統に属するといっていい。というのも、「コーンウォールのペリンからのニュース」が明確な年月（日付はない）を記載した犯罪ニュース・パンフレットであるにもかかわらず、二〇〇年もの歳月をへて、「数日前に起きた」殺人事件のニュースとして出版され人気を博しているという事実は、都市的なブロードサイドの世界もまた、伝承バラッドと同様に、民衆的想像力によって伝説化され、ながい生命を保ちうることを証明しているからである。

興味深いことには、フランスでも、一七世紀初めの不定期新聞に同様の事件がチェコで起こったニュースとして掲載されており、やはり同じように一九世紀半ばに最近発生した事件として大衆新聞に載っている。実存主義作家A・カミュはこれにもとづいて戯曲『誤解』（一九四四）を書いているが、それよりも以前、一八世紀のロンドンの劇作家ジョージ・リロが「コーンウォールのニュース」を題材にして『運命の不思議』（一七三七）という戯曲をものしている。たしかに、この「悲劇」のニュースには、文学の故郷ともいうべき人間の根源的感情を揺さぶる何かがある。

HE LIVERPOOL TRAGEDY.
Showing how a Father and Mother barbarously Murdered their own Son.
⑦カトナック版のブロードサイド「リヴァプールの悲劇」

けれど、ブロードサイド・バラッドの多くは、伝承バラッドにくらべ、つかの間の生命を享受したにすぎない。一六、七世紀に発行された厖大なニュース・バラッドの中で今日まで現存するものは少ない。一六世紀の時間革命の進行する中で、不可逆的な機械時間の支配がもたらした都市民衆の「新奇さ」への飽くなき欲望によって生まれた「ニュー・ソング」や「ニュー・バラッド」は、その新しさのゆえに消えてゆくのもまた早かった。要するに、不可逆で均質な直進的時間というものは、それに日

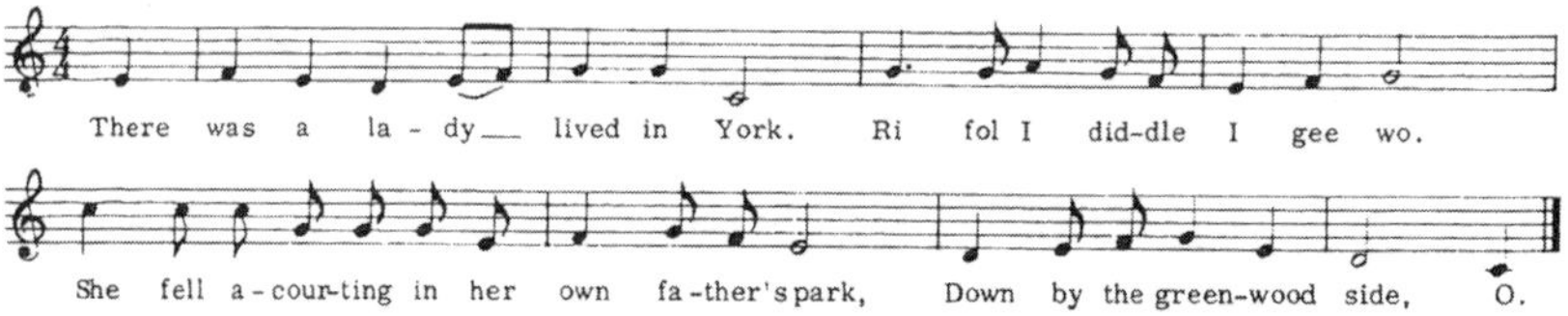
There was a la - dy lived in York. Ri fol I did-dle I gee wo.
She fell a - cour-ting in her own fa - ther's park, Down by the green-wood side, O.

⑧伝承バラッド「残酷な母」のメロディ

付という刻印を打つことなしには、時の漂白作用を浴びて忘却の淵に埋もれてしまうのである。

一九世紀半ばのイギリス民衆は、おそらく「コックス」が嘘のニュースであることを知りながら、それらを愛好していたにちがいない。じつは、「リヴァプールの悲劇」にしても「スカボローの悲劇」にしても、より古い伝承バラッドの伝統に根ざしている。そのもっとも古い原型は「残酷な母」(Cruel Mother) というバラッドであるが、他にも、「残酷な両親」や「残酷な恋人」などと呼ばわるバラッド群が存在する。これらは、伝承バラッドの集大成をおこなったF・J・チャイルド(1825-96)の分類によると、「恋愛・悲劇バラッド」というカテゴリーに属する。そのストーリーは若い男女間の誘惑、両親によって引き裂かれた恋人、尊属殺人、嬰児殺し、自殺など、身分階層にかかわらず主に恋愛関係や家庭内で起こる悲劇をあつかったものがほとんどであり、「絞首台のバラッド」よりもはるかに古い起源をもっている(☆13)。

ニュース・バラッドの中でながい生命を維持することができた一群のバラッドには、こうした伝承バラッドの伝統に深く根ざしたものが圧倒的に多いという事実にはきわめて重要な意味がある。

それらのいくつかの例をあげるならば、恋人殺し(「スコットランドの恋人の嘆き」や「バークシャーの悲劇」や「ロザンナ、あるいはオクスフォードシャーの悲劇」)、男に裏切られた娘の恋人殺し(「ノーサンプトンシャーの悲劇」)、そして若い娘の自殺(「ケントの悲劇」や「乙女の血塗られたガーランド」)や嬰児殺し(「悲しい女のガーランド」)、近親相姦(「リードの悲劇、あるいは残酷な兄」)、両親に殺された恋人(「ジェイミーとナンシー、あるいはヤーマスの悲劇」)などである。

私たちは、これらの殺人のブロードサイド・バラッドを、犯罪者の生涯と裁判、告白そして処刑をあつかったものと同列に論じるわけにはいかない。たしかにこれらの殺人バラッドもまた犯罪の発生そのものを唄ったものではなく、また、若い男女への戒めや家族関係についての教訓を含んでいる点では同じである。だが、これらのブロードサイド・バラッドは、もはや伝承バラッドとほとんど区別がつきがたい。これらのバラッドが書かれた当初はニュース・バラッドとして唄われていたにせよ、伝承バラッドのように、すでにそのトピカリティの要素は跡形もなく拭いさられ、非歴史的な無時間性へと回帰しているからである。

これらのブロードサイド・バラッドから聞こえてくるのは、単なる新奇な殺人事件のニュースではなく、イギリス民衆の感情構造のもっとも奥深い層から時代をこえてたえず流れている歌声、人がこの世に生きることにまつわる不条理の、あのたえ間ない哀切な歌声なのである。これらのブロードサイド・バラッドの多くが地名をそのタイトルにもつのは、トピカリティという言葉の語源トポスが「場所」を意味していたことを想起するならば、非歴史的な時間性いいかえれば自然の循環的時間のリズムに生きる民衆にとって、そこで生れ育ってそこで死ぬ「地名」こそ真に顕彰にあたいするものだからである。日付を刻印された「絞首台のバラッド」が国家に捧げられた祝歌であったとすれば、これらの「恋愛・悲劇バラッド」は、そこに流された犠牲者の血とともにその土地の精霊に捧げられた讃歌にはかならないのである(☆14)。

一九世紀半ば、これらのブロードサイド・バラッドから「コックス」や「キャッチペニー」がつくられ、最近の出来事のニュースとして親しまれていたという事実に、私たちは、一九世紀という過渡期の時代を生きた民衆の、失われようとしている世界への郷愁の最後の様相を看取らなければならない。

ここで、もう一度、あのバラッド売りの男の話に耳を傾けることにしよう。

「よく売れたのは二〇年かた売れつづけたね。そう、スカボローの殺人がまる二〇年だ。スカボローの悲劇って呼ばれてる。あっしが自分で書いたんでさあ。……これが大当たりでしてね。全国どこでも受けに受けた。今でも出せば売れること間違いなしだ。お得意さんは女たちでさあ。女たちがあっしらの頼みの綱なんでさあ。スカボローの悲劇は魅力的だ。あわれな牧師の娘の身の上にご婦人がたは涙を流したね。……涙もろい人間にはたまらない話だ。それから、リヴァプールの悲劇ってえのがある。これもいいんだ。こっちの方がスカボローの殺人よりずっと悲劇でね。……あっちは若い連中むきだな。なにせ、連中は海軍将校に誘惑される若い娘の話が好きなもんだから。だけど、母親たちに受けたのはリヴァプールの悲劇だ。こっちの方は年配むきだからでさあ。」

第二章　知識への課税との戦い——自由と干渉の結節点

THE

POOR MAN'S

GUARDIAN.

ESTABLISHED, CONTRARY TO "LAW," TO TRY THE POWER OF "MIGHT" AGAINST "RIGHT."

KNOWLEDGE IS POWER

No. 1. *Saturday, July* 9, 1831. [Price 1*d*.

Friends, Brethren, and Fellow-Countrymen,

OUR "*appeal,*" as it is called—or rather the appeal of our friends—has turned out as we anticipated;—the conviction of Messrs. Birnie, Hall, and Robinson has been *confirmed:*—it has been decided by their "sapient worships," that distinct and nameless papers written by the same author, and published irregularly, form only one connected paper, bearing one and the same name, and published at stated periods—or, in fine, that the papers written by the "POOR MAN'S GUARDIAN," are within the meaning of *Castlereagh's Act*. Be it so; we wished to avoid "*the law*" as we would a very nuisance; we wished—though at great inconvenience—to keep as close as possible without actually trespassing on the common of which this act of tyranny has deprived us,—but we find it impossible; "the law" is made behind our backs—without our consent—kept secret from us—and when discovered, is unintelligible,—or, whether intelligible or not, it is to be interpreted by the *paid servants* of those who enforce it—and, consequently, escape from it is hopeless! Be it so, we say: we are prepared for the fight; it is a mere *legal* one on the part of our persecutors, but a *moral* one on ours; we know that we must suffer, but we are content to do so for the benefit of our fellow-creatures; we have before our eyes the fatal examples of all who have ever advocated the *truth;* but we shrink not from the worst, be our reward the cross of agony itself, on which Christ *expiated his* "SEDITION;" and be our doctrines, like his—pure and just as they are—rejected by all mankind; or, be they like his, only received to be distorted—even by those who profess the most to venerate them—into an authority for every species of rapacity and injustice—still we are prepared. Better—far better not to be, than be as we are! Yes, we buckle on our armour of patience and perseverance—we draw forth our sword of reason, and we brave the whole host of tyranny! Defiance is our only remedy;—we cannot be a slave in all: we submit to much—for it is impossible to be wholly consistent—but we will try, step by step, the power of RIGHT against MIGHT, and we will begin by protecting and upholding this grand bulwark and defence of all our rights—this key to all our liberties—THE FREEDOM OF THE PRESS—*the press, too, of the* IGNORANT *and the* POOR! we have taken upon ourselves its protection, and we will never abandon our post: we will *die* rather.

The fight is begun, and we must cast off the trammels both of disguise and fear; we cannot avoid the struggle, and we must meet it manfully:—no more *evasion;* we will not *trespass*, but deny the authority of our "lords" to enclose the *common* against us; we will *demand* our *right*, nor treat but with *contempt* the despotic "law" which would deprive us of it; we will trample it under our feet—and resist to the the last any *power* that may attempt to enforce it.

To you—friends and brethren—you whose cause we are advocating—whose rights we demand—whose liberties we defend—whose interests we espouse—to you we now appeal, not to let us fight our perilous battle singlehanded; we look to you for support; we ask you not to incur danger or expense—we desire not the risk of interests or person—we ask you merely to purchase, with your weekly pennies, and *read*, and *mark*, and *learn*, and *inwardly digest*, our "*newspaper*," to be called henceforward "THE POOR MAN'S GUARDIAN;" which will contain "*news, intelligence*, and *occurrences*," and "*remarks and observations thereon*," and "*upon matters in Church and State, tending, decidedly, to excite hatred and contempt of the Government and Constitution of the tyranny of this country, as* BY LAW *established*," and also "*to vilify the* ABUSES *of Religion*"—*and will be* "*printed in the United Kingdom, for sale, and published periodically*" (*every Saturday*) "*in yearly parts and weekly numbers, at intervals not exceeding twenty-six days, and will not exceed two sheets, and will be published for a less sum than Sixpence*" (to wit) the sum of ONE PENNY, "*exclusive of the duty imposed by the* 38 *Geo. III*. c. 78, *and the* 60 *Geo. III. c.* 9," or any other acts whatsoever, and despite the "laws" or the will and pleasure of *any tyrant* or *any body of tyrants* whatsoever, any thing hereinbefore, or any-where-else, contained to the contrary notwithstanding.

MIDDLESEX SESSIONS, *Saturday, July* 2.

(*Before Francis Conit, and seven or eight Magistrates.*)

PENNY PAPERS.

Henry Hetherington appealed against the conviction obtained by the Commissioners of Stamps before the PAID Magistrates of Bow-street Police-Office.

1831年7月9日創刊の週刊新聞『プアマンズ・ガーディアン』第1号。右肩の図版は、政府印紙の戯画で、旧式の印刷機が「言論の自由」という文字をプリントし、「知は力なり」というスローガンが囲んでいる。題字の下には「正義のために法律に反して発行する」とある。

第一節　近代ジャーナリズムの神話

ジャーナリズムの歴史―その通説

これまで、一般に、イギリス近代ジャーナリズムの誕生は、一九世紀半ばに自由で独立した報道新聞の成立をもって始まるとされてきた。そもそも新聞の起源は、一七世紀初めに週刊あるいは不定期に発行されていた海外交易情報や非合法な政治パンフレットに遡るとされ、それが時の国家権力による数かずの弾圧に抗して言論と報道の自由を獲得していく過程で、オピニオン・ジャーナルの時代と呼ばれる一八世紀に日刊新聞が登場し、ようやく一九世紀になって近代的な報道新聞が誕生したのだというように、主として、言論と報道の自由の発達史という観点からのみ論じられてきたのである。

それでは、このような通説はいつ頃から始まったのか。その起源をたずねてみると、すでに一九世紀半ば、ヴィクトリア朝において成立していることがわかる。

そのもっとも早い議論は、一八五八年、J・S・ミル（1806 - 1873）がその著『自由論』第二章「思想および言論の自由」の冒頭を、「腐敗した政府あるいは暴虐な政府に対する保障のひとつとして、『出版の自由』を擁護しなければならない時代は、すでに過ぎ去った」と書き出していることにみることができる。こうした見方が当時すでに共通の理解をえていたことは、これより早く、フレデリック・K・ハントの全二巻の大著『第四階級』（一八五〇）の新聞と出版の自由の歴史に関する叙述にうかがうことができるし、この世紀の末には数多くのジャーナリズム史家の間に定着していることがわかる。このことは、産業化の発展と同様、新聞ジャーナリズムの誕生がこの国でもっとも早く、またも

①新聞印紙税のスタンプの変遷

っともめざましい展開をみたことを考えると当然であるかのようにみえる。しかし、はたして、ほんとうにそうであろうか。まずは、通説を概観してみよう。

ジャーナリズムの歴史は、印刷・出版に対する国家統制との英雄的な闘争の歴史であった。その最初の突破口は一七世紀半ば、イギリス市民戦争いわゆるピューリタン革命による王位空白時代の一六四一年、国王の専断と厳罰をもって知られる刑事裁判所すなわち星法院 (Star Chamber) の廃止によって切り拓かれたといわれる。だが、その二年後の一六四三年、事前検閲を定める出版認可法 (Licensing Act) が議会によって制定され、ミルトンの政治パンフレット『アレオパレジカ』(一六四四) の抗議を受けながらも半世紀あまりをへる。

やがて一六八九年の『権利の章典』から六年後の一六九五年、出版認可法は議会によってその更新を拒否されて廃止になるが、一八世紀に入ると、アン女王治下の一七一二年、より非抑圧的な新しい統制システムとして印紙税法 (Stamp Act) が設置されるにいたる。

この法律によって、ほんらい食品小売り業者の商品や土地を調査するための登記所 (Licensing Bureau) の費用を賄うためのものだった印紙税が新聞に課せられたのである。当時の議会の法案説明によれば、この課税は税収入の増加のためのものではなく、「誹謗文書の禁止の効果的な手段」として、広告税とともに導入されると明記されている。この新聞印紙税――のちに一九世紀になって「知識への課税」と呼ばれる――は、近代ジャーナリズムの開拓者たち、すなわちジョゼフ・アディソンとリチャード・スティールの日刊新聞『スペクテイター』やダニエル・デフォーの週刊新聞『レヴュー』をたちまち廃刊に追いやり、さらに一八世紀後半を通じて何度も引き上げられている。

だが、新聞発行の量的規模は飛躍的な更新をつづけ、一八世紀の終わり、国家権力の防御線は後退し、出版・言論の自由はしだいに緩和を余儀なくされる。ジョージ三世治下の一七七一年、「出版言論の自由はイギリス人の生得権であり、この国の自由のもっとも堅固な砦である」という言葉で名高いロンドン市参事J・ウィルクスによる「議会特権の侵犯」が成功をおさめる。これは議会討論の公表禁止令に対する事実上の無効化であり、議会特権侵犯のかどで有罪判決を受けた『イヴニング・ポスト』の編集者に対する刑の執行が停止される。これを契機として、一七七〇年代には、完全な議会報告が次つぎと新聞紙面に掲載され、議会そのものを公論の機関へと大きく変容させる最初の転機となった。つづいて一七九二年、トーリーの小ピット内閣の下で、ホイッグ党首C・J・フォックスによって文書誹毀法(Libel Act)の修正案が議会を通過する。この法律によって、文書誹毀罪に問われた者はこれまでのように国王と議会の専断によってではなく、裁判所で、しかも陪審員の前での審判を保証されることになる。

一九世紀に入ると、それまでほとんど一世紀の間、非合法な経路で情報を入手しなければならなかった新聞記者は、一八〇三年、議会の外の廊下にようやく座席を確保し、やがて最初の選挙法改正案成立の二年後、一八三四年にはじめて記者席を獲得するにいたる。もっとも、これはウェストミンスターの議事堂の火災後、その新築を契機としてのことであった。

しかしながら、印紙税は一九世紀になっても増税をつづけ、それがようやく減税されるのは、一八三三年にまず広告税が引き下げられたのち、一八三六年になってからのことである。けれど、広告税と印紙税が大幅に引き下げられるとともに、印紙《スタンプ》の捺印されてない非合法な新聞は印紙税法違反のかどで次つぎと摘発され、その所持者に対しても重罰が科された。また、文書誹毀法の適用もなお続いている。

さて、ヴィクトリア女王の治世をむかえると、言論と報道の自由の力の最後の勝利が獲得されるにいたる。一八四三年、文書誹毀法がキャンベル卿の改革によって言論弾圧の手段としての実質的な役割を奪われ、その適用範囲は名誉毀損にのみ限定される。そして、一八五三年にまず広告税が、つづいて一八五五年、印紙税の最後の一ペニーがとり除かれて、新聞印紙税すなわち「知識への課税」が撤廃される。これまで数世紀にわたり、数かずの手段を弄して言論統制をおこなってきた国家権力によって流された、幾世代ものジャーナリストの殉教の血でもって書かれた言論と報道の自由の闘争の歴史はこれをもって幕を閉じ、法的にも財政的にも独立した、自由な近代ジャーナリズムの新しい歴史がはじまる。

さらに、通説にしたがえば、新聞がその自由と独立を獲得することができたのは、新聞企業の経営上の基礎の確立によってであった。そして、それを可能ならしめたのは、一九世紀半ばに広告収入が飛躍的な成長をとげ、それ以降、安定した経営基盤が形成されたからであったとされている。

――以上が、イギリス近代ジャーナリズムの誕生についての、あらゆるアカデミックな歴史研究に深く根を下ろした通説である。一九世紀初期の新聞に関する研究論文(一九七五)のなかで、I・アスキスが次のように語っているのは、こうした通説の復唱にほかならない。

「政府が新聞に対して影響力を行使しえた主要な方法(直接的な助成金と政府広告と情報の優越性)が効果を発揮しなくなったのは、経営者がそれらに頼らずに新聞を維持しうるにいたった時であった。広告収入の成長は、新聞がわが国の第四階級として立ち現れることを可能ならしめた、もっとも重要にして唯一の要因であった。」

このような見方は、イギリスの新聞史研究にかぎらず、わが国の近代ジャーナリズムの成立について叙述する場合にもかかならず適用される常套句となっている。しかも、この通念には、一種の歴史的な神話ともいうべき物語が付随しているのである。

『新ケンブリッジ近代史』第八巻(一九七〇)によれば、経営的に独立した新聞は、政府や政治家の声よりも国民の声を広める「公共精神の偉大な器官」となったとされ、ニューレフトの理論的指導者であったレイモンド・ウィリアムズもまた、その著『長い革命』（一九六五）のなかで、「一八五五年以降の時期は、ある意味で新しい、よりすぐれたジャーナリズムが発展し、この世紀の前半の党派抗争に明け暮れした時期にくらべて、ニュースにより大きな重点をおくようになった……たいていの新聞は、その熱狂的な政治パンフレット調をやめることができたのである」と述べている。さらにまた、数多くの研究者が、経営的に自立した新聞の勃興は、政治システムを世論の前に公開することによって民主化するとともに、不偏不党のニュース報道を成長させることによって、国民の間に公平な政治的判断を育成し、より成熟した民主主義に参加させることを可能にしたのだ、と論じている。

私たちは、こうした言説に、今日の私たちが自明の前提として信奉するジャーナリズムの規範原理の成立についてのいくつかの重要な含意を読みとることができる。すなわち、これらの言説には、政府と国民の間を媒介する自由で独立したメディエイターとしてのジャーナリズムという制度、〈ニュース〉という観念、そして不偏不党そして客観報道という原則が、一九世紀半ばに、広告収入によって安定した経営基盤を確立させた新聞の登場によってはじめて成立したのだという暗黙の了解が含まれているのである。

私たちは、近代ジャーナリズムの誕生に関するこのような通説に対して、さまざまな疑問を投げかけることができる。

第一に、広告収入の成長はなぜ、どのようにして、一九世紀半ばに生じえたのであろうか。新聞がすでに広範で大量の購読者層を形成していたから、広告収入の増大が可能だったのだろうか。なぜなら、広告主にしてみれば、大量の発行部数をもつ新聞でなければ望ましい広告効果を期待できないのだから。さらにまた、次のような疑問も生じないわけにいかない。近代ジャーナリズムが広告収入による経営基盤の安定によって成立したということは、これまでの政府や政党による言論統制から、今度は、市場原理という新たな統制システムによって支配されるようになったということではないだろうか、と。

第一の疑問については、I・アスキスが、さきに引用した論文のなかで、一九世紀初めの新聞は「生産コストに釣りあうだけの販売が不十分であった」事実を統計資料によって明らかにしており、否定的な解答をあたえている。では、一九世紀半ばになってはじめて、新聞はなぜ増大する広告収入の確保によって経営基盤を安定させることができたのであろうか。私たちは、さらなる疑問へと向かうことになる。

そもそも、なぜ、一八五三年の広告税の廃止とそれにつづく一八五五年の印紙税の廃止は、イギリス議会によって承認されたのだろうか。かりに、もしもこれらの税制の廃止以前に、新聞が広告収入の成長によって経営基盤を築いていたのであれば、政府は、それらの撤廃という譲歩にあえて踏みきることはなかったであろう。というのも、容易に推測されるように、新聞が、広告収入によってであれ販売収入によってであれ、その経営基盤をすでに確立していたのならば、広告税と印紙税の撤廃には何の意味もないからである。実際、新聞がその増大する広告収入によって経営の財政的基盤を確立するにいたるのは、これらの税制の廃止以降のことであり、その廃止によってはじめて可能になったというのが歴史的な事実にほかならない。

私たちが問うべきなのは、なぜ、独立した自由な新聞の登場、つまりは近代ジャーナリズムの誕生は広告収入の成長によって可能だったかではなく、イギリス政府と議会はいかなる理由から二つの税制を廃止することによって、広告収入による新聞の経営基盤の確立を促進させるにいたったのか、という問いでなければならないだろう。この問いは、さきに呈示した第二の疑問、すなわち二つの税制の撤廃は新たな統制システムの導入にほかならなかったのではないか、という疑問と重なるのである。

ピータールーの虐殺

それでは、一八三三年の広告税とその三年後の印紙税の大幅な引き下げがいかなる論理によって実施されたのか、その経緯を詳しく追ってみよう。

新聞印紙税の歴史を振りかえってみると、アン女王治下の一七一二年に導入された時には〇・五ペニーであった印紙税は、一七八九年には二ペンスに倍増され、一七九七年に三・五ペンスへと引き上げられている。ちなみに、その翌一七九八年には、新聞法 (Newspaper Publication Act) が制定され、印紙のない新聞の印刷・発行・購読に対して一部あたり二〇ポンドの罰金を科している。そして一九世紀に入ると、一八一五年には四ペンスへと大幅に引き上げられている。さらにまた、一八一九年、不敬かつ扇動的な誹謗文書を規制すべく、出版業者に対して、二〇〇ポンドから三〇〇ポンドの供託金を政府に納めさせ、しかも新聞印紙税の適用範囲を拡張して、二六日以内発行のすべての定期刊行物に対して四ペンスの税を課するという悪名高い言論弾圧六法 (Six Act) が制定されている。

一八二〇年代の一〇年あまりの空白期間をはさんで、一八三〇年代半ばに、これまで増税につぐ増税を重ねてきた印紙税が、広告税とともに、一挙に引き下げられるにいたるのはいったい何故なのか。このドラスティックな政策転換の経緯を探ることは、ひいては一八五五年の「知識への課税」の撤廃、つまりはイギリス近代ジャーナリズムの出生の秘密を解き明かすことになるだろう。

一八世紀末から一九世紀初めにかけての新聞印紙税の度かさなる増税と拡張は、一七八九年のフランス革命に触発された都市暴動、さらにまた一八一五年のナポレオン戦争ののちに高まったイギリス国内の政治的経済的緊張に対処すべく、政府がこうじた思想と言論に対する統制であった。激動する社会的緊張のなかで、当時、イギリス支配層が新聞の影響力をいかに恐れていたか、トーリーの『反ジャコバン評論』はすでに一八〇一年、その恐怖感情を次のように表明している。

「われわれはこの国における新聞の確立を遺憾な不運であると久しく考えてきた。だが、もはやその影響力は、その広範な普及によって圧倒的なものとなっており、われわれはそれをもっとも深く悼むべき厄災とみなすものである。」

M・J・クィンラン（一九五五）の推計によれば、一七八〇年から一八三〇年の間に、イギリス総人口が約一四〇〇万人に倍増したのに対して、読者層は約一五〇万人から七〜八〇〇万人へとおよそ五倍に達する。また、R・K・ウェッブ（一九五五）は、労働者階級の識字率は一八三〇年までにすでに六五パーセントから七五パーセントに達していたと推定している。また、ロンドン市内の出版業者の数は、一七八五年から一八五〇年までに一二四から五〇〇へと四倍以上に増えている。

しかしながら、イギリス支配層の恐怖の対象は、階級意識に目覚めつつある労働者諸階級を代表する急進派ジャーナリストによる、廉価な定期刊行物の普及だった。ナポレオン戦争終結の一八一五年、印紙税が四ペンスに引き上げられた時、ウィリアム・コベットはその週刊新聞『ポリティカル・レジスター』（一八〇二年創刊）の装いをパンフレットにかえ、印紙税抜きの二ペンスで売り、すぐに四万部以上売り上げた。この時期、ラッダイトたちを扇動者とする暴動へと傾斜していた民衆の政治的熱情は、コベットのペンの力によって、普通選挙権をめざす議会改革へと方向転換することになる。当時、新聞は、工場・職工学校・読書クラブ・コーヒーハウスあるいは居酒屋で回読され、また大声で読みあげられたのである。コベットの『ポリティカル・レジスター』の実際の読者数は、R・ウィリアムズ（一九六五）によると、五〇〇万人にものぼる。一九世紀初めから一八一〇年代にかけて、その他にも、G・ウーラー、R・カーライル、W・ホーンなど労働者階級出身の急進派ジャーナリストの手になる、『トゥペニー・トラッシュ』『ブラック・ドワーフ』『キャップ・オブ・リバティ』などの無印紙の政治新聞がぞくぞくと叢生した。いわゆるラディカル・プレス第一世代の登場であった。

議会改革をもとめる請願運動の波は、一八一七年、五〇万人の署名を集めて大きく広がっていく。その頂点をなしたのが、一八一九年八月一六日、マンチェスターの聖ピーター教会近くの広場で、議会改革に「もっとも合法的かつ有効な手段の採用の可能性を検討する」目的の政治集会であった。周辺各地から、またリーズやシェフィールドなどより遠方の都市から一五万人(急進派機関紙『マンチェスター・オブザーバー』一八一九年八月二一日社説)の群衆が整然と集結した(もっとも、その数は現在、およそ六万人と推定されている)。

市の治安当局は、マンチェスターが騒乱の危機に瀕しているという声明を保守派の市民に出させ、集会の議長ヘンリー・ハントをはじめ主催者の逮捕を強行した。さらに地元の騎馬義勇軍《ヨーマンリー》と第一五騎兵隊が参加者を蹂躙し、死者一一名、負傷者四〇〇名を出した。この事件は、遠隔の各地から新聞記者が取材に駆けつけた最初の例といわれ、『タイムズ』をはじめ全国の新聞が詳細に報道した。この事件が、世に「ピータールーの虐殺」と呼ばれるのは、ナポレオン戦争のウォータールーの戦いになぞらえてのことである。

②ピータールーの虐殺の風刺

一八二〇年代の静穏

「ピータールーの虐殺」事件のあった一八一九年の一二月、文書誹毀法の罰則強化と新聞以外の定期刊行物への印紙税の適応を定めた言論弾圧六法(Six Act)

が、下院議長のR・カスルレーと内務大臣H・アディントンによって提案され、議会の強い支持を得る。下院議員ウィルモアットは、議会において、当時の急進派新聞に対する憂慮を苦々しげにもらしている。

「かかる低廉な新聞の発行は、社会そのものの枠組みを解体せんとするものである。貧民らの激情に油をそそぎ、彼らの利己心を目覚めさせ、彼らの現状に対して、彼らの主張する未来を対峙させようとしているのだ。だが、その未来とは人間の本性、つまり神が市民社会の掟として定めた永劫不変の法とはけっしてあい容れない。」

また、エリンバラ卿の次の言葉は、トーリー党内閣の態度を明瞭に示している。

「この法案が適用の対象としているのは、レスペクタブルな新聞ではなく、貧民の新聞に対してである。」

一八一九〜二二年にかけて、この六法によって、一二五紙におよぶ急進派新聞が文書誹毀罪に問われている。これに対抗すべく、コベットはその『ポリティカル・レジスター』を、印紙を捺印した版と無印紙版の二種類で発行しつづける。また、数多くの急進派ジャーナリストは、その新聞を廃刊するか「合法的」刊行に切りかえるか、あるいはW・カーペンターの『ポリティカル・マガジン』のように、法の適用外の月刊誌へと変更することを余儀なくされた。一八二〇年、ラディカル・プレスは壊滅とまではいかなくとも、危機に瀕し、コベットやカーペンターをはじめ、急進派ジャーナリストの世論形成への影響力はいちじるしく衰退したのである。

六法の取り締まりは、司法長官と印紙税当局の自由裁量に委ねられており、政府寄りあるいは無害な週刊新聞は、たとえ無印紙であっても取り締まられることはなかったし、その発行が育成されさえした。『タイムズ』『モーニング・ヘラルド』『ワールド』『パブリック・レッジャー』等のレスペクタブルな新聞に対する政府の補助金制度、さらに政府広告は一八二〇年代にピークに達している。

R・オールティックの研究(一九五七)によれば、下層階級に対する支配階級の統制文化は、一八二〇年までに、二つの「進歩的」なプログラムの導入に成功したという。一つは、投機的で順応的な政治信条をもった資本家が、廉価でレスペクタブルな新聞を発刊するための道を開き、危険なラディカル・プレスを駆逐すること、そしてもう一つは、家庭向けの情報と娯楽を掲載する廉価な定期刊行物を発刊させて、読者の思想と感情を国家の安心できる方向に導くことである、と。

その代表的な刊行物が一七七九年創刊のエリザベス・ジョンソン夫人の『サンデイ・モニター』をはじめ、一八世紀の終わりに現れた日曜新聞であり、一八二〇年代には、廉価な大衆紙として、圧倒的な発行部数を誇るにいたった。その紙面の主な内容は、殺人・強姦・婦女誘拐などの犯罪ニュースやスポーツやメロドラマによって占められていた。これらの日曜新聞については、同じ時期におこなわれたイギリス刑事司法政策の転換とりわけ警察制度の成立とともに、あらためて語ろう。

一八一九年の「ピータールーの虐殺」事件とそれに引きつづく露骨な言論弾圧六法後の「二〇年代の政治的静穏」の背後では、しかし、深く潜行する急進派労働者による「非合法」な新聞の配布方法が発達し、一八三〇年代の急進派新聞のめざましい隆盛を準備していた。印紙税法違反で当局に逮捕・投獄された人びとの家族の生計を援助するために「被害者救援基金」が密かに設置され、印紙税法の網の目をかいくぐる組織的なネットワークが、一八三〇年代初めには形成されていたのである。

第二節　ラディカル・プレスの戦い

『プアマンズ・ガーディアン』の登場

一八三〇年代に入ると、非合法な無印紙の急進派新聞は、より明確な階級意識をもち、より闘争的な主張を掲げて、ふたたび蘇る。それらの新聞の発行者と販売従事者そして購読者は、順応的なレスペクタブルな新聞に捺印された印紙の赤いマークを、「血痕」あるいは「奴隷の刻印」と呼んでさげすみ、印紙税廃止の運動の口火を切ることになる。一八三一年七月九日、その名も貧民の poor man's と題された超急進派の新聞が、ロンドンで発刊される。一八三〇年代前半の労働者急進派の指導的役割をになった「全国労働者諸階級同盟」（UNWC、一八三一年結成）の創設者のひとり、印刷植字工出身のヘンリー・ヘザリントン（1792-1849）の週刊新聞『プアマンズ・ガーディアン』の第一号である。

この新聞の売り子として出発し、のちにチャーティストの新聞『ノーザン・スター』の編集長としてその左派の指導者となるジョージ・ジュリアン・ハーニー（1817-97）は、一八八一年、「新聞の自由のための闘争とチャーティズムの歴史」のなかで、三〇年代を回顧して次のように述べている。

「『ガーディアン』は小さな八ページの四折り版で、表紙には「知は力なり」という標語が旧式の印刷機の絵を取り囲んだ絵、政府印紙の戯画が描かれていた。それから紙名のすぐ下には、――「権力」に対して「正義」の力をためすために法律を無視して発行される――という大胆な宣言も掲げていた。『プアマンズ・ガーディアン』は小規模のものだったが、時のホイッグ自由党政府は、少なからぬ重大な厄介者とみなしていたにちがいない。なぜなら、発行人とその販売に従事したほとんどすべての人びとが、印紙税当局によって容赦なく告発されたからである。この迫害は三年以上におよび、その間に五〇〇人が投獄された。しかし、その後、ヘンリー・ヘザリントンに対して法務長官が提訴した告訴の審理が、リンドハースト上院議員（トーリー）と特別陪審員を前に財務裁判所でおこなわれたとき、『プアマンズ・ガーディアン』は完全に合法的な出版物と宣告されたのである。」

引用の最後の個所は、一八三四年六月の、ヘザリントンとその新聞に対する無罪宣告のことである。ただし、無罪はあくまで『プアマンズ・ガーディアン』一紙に対してだけである。一八五五年の印紙税法の撤廃まで二一年の歳月を要するのであり、ヘザリントン自身は、『プアマンズ・ガーディアン』の創刊から一八三五年の廃刊までの五年間に、二度、六ヵ月の禁固刑に服している。三四年の無罪判決がどのようなものだったのか、これについてはのちにくわしく述べることにする。

一九世紀初めの急進派新聞が、その発行と配布の組織性において未成熟かつ局地的であったとともに、その社会批判において、一八世紀の自由主義的な（つまりホイッグ的な）貴族政体批判のボキャブラリーとレトリックに呪縛されていたのに対して、一八三〇年代に蘇った急進派新聞は、労働者階級のさまざまな集団行動を糾合し、全国的規模の運動に統一することにおおいに寄与した。いずれの時期の急進派新聞においても「労働者諸階級」や「生産者諸階級」の語が用いられていたが、一九世紀初めの用語法が工場所有者と労働者をともに包括していたのに対して、三〇年代になると、「資本」対「労働」間の、さらには貴族・工場主・商業主の連合と労働者の間の階級闘争という明確な階級的立場を表明しつつあった。

③「鞭を持つ男」と題された戯画

印紙税反対闘争、労働時間短縮闘争そして選挙法改正闘争という三つを主要目標として掲げた三〇年代の急進派新聞の未曾有の隆盛は、しかし奇妙なことに、政府による言論統制の更なる強化を生みだすことはなかった。W・ウィックオーの研究(一九二九)によれば、一八一七〜二四年間における扇動的文書誹毀法の適用による訴追件数は、一六七件をかぞえるが、つづく一八二五〜三四年間のそれはわずか一六件にすぎず、さらに四三年までには九件にとどまっている。一八一九年の弾圧六法はいまだその効力を失っていなかったにもかかわらず、である。さきの、ヘザリントンの『プアマンズ・ガーディアン』の無罪宣告といい、この政府当局の態度変容は、いったい、いかなる事態の変化によるものなのだろうか。

私たちは、いよいよ、一八三〇年代の新聞印紙税反対運動そのものの渦中にわけ入ってみなければならない。

遍歴の騎士ヘザリントン

ホイッグ内閣の法務長官T・デンマン卿は、一八三二年五月、下院において、文書誹毀法が生みだしている逆効果について、「ある誹毀者は、法廷における公判を有効な宣伝以外のなにものでもないとみなして渇望しさえした」と述べている。

この誹毀者がだれであったかは不明だが、『プアマンズ・ガーディアン』の売り子であったハーニーの次の言葉は、デンマン卿のいう誹毀者だけでなく、発行者から販売者にいたるまで、非合法な急進派新聞に従事していた者たちの態度をいきいきと伝えている。

「政府のスパイおよび手先と戦い、これを打ち破るためにヘザリントンがおこなった工夫と計略について語れば、たいへん愉快な一章になるだろう。彼の発揮した活動力は、あらゆる階層の売り手のほとんど全員によってみごとに補充され、支えられた。脅しに屈する者もほとんどなく、刑期が終わるたびに、犠牲者は笑いながらやって来て、その戦いを再開した。事実、有罪を言い渡された際、たいてい彼らは長官にむかって、釈放されしだい、ふたたび新聞を売る決意である、と述べたのである。」

ちなみに、当時一七歳だったハーニー自身、そうした逮捕者のひとりであった。

官憲の目を逃れるために、ヘザリントンが用いたさまざまな計略についてのエピソード、――新聞の発送を取り押さえようと街路で待ち受ける警官たちにニセの故紙の束をつかませ、刷りあがった本物は屋根つたいに運び去るという離れ業、追っ手の目をくらませるためにクウェーカー教徒に変装しての逃走等々――は、フォックス・ボーン（一八八七）ら同時代者の証言にくわしい。

もっとも、一八一九年の弾圧六法がいかに急進派新聞の「有効な宣伝」として逆効果となったか、それを明瞭にものがたるのは、ヘザリントン自身がとった戦略だった。

一八三二年一二月二九日、『プアマンズ・ガーディアン』第八二号は、「H・ヘザリントン起訴さる」という見出しで、次のような記事を掲載している。

「読者諸君は、われらがボウ街のニュースによって、先週二一日金曜、ヘザリントン氏に対して、無印紙新聞『プアマンズ・ガーディアン』の印刷と発行のかどで、二つの告訴が一方的になされたことを知るだろう。H氏は、ボウ街に平身低頭する輩たちの前で自らの罪状に対する抗弁をなすよりも、民衆に廉価な知識を広めるために時を費やす方が賢明と考えて、召喚に応じなかった。その結果、二つの有罪宣告が彼の欠席のもとに下された。彼は、今や、二つの選択を強いられている。一つは、二〇ポンドずつの罰金を支払うか。でなければ、一二ヵ月間獄舎に下って盗人や無頼漢たちと暮らすか。――彼は、どちらも辞退したいと考えている。」

この記事のあとには、「ホクストン、グロスター街一六番地に住むトマス・ジェイムズ氏が新聞を二部売ったこと

④悪名高い言論弾圧六法の委員会メンバーたち
『プアマンズ・ガーディアン』1832年6月23日（土）付の挿し絵

が判明し、彼は罪状に改悛の意を表している」という記事もみられる。ヘザリントンは、結局、クラーケン監獄に六ヵ月間収容され、そののちも『プアマンズ・ガーディアン』その他の無印紙新聞を発行しつづけ、さらに六ヵ月投獄されている。彼の印刷機と活字版は鉄槌で破壊され、その財産は没収され、さらにその部下もまた投獄された。にもかかわらず、彼は新聞を発行しつづけたのである。（ちなみに、「ボウ街のニュース」とは、当時、その所在地にちなんで名づけられたロンドン中央刑事裁判所が発行する官製の『ウィークリー・ポリス・ガゼット』のことであるが、この週刊警察広報についてはいずれ章を改めて詳述したい。）

ここで指摘しておきたいのは、ヘザリントンが自らとその新聞に対する弾圧それ自体を、逐次、その紙面に報道するという戦略をとったこと、すなわち、自らをニュース素材・ニュース源とすることによって、印紙税反対闘争を自己増殖の回路に巻きこんだことである（☆1）。

さて、先に触れたように、一八三四年六月、政府はリンドハースト上院議員と特別陪審員からなる財務裁判所は、『プアマンズ・ガーディアン』に対して無罪宣告を下す。『プアマンズ・ガーディアン』は新聞印紙税法の適用外の合法的な出版物、つまりは「新聞ではない」とみなされたのだ。「知識への課税」との戦いの、最初の勝利だった。同紙の第一五九号（六月二一日付）は、その勝利を次のように高らかに報じている。

「本紙は、三年六ヵ月の間、その販売のかどで投獄された者の数五〇〇名以上という迫害に耐えてきたが、ついに今、財務裁判所においてはっきりと合法出版物であると宣告された。犠牲者は、正義においてと同様、法においても潔白であり、数かずの迫害は専制政治による残虐かつ放縦な行為だったことが明らかとなった。」

しかしながら、『プアマンズ・ガーディアン』の勝利は、自らの終局をもたらす勝利にほかならなかったのである。その合法化の宣告と同時に、リンドハースト卿は、ヘザリントンのもう一つの訴追案件である無印紙新聞『ピープルズ・コンサーヴァティヴ』に対しては、罰金一二〇ポンドの有罪宣告を下している。さらにまた、彼を含めて、他のラディカル・プレスとその発行者や販売者の摘発は、印紙税引き下げの一八三六年まで、むしろ強化されている。一八三五年八月、ヘザリントンともう一人の急進派指導者J・クリーヴはともに、それぞれの新聞『トゥペニー・ディスパッチ』と『クリーヴズ・ウィークリー・ポリス・ガゼット』に対する罰金未払いのかどで、印刷機と活字版を没収されている。結局のところ、無罪宣告は『プアマンズ・ガーディアン』一紙だけに対する措置だったのである。

無罪宣告の翌年、一八三五年一二月二六日、『プアマンズ・ガーディアン』は第二三八号をもって終刊をむかえる。印紙税反対闘争の最大の狼煙《のろし》であり、かつまた反対闘争そのものを目的とした『プアマンズ・ガーディアン』は、その合法化によって、まさにその目標それ自体を失わせられたのである。その終焉は、一九世紀前半の「知識への課税」に対する戦いの歴史において、合法と非合法とを問わず、すべてのラディカル・プレスが果たした役割とその運命を予感させるものであった。

「廉価な知識」の象徴的意味

J・ウィーナーの書誌学的研究（一九六九）によれば、一八三〇年から一八三六年にかけてのわずか七年間に発行された非合法な無印紙新聞の数は、短命なものを含めて、五五〇種にのぼる。一八三〇年代前半、「知識への課税」に対する戦いは、労働者階級にとっていかなる意味をもっていたのだろうか。

一八三〇年代は、イギリス近代史においていわゆる〈改革の時代〉の前期にあたる。第一次選挙法改正(三二)、工場法制定(三三)、救貧法改正(三四)、都市自治体法(三五)とつづく諸改革は、ドラスティックな工業化と都市化の進行に対処すべく、これまで自由放任主義を掲げてきた支配階級がようやく着手しはじめた国家干渉政策の一環であった。わけても、救貧法改正と工場法制定は、劣悪な生活状況と労働条件から労働者と婦人や児童などの弱者を守るためにとられた慈善的・人道的な改革として、のちの福祉国家政策の源流をなすものと位置づけられている。これらの諸改革と、つづく四〇年代の一〇時間労働法(四四)、穀物法廃止(四六)、公衆衛生法(四八)などの改革によって、イギリスは農業国から工業国(「世界の工場」)へと大きく転換を遂げ、また国政の実権は、貴族・聖職者からなる地主階級からブルジョワ階級へとしだいに移行していく。

こうしたドラスティックな時代の転換のなかで、一八三〇年代前半の印紙税反対闘争は、労働者諸階級の局地的・個別的なさまざまな集団行動を全国規模の運動へと統一させるのに大きく寄与した、きわめて象徴的な運動であった。「一八三〇年代半ばまでに、労働者階級が形成された」(E・P・トムソン、一九六三)といわれるが、そうした階級意識の形成にとって重要なシンボルとしての意味作用をになったのが、ほかならぬ「知識への課税」反対の掛け声だったのである。

『プアマンズ・ガーディアン』『ワーキングマンズ・フレンド』『クリーヴズ・ポリス・ガゼット』『リパブリカン』『コスモポライト』『ザ・マン』などの無印紙新聞は、表現はさまざまに異なるとはいえ、「知識への課税」の撤廃とそれによって獲得される「廉価な知識」こそが、「無知と貧困の除去」(ワトソン、『プアマンズ・ガーディアン』)と「犯罪と貧困と堕落の廃絶」(クリーヴの「全国労働者階級同盟」での演説)を実現し、「人類全体の解放」(筆名ジョン・ブル、『クリーヴズ・ポリス・ガゼット』)と「普遍的な自由と幸福」(R・E・リー、『ザ・マン』)を達成する社会が可能であると唱えている。それらの主唱者の中でも、ヘザリントンは、当時、労働者階級の間で「遍歴の騎士」と親しまれ、クリーヴやJ・ワトソンら無印紙新聞の発行者たちも、労働者階級のヒーローとみなされていたのである。
三〇年代において「知識への課税」に対する戦いが果たした政治的役割は、端的にいえば、そののちの四〇年代の労働者階級にとって「人民憲章」(Charter)が果たしたのと同様の役割であった。事実、彼ら印紙税反対闘争を戦った者たちは、『プアマンズ・ガーディアン』の売り子だったハーニーを含めて、いずれも皆、チャーティスト運動の指導者となっていった。ウィーナーによれば、新聞印紙税の撤廃運動は、それに参加した労働者たちにとって、メシア的性格を帯びていたという。

なぜ、このような熱狂的な運動の高まりが労働者階級の間に生じるにいたったのか。その原因のひとつは、一八三〇～三二年の第一次選挙法改正をめぐる闘争の結果であった。労働者階級はブルジョワ階級と協力して、この第一次議会改革に大きく貢献した。しかし、長年議会改革を唱えてきたホイッグのグレイ内閣がもたらした結果は、腐敗選挙区の廃止、年地価一〇ポンド家屋保有という都市有権者資格と年地価五〇ポンド以上の借地農への選挙権など、国政参加の権利は中流階層にかぎられ、労働者階級は閉め出されたのである。

これは、ブルジョワ階級の議会改革派の「バーミンガム政治同盟」に協力し、普通選挙権と秘密投票を要求してきたヘザリントンら「全国労働者諸階級同盟」の期待を裏切るものであった。さらにまた、E・チャドウィックをはじめとするベンサム主義者とマルサス主義者の手になる三三年の工場法と翌三四年の救貧法改正とは、前者は「イギリス児童に対する残酷な侮辱と欺き」(『プアマンズ・アドヴォケイト』)であり、後者は貧民に対して、救貧手当の代わりに監獄にもひとしい救貧院か労役場《バスティーユ》への収容という、さらに大きな屈辱をあたえるものだった。ここにおいて、労働者階級は、もはやトーリーであれホイッグであれ、議会内での改革に幻想を抱くことをやめ、また、ブルジョワ階級の改革運動に対してもはっきりと一線を画すにいたったのである。

このような労働者階級の明確な階級意識の形成に大きな寄与をなしたのが、ほかならぬ「知識への課税」に対する非合法な戦いだったのであり、彼らが政府のスタンプの赤い捺印を「血痕」あるいは「奴隷の刻印」と呼んで軽蔑したのも、まさに階級感情のきわめて強烈な表出にほかならなかったのである。

第三節　新聞業界のジェントルメン

『タイムズ』の場合

それでは、当時の支配階級および中産階級を読者層とするレスペクタブルな新聞にとっては、「知識への課税」はいかなる影響をもっていたのだろうか。

一八世紀の末いらい、政府が新聞に対する補助金制度をひそかに続けていたことは先に触れた。『タイムズ』『モーニング・ヘラルド』『ワールド』などを含む九つのレスペクタブルな新聞が毎年、年額三〇〇〜六〇〇ポンドの補助金を支給されており、さらにまた、『スタンダード』や『オブザーバー』などより政府寄りの新聞には、年額五〇〇〇ポンド近い額が政府広報活動という名義で、その実、内密の補助金として定期的に支払われていた。しかも、それればかりでなく、政府は大蔵省を通じて、数多くのジャーナリストに直接、記事一件あたり原稿料二、三ポンド、あるいは年俸として五〇〇ポンドというふうに、手渡す場合もあった。

一方では、このような新聞に対する財政的援助、そしてもう一方では、「知識への課税」によって、イギリス支配層の意図は、おそるべき影響力をもつ新聞を自らの統制圏内におさめておくことにあった。では、これらのレスペクタブルな新聞の側は「知識への課税」に対して、いったい、どのような態度をとっていたのだろうか。

そのもっとも典型的な例が『タイムズ』社の場合であろう。

一七八五年、企業家ジョン・ウォルターは、『デイリー・ユニバーサル・レジスター』という日刊紙を創刊し、その三年後に『タイムズ』という紙名に改めた。ロイド組合加盟の保険事業に失敗したウォルターが新聞の発行に乗りだした主な目的は、自分が特許権を買い取った新型の活版印刷機（logography〔連子活字印刷機〕）を宣伝することと、書籍商として自分が出版する本を安く広告することにあった。こうした動機から新聞発行に踏みだした彼が、政府を支持して秘密の補助金（年額三〇〇ポンド）をもらっていたばかりでなく、「新聞での公表を差し控えてやる場合の料金」や「社会の風評を否定してやる場合の料金」さらには「誇大広告に対する特別料金」などを取って少しも良心の呵責を感じなかったばかりか、むしろ儲けになるといって喜んでいたといわれる。「ウォルターは、中傷記事を掲載して金をゆするという、もっともいかがわしい商売の術を身につけて資産を築いた」と述べているのは、かつて『タイムズ』記者として彼の下で働いたことのある作家ウィリアム・クームの人物評である。

ところで、『タイムズ』社は一九八五年、創刊二〇〇周年を記念して大冊の『社史』を公刊しているが、興味深いことには、創業者J・ウォルターについて、同時代のそうした人物評を隠そうとしていない。世界初の海外特派員として名高く、のちに主筆にもなったH・C・ロビンソン（愛称「オールド・クラビー」）が、社主ウォルターを評して、「これほど不実で下劣な男は私の生涯でみたためしがない」と語っていたという事実を明らかにしている。もっとも、政府から秘密の補助金や賄賂を受け取っていたのは、彼が「生粋のビジネスマン」であり、彼の生きた時代の宿命だったと補足している。

『社史』はまた、ウォルターが一七八九年、ウェールズ公（のちのジョージ四世）とヨーク公に対する文書誹毀罪で一六ヶ月、ニューゲイト監獄に投獄されながらも、その無署名の二つの誹謗記事のニュースソースを黙秘して、新聞の自由を守ったと語ることを忘れてはいない。もっとも、その誹謗記事は、時の小ピット内閣（トーリー）の蔵相トマス・スティールの手になるものだったのであり、ジョン・ウォルターは自分の新聞にそうした記事を掲載することによって、年額三〇〇ポンドの補助金を受け取る契約を政府とひそかに結んでいたのである。

『社史』は語っていないが、ウォルターは一七九一年の出獄後も引きつづいて政府から同額の買収費を受け、この秘密取引に終止符が打たれるのはその八年後、買収する側によって一方的に打ち切られたためである。これが、草創期における政府と『タイムズ』の関係だったのである。もっとも、このことは、やがて世界最初にして最大の新聞王国『タイムズ』の創設者という名誉をになうJ・ウォルターだけでなく、この時代の新聞事業家のほとんどについてもいえることであり、多かれ少なかれ、同じような裏取引がおこなわれていた。小ピット内閣の秘密補助金は、その初年度には年間総額一〇〇〇ポンドであったが、一七八九年のフランス革命の時期には、年額五〇〇〇ポンドの買収費が各紙に投じられている。このことは、逆にいえば、政府がこれほど莫大な費用を支払ってでも言論統制をしなければならないまでに、一八世紀末から一九世紀初めの新聞が、多大な影響力を有していたことをものがたっている。

それゆえ、新聞印紙税と広告税の大幅な値上げがなされた一八一五年から、広告税が引き下げられる一八三三年までのおよそ二〇年間は、新聞界にとって重大な危機的時期であった。けれど、驚くべきことには、中産階級を読者層とするレスペクタブルな新聞のなかで、『タイムズ』が不動の地位を占めるにいたるのが、この時期だったということである。しかも、想い起こしてほしいのは、この時期こそ、まさに「貧民の」新聞すなわち急進派新聞の不撓不屈の戦いの時期だという事実である。

しかしながら、このような時期の一致は、けっして偶然だったわけではない。

T・バーンズと《世論》の発見

業界の動向・市場価格の変動・船舶の出入航などを伝える業界新聞にすぎなかった『タイムズ』を、イギリスだけでなく世界最初の完全な独立新聞にまで高めたのは、二代目の社主ジョン・ウォルター二世とその主筆トマス・バーンズの功績によるといわれている。

ウォルター二世が新聞経営を受け継いだ一八〇三年、『タイムズ』の発行部数はわずか一五〇〇部にすぎなかったが、一八二〇年までには七〇〇〇部に達し、一八三〇年代初めには平均発行部数およそ一万部を維持するにいたる。彼は『タイムズ』を、一八二〇年代初めには、もはや二位と三位の競争紙の発行部数を合わせてもおよばない、イギリス最大の日刊新聞の地位に就かせたのであった。

ウォルター二世が『タイムズ』の不動の地位を築いたのは、第一に、他紙の追随を許さない海外通信網をつくりあげたことによる。彼は、父親の代にクラブ・ロビンソンによって始められた海外通信員制度をより強化し、おりしも大陸で勃発していた革命やナポレオン戦争（とりわけ一八〇五年のトラファルガー海戦）の詳細なニュースの報道によって発行部数を増やし、それによって広告数とその料金を上げて経営基盤を固めるのに成功した。

それまで、海外ニュースの報道は外国紙に頼っていたばかりでなく、それらのニュースは郵政省による統制下にあった。これは、政府が海外ニュースの翻訳権を独占し、各紙は翻訳されたニュースの提供の代価として年額一〇〇ポンドを支払うというものであった。ウォルター二世は『タイムズ』社独自の海外通信網によって、こうした報道統制に挑戦したのであり、政府は『タイムズ』社宛の海外からの郵便物を差し止めてこれを妨害しようとした。一八〇七年、郵政省はグレイヴセント港に着いた船に乗り込んで、『タイムズ』社宛の郵便物すべてを押収した。ウォルター二世は、『タイムズ』紙上で、郵政省役人によるこの「略奪行為」の詳細を報道して、これに対抗した。そのニュースは、穀物法などによって自由貿易を阻まれている商業ブルジョワジーの圧倒的支持を受け、この事件以降、政府は妨害を中止することをよぎなくされる。一八一三年には、リヴァプール内閣の外相カスルレー卿（のちの言論弾圧六法の提案者）から、フランス軍に関する情報提供を依頼する手紙がひそかにウォルター二世のもとに届いている。その後、『タイムズ』社の海外通信網は、ロシア大使からも同様の依頼を受けるまでに信用を得るにいたっている。ここで重要な点は、『タイムズ』が勃興しつつある商業的ブルジョワジーの支持を受け、それが読者層の母胎となったことであり、この階級の利害の代弁者となることによってはじめて、その独立した経営的基礎を築くにいたったことである。

しかしながら、『タイムズ』が単に新興ブルジョワ階級の利害の代弁者となっただけでは、その指導的地位の確立を説明することはできない。新聞経営上の基盤が政府や政党から、新興ブルジョワ階級という別の新たなパトロンへと移行したことを語ったにすぎないからである。たしかに「中産階級の公共精神の力を行使すること」とは、ウォルター二世の片腕ともいうべき主筆トマス・バーンズが自らの使命を語った言葉である。だが、彼が『タイムズ』の歴史に果たした貢献は、単に新興ブルジョワ階級の声でその紙面を満たすことではなかった。

ウェリントン公をして「この国でもっとも影響力のある男」といわしめたT・バーンズが主筆となったのは一八一七年のことである。その時、『タイムズ』はまだ他の日刊紙の中のひとつにすぎなかった。それを不動の地位にまで高めたのは、ウォルター二世の経営手腕とともに、バーンズが編集者として『タイムズ』を特定の個人や政党・政府などの代弁者とせずに、「世論の声そのものの新聞」(フランシス・ウィリアムズ)としたからにほかならない。このことは、とりわけ重要な点である。というのも、近代ジャーナリズムの主要な特徴のひとつとして「経営」と「編集」の分離をあげなければならないが、「編集」の独立が《世論》を準拠とすることによってはじめて成立可能だったという事実を見過ごすことはできないからである。

もっとも、《世論》の重視は、バーンズひとりの創意であったわけでも、『タイムズ』だけの方針であったわけでもない。「世論は力である」という言葉は、ほかならぬ急進派新聞の掲げたスローガンだったのであり、中産階級であれ労働者階級であれ、新聞がいずれの利害関係の代弁者であろうとする時も、《世論》をその正当性と権威の根拠とするようになるのはこの時代に始まっている。この時期、《世論》こそが、新聞が経済的にまた政治的に独立するための源泉とみなされるようになったのである。バーンズは、ある「社説」で、「公衆は利己心と押しつけがましい自己主張をまじえることなく、自由かつ十分な議論を達成しうるがゆえに勝利者である」と語っている。

『社史』によれば、バーンズが『タイムズ』を「世論の声そのものの新聞」にするためになしたことは、まず、自己を匿名の存在とすることであった。二四年間、彼が新聞記者としてペンを振るった記事のなかで署名のあるものは皆無であり、はじめて紙上にその名が載ったのは彼の死亡記事だった、と。

しかし、なによりも際だった彼の業績は、全国の地方各地に通信員を組織し、国内世論の動向を把握させたことにあった。その最初の成功例が、一八一九年八月一八日、あの「ピータールーの虐殺」事件の報道にほかならない。

ロンドンから派遣された記者ジョン・タイアスの逮捕にもかかわらず、取材に成功した『タイムズ』(六月一九日付)の報道は、この事件の全貌を最初に伝えるドキュメントとして知られる。興味深いのは、タイアス記者の逮捕の理由が、議会改革を求める集会の演壇に急進派の指導者H・ハントと同席していたことだった。しかも、『タイムズ』の第一面が、彼の記事とならんで、主催者側の急進派新聞『マンチェスター・オブザーバー』と『マンチェスター・ヘラルド』のリポートを転載していることである。さらに、事件の犠牲者一一名の検死の際には、『タイムズ』は官憲の暴虐に対する非難の論調に貫かれている。「ピータールー」事件の報道は、この年一〇月のまる一ヵ月の間、毎号のように紙面を費やしている。

『タイムズ』が「世論の声」をつかむことに成功したのは、このような事件報道においてだったのである。他にも例をあげれば、一八二〇年、「キャロライン王妃離婚」の報道である。『タイムズ』は当時すでに七〇〇〇部の発行部数に達していたが、この事件報道によって、たとえ一時期であれ、いっきょに一万五〇〇〇部へと跳ね上がった。この事件は、前に触れたように、摂政皇太子のちのジョージ四世を支持して購読者数を激減させた同紙が、コベットの非合法新聞『ポリティカル・レジスター』につづいて、王妃支持の側にまわった直後からである。同紙は王妃擁護の急先鋒となって民衆の喝采を浴びていたのである。

『タイムズ』がレスペクタブルな新聞のなかで不動の指導的地位を確立しえたのは、このように、《世論》の動向を迅速にキャッチしその声にしたがうという、バーンズがとった編集方針に大きく負っている。だが、忘れてならないのは、『タイムズ』が「世論の声そのものの新聞」だったとしても、その世論そのものを最初に喚起し、主導したのは当時の急進派新聞だったという事実である。W・コベットは、『タイムズ』を「狡猾で老練なニジマス」(☆2)と呼んで軽蔑していたが、皮肉にも、彼の『ポリティカル・レジスター』が『タイムズ』に大きな影響をあたえたことは否定できない。新興ブルジョワ階級の代弁者にすぎなかった『タイムズ』に、《世論》すなわちより広範なイギリス民衆の声に耳を傾けることこそが新聞が生き残るための道であることを知らしめたのだった。

毎週四〜五〇〇〇部という驚異的な売れ行きをみせていたコベットの『ポリティカル・レジスター』が、一八一九〜二〇年の弾圧六法によって息の根をとめられたのち、非合法な急進派新聞は一八二〇年代の潜行期をへて、三〇年代にふたたび遼原の火のように簇生することは、すでに述べた。その非合法な急進派新聞によって「世論の声」を教えられた『タイムズ』が、中産階級の代弁者にとどまっていた他のレスペクタブルな新聞をはるかにしのぐ発行部数を維持して指導的地位を確立したのは、急進派新聞の受難の「静穏の二〇年代」だったという事実はまさに歴史のイロニーにほかならない。この時期、印紙税と広告税はもっとも引き上げられたが、『タイムズ』は、むしろ逆に安定した経営基盤を築いたのである。非合法な急進派新聞の戦いによってまず広告税が引き下げられた一八三三年の翌年、『タイムズ』はロンドンの全広告の六〇パーセントを占めるにいたっていた。

『タイムズ』が、言論の自由の「最後の猿轡」すなわち「知識への課税」の撤廃に頑強に反対していたという事実を知ったら、読者は耳を疑うだろうか。

レスペクタブルな新聞の場合

『タイムズ』は、「知識への課税」の撤廃に対して最後まで反対し、もしも印紙税と広告税そして用紙税が廃止されるならば、政府の歳入にとって大きな損失になるだろうと、むしろ当局に圧力さえ掛けていたのである。これらの税の撤廃は、『タイムズ』にとって、自らが合法的なレスペクタブルな新聞の中で占めている不動の地位を脅かすものと映ったのである。

いうまでもなく、非合法な急進派新聞は『タイムズ』にとって自らの地位を脅威にさらすものではなかった。急進派新聞には商業的広告は皆無であったし、それらの新聞の読者も、新聞広告のスポンサーにとって、販売ターゲットとして関心外の存在であった。一八三〇年代初めにはすでに『タイムズ』の発行部数は他の合法紙を引き離し、その紙面広告はロンドンの全広告の中でほとんど独占的な状態にあった。『タイムズ』がもっとも恐れたのは、「知識への課税」の撤廃による新聞価格の低廉化がすでに確立した新聞市場を攪乱し、ひいては自らの支配的地位を失墜させることであった。

そもそも「知識への課税」は、政府が独立不羈の自由な新聞の出現を阻止すべく設けられたものであったが、皮肉にも、『タイムズ』が政府の更迭にさえ多大な影響力を行使し、また新聞業界を支配することができたのはこの税制のお蔭だったのである。というのも、印紙税法によって、新聞の配達は郵便局が一手におこなっていたが、そのことが『タイムズ』にとって有利に作用していた。印紙の税額は新聞のページ数にかかわらず、また郵便による配達を受けると否とにかかわらず、一律に課せられていた。『タイムズ』は他紙が八ページだったのに対して、一二～一六ページあったばかりでなく、週三、四回は広告面を付録としてつけた。これがまず、ロンドン都市部の他の合法紙が『タイムズ』に太刀打ちできない理由であった。また、地方紙は、わざわざ郵便局の手にゆだねなくとも配達できたにもかかわらず、印紙税は税金なので『タイムズ』と同額を支払わなければならなかった。

当時、合法的な地方紙には、週二回発行の『マンチェスター・ガーディアン』や『スコッツマン』その他二、三紙以外に存在できなかったのは、こうした理由による。一八三〇年代初め、ロンドンの合法紙五五紙の一刷りあたりの総発行部数は四万だったが、その中で『タイムズ』が一万部を占め、残りの三万部を『モーニング・クロニクル』『モーニング・ポスト』『サン』(最後は夕刊紙である)をはじめとする他紙が分けあっていた。

「知識への課税」に対して、『タイムズ』以外の他のレスペクタブルな新聞がいかなる態度をとったか、もはや容易に推測できよう。

「知識への課税」撤廃は、まずロンドン以外の地方紙にとって、『タイムズ』と他のロンドンの「新聞業界のジェントルメン」による新聞市場の支配力を弱体化するための格好の戦略とみなされた。また、ロンドン都市部の新聞にとっては、ターゲットは『タイムズ』一紙のみだった。両者は、印紙税を郵便局の郵送料に変更することを主張した。郵便料となれば税金でないから、郵便局を利用しない地方統は支払わずにすむし、さらに郵便料金が重量別となれば、ロンドンの新聞も『タイムズ』以外はみな一部あたりの重量が軽かったから低料金ですむというのが、その主張のねらいだった。

この提案は、一八三一年、哲学的急進派と呼ばれたベンサム門下のウェストミンスター派の改革論者フランシス・プレイスの郵便料金改革案に由来するが、「知識への課税」廃止を唱える新興ブルジョワ階級の改革論者たちによってなされたのは、印紙税の撤廃に対する政府の財政的理由による反対を断ち切るためであった。プレイスは、「歳入の減損はありえず、歳入の増加が確実である」と政府宛に手紙を書いている。

重要なことは、「知識への課税」に対するレスペクタブルな新聞が、『タイムズ』を含めて、課税廃止が新聞経営にとっていかなる効果をもたらすかという財政上の問題とみなしていたことである。その背後には、イギリス各地の産業都市の発展のためには、その土地で発行される新聞が必要であるという新興ブルジョワ階級の要請があった。

時代のキーワード

政府・議会そして中産階級の「知識への課税」に対する態度について述べる前に、ここで、これまで説明することなく頻繁に用いてきた「レスペクタブルな新聞」というターミノロジー、とりわけレスペクタブル (respectable) という語の意味について語っておこう。

そもそも一八一九年の言論弾圧六法の制定にさいして、下院議員のエリンバラ卿が印紙税法に関する政府の態度を次のように表明していたことはすでに触れた。すなわち、「この法案が適用の対象としているのは、レスペクタブルな新聞ではなく、貧民たちの新聞に対してである」、と。

エリンバラ卿が、「レスペクタブルな新聞」という名で総称しているのが、旧来の大土地所有貴族を中心とする地主支配階級と新興の商業ブルジョワ階級とを読者とする新聞を指すことはいうまでもない。それらの新聞が、たとえ無印紙であっても、当局の自由裁量によって、印紙税法の取り締まりの範囲外とみなされていたことも繰りかえすまでもない。ここで注意を喚起したいのは、それらの新聞が、その読者層が政府寄りか反政府的かにかかわらず、「レスペクタブルな新聞」という総称で一括されていたということである。

とりわけ重要な点は、レスペクタブルという語によって、暗黙のうちに貴族・地主階級と新興ブルジョワ階級とが同一カテゴリーに包括されていたという点である。そして、実は、この「レスペクタブル」あるいはその名詞形「レスペクタビリティ」という言葉こそ、一九世紀イギリスの時代感情すなわちこの国をドラスティックな産業化に駆りたてた「進歩」と「向上」を支える精神的価値を表現するキーワードにほかならない。

川島昭夫（一九八六）によれば、この語は多様な意味を内包しており、これに対応する適切な日本語はない。「レスペクタブルであること」の条件とは、「安定した収入や地位、資産が必要であるだけでなく、堅実な生活態度や特性、宗教への敬虔な姿勢なども要求される……ときに幸福な家庭生活の存在や、見苦しくない外見などもレスペクタブルであることの条件となる」、と（☆3）。

「レスペクタビリティ崇拝」について川島が述べているのは、ヴィクトリア朝（1837-1901）の「中流階級」の価値観についてであるが、エリンバラ卿の「レスペクタブルな新聞」という一般化された常套的表現にうかがえるように、すでに一九世紀初めに、その読者層が地主貴族階級であれ新興ブルジョワ階級であれ、急進派新聞以外の新聞が「レスペクタブル」（尊敬にあたいする）とみなされていたという事実が重要なのである。さらにいえば、当時、政治的また経済的なさまざまな局面において激しく対立していた貴族とブルジョワジーという二つの階級間に、すでに、一つの精神的価値が深く共有されていたということに留意したいのである。

さらに指摘したいのは、ホイッグのヘンリー・ブルーアム卿の「有用知識普及協会」（一八二七年設立）をはじめ、有産階級の改革運動のリーダーたちは労働者階級を「レスペクタブル」な存在に教化することを運動の最大の目標としていたことである。「レスペクタビリティ」という精神的価値は、やがて一九世紀を通じて、人口の大部分を構成する労働者階級の生活と文化にも深く浸透することになる。「レスペクタビリティ」という語が一九世紀の時代感情、すなわち産業化を根底において支えた精神的価値のキーワードであるというのは、このためである。しかも、一八五五年の「知識への課税」撤廃ののちに出現する大量発行の新聞によって創出されるモラル・オーダーの基礎をなしているのが、この「レスペクタビリティ」という価値にほかならない。この語の意味と価値については、次章でベンサムのパノプティコンを論じるさい、もう一度、言及したい。

第四節　ブルジョワ階級の改革論議

ホイッグの改革キャンペーン

「知識への課税」に対する中産階級の改革運動は、労働者階級による組織的な反対闘争とは違って、さまざまに異なった利害関心と背景をもって展開された。『タイムズ』は、印紙税廃止キャンペーンが自社一社だけを攻撃目標にしたものとみなしていたが、ことはそれほど単純ではなかった。

通説によれば、中産階級の「知識への課税」に対する改革運動の思想的背景をなしたのは、一七世紀半ばの『アレオパジティカ』(☆4)の著者ジョン・ミルトン(1608-74)をはじめとして、ロック、ミルらの啓蒙主義者たちの理想主義的な「言論の自由」論だといわれてきた。しかしながら、「知識への課税」反対に中産階級を駆りたてたものは何か、その動機と目的の諸相を探ることは、「知識への課税」すなわち国家による新聞の経済統制の廃止とその結果がはたして何であったのかを知るために避けて通ることはできない。一九世紀の「知識への課税」に対するレスペクタブルな改革キャンペーンの始まりは、一八一九年の言論弾圧六法に対するホイッグの反対に遡ることができる。だが、その反対は、リベラルで理想主義的な「言論の自由」論とはまったく別の論調によるものだったのである。

一八一九年の言論弾圧六法の制定のさい、ホイッグたちは議会で激しい反対の論陣を張り、その自由主義的感情を表明した。しかし、多くのホイッグの指導者たちの反対論は、急進派新聞を黙らせるには現行法で十分だという見解にもとづくものであった。たとえば、急進派労働者に対抗して「有用知識普及協会」を組織したH・ブルーアム卿は次のように論じていた。

「議会は、すでに権限を付与されているにもかかわらず、それをいささかも行使していない者たちに対して、あらたに権限をつけ加える法律を作るべきではない。」

この表明にみられるように、ホイッグの反対論はけっして断固たる「言論の自由」の主張だったわけではなかった。しかも、ホイッグの自由主義的感情でさえきわめて短命であった。一八二四年に結社法の廃止を成功に導いたトーリー出身にしてベンサム主義者のジョゼフ・ヒューム議員が、その翌二五年、下院において印紙税の緩和を提案したが、まったく支持を得ることはできなかった。つづく翌二六年の下院演説においても彼の動議は否決され、明けて二七年、ホイッグがカニング連立内閣で政権をとると、彼らホイッグは、一八一九年に自分たちが反対した法律の廃止を試みようとはしなかったのである。この年五月、J・ヒュームの三度目の印紙税法に対する動議は、一二〇票中やっと一〇票の賛成を得る。

もっとも、その賛成票はかならずしもヒュームの動議内容とは直接かかわりのない、党派的理由によるものが含まれていた。そのうちの一票は、連立内閣に反対するホイッグのグレイ派の議員によるものであり、もう一票は奇妙なことに強固な印紙税法の支持者のものであった。要するに、ヒュームの動議は、弱体なカニング内閣に揺さぶりをかけるものとしか受け取られなかったのである。

しかしながら、なぜ、一八三〇年代にいたるまで、「言論の自由」を求めるレスペクタブルな改革キャンペーンは高まりを見せなかったのか。その理由は、「一八二〇年代の静穏」つまりは言論弾圧六法の成功によっていた。一八一九年には激しく弾圧六法に反対していたホイッグの司法長官ジェイムズ・スカーレット卿は、一八二七年、印紙税法を擁護して次のように弁じている。「この法律は、国家の安寧の保持のための有用な機関としてこれまで十分に実績を示してきた」、と。議会内の反対論がかくもみごとに退潮したのは、ラディカル・プレスの壊滅をその最大の目標とした弾圧六法による言論統制が首尾よく効果を上げているとみられたからなのである。

それでは、なぜ、一八三〇年代に入ると、国家による新聞の経済統制に対する反対論議が議会において再燃するのか。その原因は、容易に推測されるように、ふたたび蘇った急進派新聞の未曾有の隆盛によるものであった。組織的な労働者階級の抵抗の前に、文書誹毀法の威力はすでに無効と映っていた。そればかりでなく、急進派新聞によって頻発する印紙税法の公然たる違反は、言論統制の手段としての法そのものの有効性に対する深い疑念をようやく議会内に呼び起こしたのである。

自由放任か国家干渉か

ところで、従来、一九世紀イギリスの政治思想に深い影響力をあたえたのはジェレミー・ベンサム(1748-1832)を始祖とする、自由主義と個人主義を二つの柱とした功利主義哲学だといわれてきた。功利主義思想は新興ブルジョワ階級の利害を代弁する基礎哲学として、旧来の地主支配階級の利害関係を背景とする抑圧的な国家政策に代わって、リベラルな経済的・社会的な諸政策を推進させてきた。すなわち、国家統制から自由放任政策への転換、これが一八三〇年代イギリスのブルジョワ革命の最大の特徴である、と。

広告税と新聞印紙税の撤廃による言論・出版の自由の勝利という近代ジャーナリズムの誕生についての通説は、関税引き下げと穀物法廃止に代表される自由貿易政策の確立がそうであったように、一九世紀を特徴づけるこのような自由主義的なレッセフェール政策の一環というコンテクストの中で成立してきた。

しかしながら、一九世紀イギリスは、とりわけ三〇年代から五〇年代にかけて、工場法・救貧法改正・公衆衛生法・国民教育に関する諸立法・警察制度および監獄改革のための立法そして医師法等々とつづく中央行政機関の設置をともなった国家干渉政策を次つぎと打ち出していった。今日、こうした国家干渉政策をめぐって、一九世紀イギリスを単に自由放任主義の時代とみるこれまでの見方にかわって、「自由放任と国家干渉が同時並行的に、かつ拡張的に進行した時代」（岡田与好、一九七六）とみる見解が、とりわけ一八三〇年代から七〇年代にかけての「一九世紀イギリス行政革命」をめぐる論争の中で趨勢となっている。

これまで、私たちが、広告税と新聞印紙税そして用紙鋭の撤廃に始まる近代ジャーナリズムの誕生について、これらの課税廃止が言論・出版に対する新たな統制システムの導入ではなかったかという疑問を呈しつつ論じてきたのは、単に通説の批判からではなく、今日すでに定説となっている「自由放任」と「国家干渉」という二つの政策が「同時並行的に」進行したという見解をさらに突き進めて、むしろ二つがいかに絡みあい織り交じっていたか、いやむしろ一つのものであったかを例証するためにほかならない。

チャドウィックとベンサム主義者

さて、「知識への課税」に対する中産階級の議会内外における改革キャンペーンに登場するのは、ベンサム主義者たちと教育改革論者たち、そして自由貿易論者たちと郵便改革論者たち、それにこの法制に特別利害関係をもつ利益団体《インタレスト・グループ》である。このように中産階級の改革論議を五つの立場に整理したのは、J・ウィーナーの書誌学的研究（一九六九）であるが、ここではその先例にならうことにする。

まずは、ベンサム主義者たちとりわけエドウィン・チャドウィックの言説を追ってみよう。

中産階級による「知識への課税」改革運動の始まりは、一八三〇年四月、ロンドンの文芸科学協会で公衆を集めておこなわれた集会であった。これを主催した人物としてエドウィン・チャドウィック（1800-90）の名が知られている。そもそも「知識への課税」という言葉を最初に用いたのも彼であったといわれる。この集会は、『タイムズ』をはじめ、ロンドンのほとんどのレスペクタブルな新聞に無視された。けれど、中産階級の改革運動の拠点となった週刊誌『エグザミナー』が集会の報告を載せ、その後、その演説内容は『知識への課税の道徳的政治的諸悪』という三ペンスのパンフレットとして公刊されている。それによれば、この集会の大意は、以下のようなものであった。――H・ハント（ピータールー事件）やW・コベット（『ポリティカル・レジスター』）その他の労働者階級の「扇動者」が横行し、従順な大衆に対して悪しき影響をふるっているが、これに効果的に対処するには、穏健な出版業者が「無知な者たちの間に穏健な思想とその方法を」普及させることが肝要である。そして、これを達成する最良の手段が、「出版の自由」に対するすべての障害を撤廃することにほかならない、と。

チャドウィックのほかに、当時、進歩と理性の効用という啓蒙的な立場から、「知識への課税」に対する改革運動を指導した人物として、先に触れたプレイスを含むウェストミンスター派、J・ヒューム、J・ローバック、H・ウォーバートンらの議員、ユニタリアン派牧師のW・J・フォックスらがいる。

これらベンサム主義者と呼ばれた改革論たちの論には、「廉価な知識」としての新聞の「効用」をめぐって、その教育的効果に力点を置くものや政治経済的な影響力を重視するものなど、それぞれの論者によって、また、運動の局面の変化にしたがい、同一の論者によってもさまざまに異なっている。たとえば、チャドウィックは新聞を「時代の偉大な説教師」とみなして、また、ユニタリアン派の牧師フォックスは「貧民の自然の教師」と呼んで、その教育的役割を最重要視している。興味深いことには、フォックスが発行した合法の夕刊紙『トゥルー・サン』掲載の、彼の「新聞の自由」についての論はしばしば非合法の急進派新聞にも転載されている。その主張は、人間はたえずより高次の社会の階梯へと進歩することを不可避としており、「知識」はこの進歩にとって重要な仕掛けであり、「出版の自由」は社会の基本要素である、というものであった。彼は、急進派のR・カーライルが一八一七年、トマス・ペインの『人間の権利』を出版したかどで訴追された時、「ペインを読める者は聖書も読める」と述べて擁護している。こうした見解は、一八三〇〜三四年の中産階級の改革論者の非合法新聞に対する拒絶感情のなかではまれであったが、のちにみるG・バークベックらの教育改革論者の立場もこれに近いものがみられる。

興味深いのは、功利主義者の中の、新聞の政治経済的な影響力を重視する論議には、「知識」という観念と「経済」(political economy)という観念とがほとんど同義的なタームとして用いられていることである。また、廉価な知識は経済原理のプロパガンダとしての役割を果たすものとみなされていたのである。チャドウィックは「新聞の自由」の結果、「賃金を決定する諸条件や政治的かつ国内経済の原理や道徳と法律の原理についての理解が広範に普及すれば、社会全体の福利に貢献するだろう」(『エグザミナー』一八三一)と唱え、また、プレイスは、廉価な新聞の使命は労働者に「賃金と利潤の原理」を教化することにあるとみなしていた(一八三二)。ここには、ベンサムの功利主義哲学とともに、リカードの「賃金基金説」(一八一七)の影響がみられるが、これらの論調は中産階級の改革運動に一貫して流れている。

ところで、フォックスは、彼らの無印紙新聞について、「非合法な手段によってやっと存在しているだけであり、それらが政府の迫害の犠牲者としての評判を失ったときには、たちどころに自然消滅するだろう」(『マンスリー・リポジトリー』〔一八三四〕)と述べて、「知識への課税」撤廃による政治経済的効果を説いている。三〇年代の急進派新聞の隆盛の中で、そのオプティミスティックな見解は当時ほとんど理解されることはなかったが、彼は『プアマンズ・ガーディアン』とその後の無印紙新聞のたどった運命を正しく言い当てていたのである。

さて、ここで注目したいチャドウィックの言説は、「知識への課税」改革運動に着手する一年前、彼がベンサムをして自らの後継者に指名し、自らの遺品を託すほど激賞させた、一八二九年発表の「予防警察論」と題した長論文(『ロンドン・レヴュー』創刊号所収)についてである。首都警察誕生の年に、この弱冠二八歳の青年の処女論文は当時の慣習にしたがって無署名で発表されているが、その前年、トーリーのウェリントン内閣の内務大臣R・ピール卿による「首都警察特別委員会」に招請されておこなった彼の報告にもとづいて書かれたものである。その論文のなかで、彼は、「警察の捜査活動の指針として広報活動を重視せよ」と述べ、発生した犯罪事件の「完全かつ迅速な広報」を警察広報《ポリスガゼット》として三日おきに配布すべきだという提案をしている。つづいて、さらに、「警察はかかる広報なしには威力を発揮しないであろうし、また広報は警察なしには効果を発揮しないであろう」と述べて、警察制度の早期実現とともに、ポリス・ガゼットは、それが読まれるべき民衆の間に流布するためには無料配布でなければならない、と唱えている。

チャドウィックの警察の広報活動についての言説を、当時、イギリス民衆の間によく読まれ、新聞をはるかにしのぐ発行部数を誇っていたブロードサイドの隆盛というコンテクストの中に置いてみよう。すると、その提案が、「知識への課税」に対する改革運動の口火をきった彼の言説と同一の動機を見いだすことができる。彼は、非合法な無印紙の出版物を「犯罪を扇動し、教唆するもの」(『エグザミナー』一八三二)とみなしていたが、そうした出版物の中にはバラッド売りたちが街頭で販売するブロードサイドの類が含まれていたのである。

チャドウィックは、「自由な新聞」がこのような「無知の最後の痕跡」を駆除すると考えていたのである。「予防警察論」では、ポリス・ガゼットは政府刊行の無料配布物として構想されていたが、もしも「知識への課税」廃止の結果、そうした警察広報が「穏健な出版業者」の手によって代行されるならば、それこそ「経済」であるだろう。

功利主義的改革論者にとって、なぜ廉価な「知識」が「経済」と同義的なタームとして用いられていたか、私たちはその理由をこの例にみることができよう。彼の「予防警察論」は、ひとりベンサムばかりでなく、「言論の自由論(一八二四)のジェイムズ・ミルそして「知識への課税」改革運動の実践的指導者プレイスからも賞賛をあびている。「知識への課税」に対する改革運動の口火をきった功利主義者チャドウィックにおいて、「国家干渉」と「自由放任」は互いに織り交じりあう、まさしく同一のモティーフで貫かれていたのである。ちなみに、今日、彼の名は、公衆衛生法（一八四八）の実質的な起草者であったために、一九世紀イギリスにおける公衆衛生学の創始者として名高いが、その他にも、工場法（一八三三）、救貧法改正（一八三四）などの「国家干渉」政策の主要な作成者として知られている。

教育改革論者とその言説

中産階級の「知識への課税」改革運動が、「国家干渉」と「自由放任」という、これまで互いに対立するとみなされてきた二つの政策論の結節点から出発したものであることが理解されるならば、支配階級であれ中産階級であれ、また労働者階級出身であれ、この運動に参集した他の改革者たち――すなわち、教育改革論者、自由貿易論者、郵便改革論者そして特殊利益団体等のさまざまに異なる言説が、いかなる磁場に吹き寄せられてひとつの形象をかたどっているかが明らかになるだろう。

ここで、教育改革論者の言説をみてみよう。

一九世紀イギリスの教育改革の最大のものは、一八七〇年のフォースター法による国民教育制度の確立であり、この初等教育法が、産業化による工場制の労働規律に適応できる労働者の育成のために、児童の規律訓練を主要な目標としていることはよく知られている。

一八三〇年代の「知識への課税」の改革に、G・バークベック、W・E・ヒクソン、M・ヒル議員らを起ち上がらせたのは、労働者教育についての啓蒙的見地からだった。一九世紀初めにおいては、成人教育の問題が緊急を要する課題とみなされていたのである。その代表的なものが、労働者の道徳と教養の向上を目標に掲げた、全国的な職工学校設立の運動であり、その創始者がG・バークベックであった。

中産階級による「知識への課税」改革の第二回目の集会は、一八三一年一月、第一回目と同じロンドンの会場で開催されたが、その主催者が彼だった。教育改革論者に共通する主要な論点は、読書と学習の習慣の育成という点にあった。彼らによれば、労働者階級は、知的・道徳的教育を受けていないがために、急激な社会的・政治的変動の中で責任ある社会的役割を果たせないでいる。バークベックによれば、新聞は、その内容のいかんにかかわらず、簡潔な読みやすさと日常生活に密接に結びついた親しみやすさから、彼らの識字率の普及にとって必須の要件である。教育改革論者の主張が、ベンサム主義者の教育論議と異なるのは、「良き教育を受けた人間は皆、最良の教師にもまして何よりも自己のために最善を尽くすことができる」(M・ヒル)、あるいは『考える習慣』は個人の内部からしか生まれない」(W・E・ヒクソン)という言説にうかがえるように、その目標はあくまで識字率の普及という一点にあった。識字率こそが貧民階級の自律心の発達を可能にするという理想主義的情熱が、彼らを「知識への課税」廃止運動に参集させたのである。こうした自律心の尊重は、のちにヴィクトリア朝を風靡するS・スマイルズの『自助論』(一八五九)の思想を先取りするものであった。

教育改革論者による集会が開催された一八三一年一月は、その前年にイングランド南邦諸州を席捲した、農業労働者による打穀機打ち壊しや納屋と積み藁の焼き打ちなどの騒動、いわゆる「キャプテン・スウィング暴動」の記憶がなまなましい時期であった。バークベックは、集会の演説の中で、イギリス史上最大の流刑囚をオーストラリアに送ることになったこの暴動について、もしも新聞印紙税が廃止されていたならばけっして起こらなかっただろうと述べている。たしかに、一八三〇~三二年は、各地の農業地帯に暴動が多発した時期だった。それらの地域の識字率はきわめて低く、また無印紙新聞はこれらの地域にほとんど流布していなかったために、バークベックの識字率の普及という主張は、「知識への課税」廃止キャンペーンにおいて説得力をもちえたのである。

しかしながら、「知識への課税」廃止運動の中で、教育改革論者はベンサム主義者にくらべて実践的な影響力をもちえなかったのも事実であった。当時、新聞はまだ個人のために文化的あるいは情操的な教養をもたらすという意図ではつくられていなかったからである。その意味では、功利主義の見地から、労働者階級に「有用な知識」を広めようとの意図で、一八二七年に設立された「有用知識普及協会」による実践活動の果たした役割の方が大きかった。この協会には、ブルーアム卿、ジョン・ラッセル卿、スプリング・ライスをはじめ、ホイッグのグレイ内閣のメンバーの多くが名を連ね、一八三二年三月、チャールズ・ナイトを主幹とする週刊誌『ペニー・マガジン』を発刊した。その内容は、寓話、空想物語、詩、絵画、随筆など、互いに関連のない文化的話題によって構成され、ニュース記事も掲載されていたが、政府批判を呼び覚ますような悲惨な話題やポレミカルな政治的テーマはたくみに避けていた。この雑誌は、三〇年代、粗野な民衆娯楽の健全化を唱えて起こる「合理的娯楽」運動に先鞭をつけるものであった。創刊の年の終わりにはすでに二〇万部を記録し、その成功は「キリスト教知識普及協会」の『サタデイ・マガジン』、トーリー系の『ハーフペニー・マガジン』をはじめとする、いわゆる「有用知識雑誌」の発行を続々と引き起こしている。これらはみな、無印紙の、週刊ないしは隔週刊の廉価雑誌であったが、印紙税法の適用外とされた。バークベックの職工学校の読書室の棚を飾ったのもこうした雑誌類であった。

自由貿易論者とその言説

自由貿易論《フリートレイド》が「知識への課税」改革運動において高揚するのは、一八四〇年代になってからである。労働者階級によるチャーティズム運動と連携しながら穀物法の撤廃(一八四六)を導いたリチャード・コブデン、ミルナー＝ギブソンをはじめとする自由貿易論者たちは、チャーティズム運動の退潮のあと、中産階級の「知識への課税」改革運動のなかで主要な役割を果たすことになる。もっとも、一八三〇年代においても、多くの自由貿易論者が「知識への課税」の反対集会に参加している。

自由貿易論者にとって、広告税は自由な商業の発展にとって最大の障害(「商業と産業の挽き臼」)とみなされ、また、新聞印紙税は広告税ほど重視されなかったが、いかなる課税も認めないという彼らの原則によって反対されたのだった。

たとえば、毛織物業で知られる産業都市ペイズリー代表のスパイアー議員は、選挙地区民を前にして、「すべての課税の撤廃にわが票を投じるとともに、いかなる税制の新設にも断固として反対する」と公約している(『グラスゴー・アーガス』、一八三五)。

自由貿易論者にとって、広告税がおよぼす悪影響はもっとも深刻なものとみなされた。エディンバラ発行の『スコッツマン』は、当時、広告税撤廃キャンペーンの急先鋒として名高い地方紙だったが、すでに一八二八年、イギリスとアメリカ合衆国の新聞とを比較して、以下のように分析している。――新聞の総発行部数を、人口比一〇〇〇人でその読者率を比較すると、アメリカ合衆国はイギリスにくらべて人口規模が小さくとも六四〇〇万の発行部数に達しているのに対して、イギリスでは二八〇〇万部にすぎない。また、ニューヨークの日刊紙一二紙だけで、イギリス全土で発行されている三四四紙の年間広告量を五〇パーセントも上回っている。しかもなお、商業都市としてニューヨークとほとんど同程度の重要性のあるリヴァプールの一週間の新聞広告量は、ニューヨークのわずか一・五パーセントにすぎない、と。

自由貿易論者たちはこのような統計資料を数多く作成して、議会内外の反対キャンペーンに活用している。そもそも印紙条例反対の狼煙をあげてイギリス植民地から独立したアメリカ合衆国ではすでに「知識への課税」は廃止されていた。アメリカとの統計的比較は、広告税が工業と商業の発展にとっていかに大きな障害となっているかという議論に説得力をもった。一八三〇~三六年の時期、すでにホイッグ政府はこうした認識を共有していたし、また、農業地区代表の中の少数の議員をのぞけば、R・ピールを指導者とするトーリーの保守主義者ですら例外ではなかった。

だが、私たちは、ここでもまた、チャドウィックの言説に出会う。彼は、一八三一年、広告税と印紙税の撤廃を「一般消費品目に対する課税の大胆な引き下げ」の問題として位置づけている。また、先に触れた『知識への課税の道徳的政治的諸悪』では、この税制を「政治のフリー・トレード」に対するいまわしい障害とみなしている。税の廃止を自由な商業発展のための単なる手段とみた自由貿易論者とは異なり、彼の主張には、「知識」そのものを他の商品一般となんら変わりない商品とみなし、政治的言論をも自由競争市場に委ね、需要と供給の原理の支配下に置こうという自由放任主義の思想が見いだされる。「ジャーナリストたちは、おのれが誤りを犯す度に何百何千という読者を失うという罰則の下で、良き行動をするようになるだろう」と、チャドウィックは述べている(『ウェストミンスター評論』、一八三二)。

私たちは、こうした彼の言説が、当時、二重のコンテクストにおいて発せられたものであることを理解しなければならない。一方は、当時「密輸業者」といわれた急進派労働者の非合法な無印紙新聞の隆盛、もう一方は、「新聞業界のジェントルメン」とりわけ『タイムズ』による新聞市場の独占というコンテクストである。そして、功利主義思想に主導された中産階級の「知識への課税」撤廃運動は、この両極による言論・出版の「独占」に対する反対運動だったのである。

郵便改革論者その他の言説

ところで、現在、私たちがふだん使っている郵便切手、つまり裏に糊のついた少額の切手を貼れば全国どこへでも一律の料金で手紙を出すことができるという均一低額郵便料金制度は、一八三九年、イギリスで、ローランド・ヒルによって創設されたものである。この制度は、「知識への課税」改革運動の中から生まれたものにほかならない。

ヒルは、教育改革論に立つ下院議員の兄マシュウとともに、数かずの集会に参加し、議会への代表委員の一人でもあった。しかも、彼がジャーナリズムの歴史において果たした役割はそればかりでなく、三〇年代初めにスクロール式の輪転式の新聞印刷機を発明している。だが、その実現は印紙税法のために三五年もの間阻まれたのである。当時、新聞は、あらかじめスタンプの捺印された白紙に一枚一枚印刷しなければならなかったために、巻き紙式の連続印刷は不可能だったのだ。

さて、これまでの郵便制度は、上院下院を問わず議員と政府高官そして富裕階級の多くに料金無料の特権をあたえていたのに対して、一般民衆にとっては高額でしかも配達地域によって格差があった。カトリック解放の指導者として知られるアイルランド急進派議員D・オコンネルによれば、イングランド在住のアイルランド人が本国に手紙を出してその返事を受け取るのに、一週間の賃金の五分の一を超える料金がかかる。このため、当時、不法な輸送機関が横行しており、たとえば、マンチェスターからロンドンへの手紙の六分の五が郵便局の手をへずに配達されていた。

ローランド・ヒルの均一低額料金制度という改革案はやがて郵便制度の発展に多大な貢献をすることになるが、皮肉にも、郵便改革論そのものは「知識への課税」撤廃に対してそれほど影響力を行使することはなかった。郵便を利用すると否とにかかわらず、すべての新聞に四ペンスを課税する印紙税にかわって、重量別の郵便料金制を導入すべきであるという改革案は、先にも触れたように、一八三一年、「知識への課税」改革運動の指導者F・プレイスに始まるが、その提案はもともと政府が財政的理由から反対するのを断ち切るための妥協案にすぎなかった。

プレイスは、当時、「印紙税廃止の結果、郵送による新聞その他の出版物の数は一八倍に増え、政府の歳入は少なくとも三倍に増加するだろう」と述べているが、グレイ内閣の二人の蔵相、オルソップ卿とスプリング・ライス卿を動かすことはできなかった。政府の反対理由は、郵便改革によって新聞は「地方に利害関係をもった政党の機関紙」となって、「国家の安全弁」としての性格を失ってしまうという危惧からであり、けっして財政的理由からではなかった。オルソップ卿は、労働者階級の非合法な無印紙新聞の配送が駅馬車によって安価かつ迅速におこなわれているという実態を、すでに十分に認識していたのである。ちなみに、こうした郵便料金改革案は、「知識への課税」の全面廃止を唱える急進派労働者たちからも、完全な勝利からの撤退であるとして非難されていた。

ちなみに、郵便制度の改革そのものは、一八三六年の印紙税引き下げにおいても実施をみず、その三年後、一八三九年に議会を通過してやっと着手されることになるが、皮肉なことに、政府の歳入に多大な利益をもたらしている。郵便改革の前年から、ヒルが引退した一八六八年までの三〇年間に、郵便量は七六〇〇万通から六億四二〇〇万通と増加し、郵便事業そのものが五二倍に拡張することになる。

ここで、中産階級による「知識への課税」に対する改革論の撤廃にきわめて切実な利害関係をもっていたいくつかの圧力団体について触れておこう。

たとえば、まず、印刷・出版に従事する熟練労働者である。印刷職人組合は、課税廃止が実現すれば、それによって自分たちの仕事が大幅に増大するだろうという目算から賛同し、植字工と製本職人の組合もまた、同じ意図から、一八三〇年、政府に嘆願書を提出している。しかしながら、彼らの要求は経済不況期における一時的なものにすぎなかった。彼らは、他の熟練労働者がそうだったように、あくまで「穏健な」中産階級の立場に依拠しており、多くの場合、その要求は印紙税と広告税の引き下げについてだけであった。経済状況が立ち直りをみせ、また無印紙新聞が隆盛をきわめるにしたがって、レスペクタブルな新聞・出版に従事する彼らはしだいに「保守的」になっていく。新聞印紙税が引き下げられた一八三六年、ヨーク市の活字印刷職工は、これに反対する請願をおこなっている。

その他の圧力団体として、製紙業者・書店・図書館などをあげることができる。なかでも、とりわけ課税撤廃によってその事業の成否が決定されるのは、バークベックを創設者とする全国の職工学校の新聞閲覧室と読書室の拡張運動であった。中産階級の政治団体の多くは「知識への課税」改革運動に巻きこまれるのを避ける傾向にあったが、一八三二年の選挙法改正以降、政治団体の付属設備として廉価な新聞雑誌の購入の必要性からこれに賛同している。しかしながら、「知識への課税」撤廃にもっとも切実な利害関係を有していたのは、なによりも地方紙であった。すでに述べたように、『スコッツマン』『マンチェスター・ガーディアン』そして『リーズ・マーキュリー』をはじめとする地方有力紙は、激しく「知識への課税」に反対した。なかでも、『スコッツマン』がその急先鋒として、数多くの重要な統計を掲載した。だが、それらの地方有力紙の課税反対への熱は、その撤廃が地方紙の経営に多大な利益をもたらすことは十分明白だったにもかかわらず、急進的労働者による無印紙新聞の隆盛につれて冷めていったのである。

また、ロンドンの週刊新聞がたどったのもほぼ同様の経過であり、広告税の廃止には熱心であったが、「知識への課税」の全面撤廃には臆病であった。中産階級の改革運動の拠点となった『エグザミナー』と『スペクテイター』は、当初、課税の全面撤廃を断固として訴えていたにもかかわらず、一八三三年、広告税の引き下げによって経営が回復すると、それ以後、広告課税の撤廃だけを要求するようになる。

私たちは、以上のような事実によって、経済的な利害関心というものが「知識への課税」改革にとってきわめて消極的な役割しか演じなかったことがわかる。けれど、さらに重要な点は、これらのさまざまな利益団体が、ある程度の財政的な安定を確保すると、もはや『タイムズ』をはじめとするロンドンの「新聞業界のジェントルメン」による新聞市場の独占よりも、急進的な労働者階級による扇動的な無印紙新聞の隆盛という事態の方を恐れたという事実である。

プレイスとそのロビー活動

さて、中産階級による「知識への課税」に対するさまざまな改革論議を実践へと導くのに大きな指導力を発揮した中心人物が、仕立て業出身のフランシス・プレイス（1771-1854）である。彼は雄弁でも能筆でもなく、また自ら議会に議席をもつこともなかったが、ウェストミンスター派と呼ばれるベンサム主義の議員たち、とりわけJ・ヒュームの、議会活動のための資料を準備することによって、議会における改革キャンペーンに比類ない影響力を行使したのであった。

そもそもヒュームによる一八二四年の結社法の廃止は、実質的にはプレイスの力によるものだったし、一八三二年の選挙法改正をめぐって高まった「革命的状況」（ホブズボウム）のさなか、中産・労働者両階級を協調させるべく「国民政治同盟」（NPU）を組織し、法案に反対するウェリントン公爵率いるトーリー内閣の成立を阻止して革命の危機を回避させたのも、彼であったといわれる。

禁酒主義者であり、また自助の人であったプレイスは、急進的労働者による非合法な無印紙新聞の隆盛を「悲しむべき塵芥《トラッシュ》」と呼び、ヘザリントンやクリーヴの「危険なドグマ」に対して激しい攻撃の手をやめなかった。彼は、印紙税法廃止を、無印紙新聞という「すでに存在してしまっている毒」に対する「解毒剤」とみなしていた。とはいえ、F・プレイスは不思議な人物で、カーライルやクリーヴら急進派ジャーナリストとも接触をもち、彼らからその献身的活動を尊敬されてもいた。このため、当時の内務省はスパイを送りこんで密かに内偵をおこなっているが、なぜか、「急進主義者に対して個人的な親交も影響力ももってはいない」と報告書には記されている。

彼はまた、つねにホイッグ政府に対する激しい対立者であったが、ブルーアム卿をはじめ数多くの閣内メンバーとネットワークをもっており、彼の手紙を通じての活動は、いわば舞台裏におけるロビイストとしてのものであった。

さらにまた、これまでに登場した中産階級の「知識への課税」改革論者のほとんどすべてと親交をもっていたプレイスは、一八三三年一月、ローバック、フォックス、ヒューム、ウォーバートンら急進的ベンサム主義者とともに「政治的道徳的知識普及協会」を結成する。その主な目的は、民衆教化のための「廉価な」パンフレットの出版にあり、「知識への課税」撤廃ののちには日刊紙の発行を準備していた。この計画は失敗に終わったが、そもそもの発案者はベンサムで、チャドウィックがその編集に携わる予定だった。もしもこの新聞が流産に終わらなかったら、その紙面がどのような内容の記事で埋まっていたか、私たちはいずれはっきりと思い描くことができるだろう。

ブルーアム卿を中心としたホイッグの「有用知識普及協会」が「有用」で「娯楽的」な（面白くてためになる）廉価雑誌を発行したのに対して、プレイスらの協会は、「知識への課税」撤廃のための重要な論文を次つぎと発表している。一八三五年、グレイとメルボーンのホイッグ内閣との全面撤廃の交渉が無効であることに気づくと、ローバックを主幹とする週刊新聞『国民のためのパンフレット』を発行する。興味深いことには、この新聞は、レスペクタブルな者たちの手による非合法の無印紙新聞であり、その論調はもはや「穏健」なものとはいいがたく、その記事はクリーヴらの急進派新聞にも転載される。このような事態の進行を苦々しくも認めざるをえなかったプレイスは、「知識への課税」の全面撤廃のみを目標とする組織の必要性を痛感し、同年、「新聞印紙税廃止協会」という団体を組織するにいたる。この協会は、近代イギリス政治史上、単一目的だけで組織された圧力団体の先駆けとして、やがて反穀物法同盟の戦術にも大きな影響をあたえることになる。

第五節　リットンの演説と刑罰のメタファー

リットンの下院演説

ここに、広告税引き下げの前年、一八三二年六月一四日、下院でおこなわれたブルワー＝リットンの演説の要旨がある。彼の演説は、「知識への課税」に反対し、それを撤廃に導いた改革運動の「最大の闘士」（H・ハード、一九五二）の声として伝えられている。

⑤「正義の均衡」と題された戯画
1831年のブリストル暴動の参加者の処刑を風刺している

その演説は、当時の『議会議事録』の要旨にして一六ページにおよぶ長大なものであり、その直後、プレイスの評注が付されてパンフレットとして刊行され、その部数は五〇〇〇部以上にのぼっている。リットンはこの時二九歳、下院議員となったのは演説のわずか一年あまり前であり、彼はこれによって一躍、全国的な名声を博している。

さて、リットンの演説は、知識への課税が日々、国内において引き起こしている「危険な効果」について語ることから始まる。

「有害で狂信的な、膨大な数の廉価な非合法出版物がはびこり、貧民たちを扇動して、ケント、ブリストル、バークシャーその他の地方で放火や暴動を巻き起こしている。暴徒らの多くは文盲であり、彼ら貧民たちの「無知」と「犯罪」との間には、密接な結びつきが存在している。彼らの犯罪の大半が財産犯であり、無知ゆえに扇動者に率いられて暴民となり、流罪や死刑の宣告を受けているにすぎない。

今や、貧民階級をこうした無知から脱却させるための、あらゆる方法をこうじることが緊急な義務なのであり、このための、もっとも手近でもっとも効果的な教育の普及手段が新聞にほかならない。というのは、新聞のもつ最大の利点は、それがもっとも民衆的 (popular) だということである。

新聞は、（宗教的なものを除けば）貧困階級が読みたいとのぞむ、実にほとんど唯一の出版物である。しかも、なにより、彼らがその無知ゆえに犯す法律を学ぶことを可能ならしめる唯一の出版物なのである。あらゆる裁判の報告、ボウ街（中央警察裁判所）の審問のあらゆる報告は、彼らにとって、興味と娯楽であるばかりでなく、戒めと教訓なのである。」

つづいて、リットンは、「知識への課税」のために新聞の値段が高いことの影響を、三点にわたって述べる。第一に、貧民の間に広められるべき教育が彼らの手にまで届かないこと、第二に、現状は上流および中流階級のみが新聞を購読できるだけなので、その内容とスタイルが富裕な者の趣味と関心に向けられており、貧民にとって有益で必要な知識に満ちているにもかかわらず、彼らに魅力のないものとなっている。そして第三に、貧民階級は、このように高価な新聞の利用を阻まれているために、不可避的に、より廉価な、そして彼らのみを対象とした、非合法で危険な出版物に手を出している。「国民の真の政治教育」は「もっとも野蛮で有害な教師たちの手」に放置されているのである。

そのあと、リットンは、無印紙新聞が毎週数千部という発行部数をほこり、いかなる合法紙をもしのいで労働者階級全体に影響をおよぼしているという事実を指摘し、ある工業都市の職工からの手紙を紹介している。その職工は、手紙のなかで、次のように語っているという。

「われわれが酒場に通うのは七ペンスの新聞のニュースを読むためです。けれど、労働者が家に持ち帰って読むことのできるのは安い一ペニーの新聞です。労働者は暇さえあればそれを何度も読みかえして自分の意見としているのです。（中略）私は、他の職工から、『ペニー・マガジン』がこうした不法な新聞に対抗するだけの影響力があるかと、聞かれたことがあります。たしかに、ある程度はあるが、それほどの効果はないというのが自分の答えでした。というのも、貧しい者たちは、より良い生活条件をもとめて、常に政治に関心を向けるからです。『ペニー・マガジン』は関係ありません。悪い政治をただすのに必要なのは文学でなく、良い政治なのです。」

リットンは、この手紙の引用に続けて、こうした事態を招いているのが、新聞印紙税と広告税であることを強調し、もっと以前にそれらが廃止されていたならば、健全な事業家たちによる新聞が不法な出版物を駆逐していたであろうと述べて、アメリカとイギリスの状況を統計数字によって比較している。彼があげている数字は、『スコッツマン』やプレイスが集めた統計にもとづくものであった。

つづいて、リットンは、既存の、少数の新聞による独占状態について述べ、第一次選挙法改正による内閣の成立はそれらの支持のお蔭ではないかと問いかけ、新聞の影響力の甚大さに注意を喚起している。彼は、それらのレスペクタブルな新聞そのものを批判しているのではなく、権力の維持がもはや新聞の影響力なくしてはありえず、排すべきなのはその独占である。そして、「知識への課税」が産業と商業の発展を大きく阻害している、と語っている。

さらにまた、「知識への課税」廃止が政府の歳入に損失をあたえるとしても、たとえばジンの酒税の低さとくらべて、知識への課税はあまりにも高すぎる。マンチェスターには、一〇〇〇軒のジン酒屋があり、一つの日刊新聞もない。一方の課税は良俗を破壊し、他方のそれは商業を窒息せしめている。いずれの課税がより健全であろうか（☆5）。

こう述べたあとで、「知識への課税」の代替案として、一ペニーの均一郵便料金制度を提案する。これが、プレイスやヒルによって提唱されたものであることはいうまでもない。彼は、低額郵便料金制が導入されたなら、政府の税収にどのような効果をもたらすか、ふたたび、細かな数字をあげて説明している。その推計によれば、現行の新聞印紙税と広告税の総計の二倍の税収入を政府にもたらすだろう、と述べている。

「知識がそれを有する者にとって力であるとすれば、その普及は国家にとって富である。」この言葉とともに、リットンの演説は終りに近づく。知識への課税は、知識に対する迫害であるばかりでなく、貧困に対する迫害である。貧しい者たちは教会の父ではなかったか。「知識への課税」は、彼らの間に正しい知識の普及を阻み、不法な無知を助長させ、ひいてはわれわれの政治的安全を脅かしている。今日、人民がその国政に対して戦いを挑んでいる数多くの国がある。だが、ここに、二つの対照的な国がある。デンマークとアメリカである。一方は専制国家、他方は共和国だが、どちらにも不満や動揺がない。その理由は同じであり、人民がよく教育されているからにほかならない。「人間がその境遇の不平等を慰撫されるのは、少なくとも知識が平等にあたえられていると思うことによってではないだろうか。」

「われわれは、これまで、下院において財産と知識に関する法律をいかに制定すべきかという議論を十分に審議してきた。だが、われわれは今や、貧困と知識に関する法律をいかに制定すべきかの審議こそを必要としているのである。目下のところ、われわれが貧しき同胞について知りえていることは、彼らの悪事と不平の声、彼らの不幸と犯罪のみなのである。だが、今や、彼らとわれわれの間に、より適切かつ賢明な伝達の水路を開こうではないか。」

こう述べて、リットンは、次のような事実に議会の注意をうながす。現行法の下で年々流刑囚は激増し、監獄は囚人であふれているが、これは無知がもたらした結果にほかならない。彼らは、自分が犯している犯罪の性質について無知であるばかりでなく、自分に適用される罰についてもまた無知なのである。われわれはすでに十分、彼らの血を流してきた。われわれは、キリスト教徒としてまた人間として、彼らを罰する前に教育し矯正すべきではないだろうか。

このように熱弁を振るったのち、その演説を、次のように結んでいる。

「印刷工とその活字が獄吏と首吊り役人よりも自由国家の平和と名誉にとってより勝れた貢献をなしはしないか──要するに、廉価な知識は、多大な費用を要する刑罰よりも賢明な政治的役割を果たしはしないかということを熟考すべき時ではないだろうか。」

演説の政治的効果

このあと、リットンは、知識への課税廃止の動議を、以下の四点にわたって提起している。

一、知識の普及を阻むあらゆる課税は国民の最大の利益を害するものである。
二、新聞印紙税を廃止する最良の時期は現在である。
三、広告税の廃止ないし引き下げについても同様である。
四、政府歳入の現状に照らして特別委員会を設けて新聞その他の出版物への低額郵便料金制を検討する。

この動議にD・オコンネル議員が賛同したあと、グレイ内閣の蔵相オルソップ卿が発言する。

「誤った出版物の悪しき影響に対抗する唯一の方法は、それと正反対の傾向の廉価な出版をあたえることである。廉価な知識の普及が国家の利益となることは、議会全体が承認するであろう。」

こう述べたあと、けれどオルソップ卿は、知識への課税の代替案としての低額郵便制度の導入は郵政省に多大の支出を負わせることになろうといって、リットンの動議に反対を表明している。

これにつづく議論に参加した九人の議員の中で、リットンの演説の主旨にまっこうから反対したのは、バラブリッジ代表のC・ウェザレル卿であった。彼は、ただ一人、新聞が道徳的に有用な知識を伝えるものではなく、課税撤廃は既存の新聞経営者に損失をあたえるだけで、有害な出版物を廃絶させることはありえない、と主張している。彼はかつて法務長官を務めた生粋のトーリーであり、カトリック解放、都市自治体法、選挙法改正等にことごとく反対した人物として知られるが、この年の改正後の選挙で議席を失って引退している。

議会は、リットンの考えの基本に賛成しながらも、財政上の検討を必要とするという理由で、課税撤廃を時期尚早としている。もっとも、討議の中で、政府が課税の引き下げを次年度に実施する予定であることが、法務次官J・キャンベル卿の発言によって明らかにされている。最後に、リットンは、次期の議会での更なる提出を約束して、動議を撤回している。

翌一八三三年、広告税は一件あたり、三シリング六ペンスから一シリング六ペンスと大幅に引き下げられることになるが、すでに明らかなように、この引き下げはリットンの動議の直接的な影響によるものとはいえない。彼の演説は、これまでみてきたベンサム主義者をはじめとする中産階級による「知識への課税」改革をめぐるさまざまな言説を、巧みなレトリックを駆使して要約的に表現したものにほかならない。若年の才能とは常にそうしたものであるだろう。彼の演説が果たした役割とは、これらの言説を議会に、その巧みなレトリックにあふれた雄弁によって公認させたことにあった。

この演説ののち、議会では、「知識への課税」改革論そのものに公然と反対する主張は現れない。ロバート・ピール卿を領袖とするトーリーは、この争点について、議会の討論にほとんど加わらなかった。彼は、終始一貫して、新聞印紙税を「不法な出版に対する永久の制約」と考えていたが、彼とトーリーは、「沈黙の戦略」こそホイッグと改革派議員の亀裂を深めさせる最上の策とみなしていたのである。

さて、リットンの演説によって、中産階級の改革運動の火は燃えあがる。しかし、その実質的なリーダーシップは、それ以前も以後も、プレイスとその盟友である改革派議員ヒュームにあったばかりでなく、リットンのラディカリズムそのものが短命な一過性のものにすぎなかったのである。

リットンは、広告税引き下げの翌一八三四年と一八三五年、新聞印紙税廃止の第二、第三の動議を提出しているが、いずれも不成功に終わっている。一八三四年の動議は、商品に一五パーセント以上の税を課せば密売が横行するのは必然であり、新聞に対する課税が一〇〇パーセント以上であることの不合理を強調している。「高価な」新聞と「密売の」新聞との二つの独占はイギリス国民を分断することにほかならず、上・中流階級には安全で理にかなった新聞をあたえ、貧困で無知な、影響されやすい国民には有害な新聞をあたえている。「貧民の犯罪は富裕に対する刑罰なのである」と語り、彼はオルソップ蔵相に対して、「精神の牢獄を開かなければならない」と呼びかける。今度はローバック議員が賛同して、動議は採決に移っているが、賛成五八、反対九〇で否決されている。

しかし、一八三五年には、リットンは動議をまたもや撤回し、賛同者のヒューム議員を怒らしている。プレイスによれば、リットンはもはや重要な集会にも参加せず、改革への熱意をすでに失っていた。そして、彼は、他の改革者たちからその「裏切り」を非難されることになる。『スペクテイター』は、彼に「売名行為者」とラベルを貼っている。

プレイスの弟子のコレット・D・コレットは、その回想録『知識への課税の歴史』（一八九九）のなかで、リットンの二度の議会演説の功績をたたえたのちに、「彼はもともと実際的な人間だったのであり、その常として、齢をとるにつれて若い日の正義への情熱が子供じみて思えたのだろう」と語っている。だが、一八三五年の動議の撤回は決定的な局面でなされたものであり、コレットは彼が時のスプリング・ライス蔵相を利して「運動の勝利を二〇年遅らせた」と穏やかな口調ながらも非難している。

さらにまた、リットンは、その演説において、労働者階級の急進派思想を攻撃することによって、彼らと中産階級の改革者の断絶を決定的なものにした。非合法の急進派新聞が彼にはげしい罵声を浴びせたことはいうまでもない。J・ウィナー（一九六八）は、一八三〇〜三六年の「知識への課税」改革運動において、労働者階級と中産階級の亀裂が生じなかったならば、その後のチャーティズム運動は起こりえなかったとさえ論じている。しかし、すでにみてきたように、二つの階級の断絶は最初から決定的だった。

たしかに、リットンの演説の翌一八三三年の、オルソップ蔵相による広告税の引き下げにしても、高揚する改革運動に対する「鎮静作用」にすぎなかったが、リットンは他の改革論者と異なり、オルソップ卿の漸進的な現実主義を高く評価していた。彼は、「自分の動議は委員会の設置の提案だけであり、政府は将来いついかなる時でも課税廃止の具体的な動議を葬り去ることができるだろう」(『スペクテイター』、一八三五)と語っており、課税撤廃を時期尚早と考えていた。だが、その委員会も二〇年後、あのロンドン万博が開かれた一八五一年、ラッセル自由党内閣によってようやく「新聞印紙税特別委員会」がようやく設置されるにすぎない。印紙税問題の検討は、一八三四年に設置された文書誹毀法特別委員会によっておこなわれることになる。この委員会は、リットンに広告税の引き下げを予告した法務次官キャンベル卿の提案によるものであり、文書誹毀法そのものは、一八四三年、トーリーのピール内閣の時、いわゆるキャンベル法として大幅に修正されて、その過酷な言論弾圧の手段としての歴史を実質的に閉じている。

それでは、リットンが「知識への課税」廃止運動の中で果たした役割とは何であったのだろうか。改革運動に集まった改革派議員の中で、彼は単なる鼓笛手すぎなかったのだろうか。

刑罰のメタファーとその歴史的コンテクスト

さて、「知識への課税」改革をめぐる他のさまざまな言説が、『タイムズ』その他の少数の「新聞業界のジェントルメン」と扇動的な急進派労働者による非合法の無印紙新聞という両極による、言論・出版の「独占」というコンテクストにおいて発せられたものであるのに対して、リットンの演説の意味はそうした状況的枠組の中にのみ帰することはできない。いいかえれば、彼が「知識への課税」改革の歴史の中で果たした役割は、一九世紀という時代のより広い歴史的コンテクストの中に位置づけなければ理解できないのである。

私たちは、何よりもまず、リットンの演説が、犯罪と刑罰に関するボキャブラリーとメタファーにあふれていることに着目しなければならない。

実際、第一回目の演説がなされた一八三二年は、イングランド南部諸州を席捲したスウィング暴動をはじめとする農民の反乱の記憶が生々しかったばかりでなく、都市部においても、第一次選挙法改正をめぐって「革命的状況」の危機（たとえ、そうした危機意識が支配階級による過剰反応にすぎなかったにしても）が叫ばれた時期であった。リットンは、急進的な労働者階級による無印紙新聞を、そうした無知な貧民の暴動を指嗾する扇動文書として駆逐するために「知識への課税」撤廃の必要性を唱えたのであり、その演説が頻繁に犯罪に言及しているのは当然といえるだろう。「貧困」と「無知」と「犯罪」の関係についての認識は、たしかに他の中産階級の改革者たちにも共有されている。

しかしながら、彼の演説にみられる、犯罪と刑罰に関するボキャブラリーの頻繁な使用——すなわち、印刷工とその活字を獄吏と首吊り役人にくらべ、また「廉価な知識」つまり新聞を刑罰そのものと比較することによって、その役割を刑罰制度よりも「経済」であると論じた彼の言説を、私たちはどのように理解すべきなのだろうか。

たしかに私たちは、新聞と刑罰という二つの比較を単なるレトリックにすぎないとみなせよう。しかし、興味深いのは、ほぼ同時代に、リットン以外にも同じような表現がみられることである。

その一つは、リットンの演説の三年前、一八二九年に成立した首都警察法案をめぐってなされた反対論にみられる。トーリーのウェリントン内閣の内務大臣R・ピール卿の発案になるイギリス国家警察制度の誕生を告知するこの法律は、その第一の目的が「犯罪の予防」にあることを宣言しているが、反対論者が問題にしたのはその「予防」の手段をめぐってであった。ある匿名のパンフレットは、「どちらが最良であるか——警察と学校教師のどちらに金を費やすのか、――あるいはまた、監獄にかそれとも学校にか?…教師こそもっとも廉価な警官なのであり、教育に一ペニー費やすことは刑罰にかける一ポンドを節約する」と論じて、警察制度の導入にまっ向から攻撃しているのである。とはいえ、この匿名のパンフレット作者にしても「犯罪の予防」という目的は共有していたのであり、一九世紀という時代がいかにこの「予防」という観念にとり憑かれていたかについてはのちに詳しくみることにしたい。

さて、もう一つは、少し年代が下って、一八五〇年の公共図書館の成立をめぐってなされた下院議員J・ブラザートンによる演説である。この法律によって、これまで、とりわけ一八二〇年代からイギリス各地で推進されてきた民衆教育運動によって設けられた、職工学校をはじめ読書クラブ、巡回図書館などの施設が、国庫負担による無料の公共図書館として制度的に確立されるにいたる。

ブラザートンは、公共図書館の設立が労働者階級の教育的・道徳的向上のために必須かつ焦眉の急を要すると唱え、その設立による支出分の増税に反対する議会に対して、次のように述べている。

「ここに犯罪を罰するために毎年二〇〇万ポンドが支出されているのに、議員諸君は犯罪の予防のためにコミュニティが一ポンドあたり半ペニーの課税をおこなうのに反対しているのだ。」こう述べたあとで、彼は、公共図書館法が、「創設することのできる最も安価な警察を提供する」と宣言している。

注目すべきは、警察法に反対する政治パンフレットはともかく、リットンの演説は課税の廃止、ブラザートンのそれは課税の新設という、たがいに相反する政策――「自由放任」と「国家干渉」――をめぐる同時代の議論が、まったく同じように、刑罰との「経済性」の比較によってなされていることである。

これらの言説に頻繁に多用された比較あるいは比喩、――学校と監獄、教師と警官、新聞と刑罰、印刷工と刑吏、図書館と警察――が成り立つための必要条件として、「無知」が「犯罪」の原因であるという共通認識がなければならないことはいうまでもあるまい。いや、むしろ、一九世紀においては、「無知」と「犯罪」という二つの観念は相互置換的なタームとして用いられさえしていたのである。たとえば、「犯罪とは何か？　無知のことである、その現れである。」という表現は、一八五〇年に刊行されたロンドンの監獄に関するある指導的な書物の冒頭に掲げられたエピグラフであった。

もしも、今日の私たちの目に、こうした比喩とレトリックが奇異に映るとすれば、その理由は、そうした喩法を支える意味連関がもはや私たちから失われているからではなく、逆に、私たちの社会の意味の基層として深く沈殿しているからなのである。重要なことは、こうしたレトリックそのものを成立させた一九世紀という時代の刑事司法制度、ひいては法と秩序に関する認識つまり社会統制観がいかなるものであったか、そして、それがいかにして生成したかという問題なのである。私たちは、その問いを避けては、リットンの言説がいかなる歴史的コンテクストの中で発せられたものか、さらにいえば、この時代の感情構造の深層を理解できないであろう。

第三章　ロンドン首都警察の誕生——統計と予防

1829年のロンドン首都警察の誕生を風刺した「最後の夜警」と題された戯画。チャーリーの愛称で親しまれたロンドンの夜警がピール卿によって職を奪われている場面だが、これに代わって誕生した警官はその後ピーラーあるいはボビーと呼ばれている。

第一節　イギリス刑事司法政策の転換

イギリス刑事司法政策の転換―その通説

一九世紀イギリスは、刑法典の改正、監獄の改良、そして警察制度の導入に代表される刑事司法制度の大転換の時代であった。とりわけ「知識への課税」改革運動の高揚した一八三〇年代前後は、その転換の分水嶺をなしている。

刑法改革の動きは、一八一〇年、サミュエル・ロミリー卿（1757-1818）が議会で刑法改正の提案をした前後から起こっている。L・ラジノヴィッチがその畢生の大著『英国刑法史』（全五巻、一九四八～八六）の第一巻の冒頭で引用しているその時のロミリー卿の議会演説の一節、「かくも厖大かつ多種多様にわたる人間の行為が死によって罰せられる国家は、イギリス以外に存在しない」に端的にうかがえるように、改革の動きは、まず刑法の過酷さに対する反省から生じた。

当時、イギリスの刑法典は、一八世紀を通じて、議会のアドホックな利害関係に応じて種々の法令が作られた結果、非体系的な条文の集積体をなしていた。死刑の適用される罪種は、一七世紀末にはおよそ五〇種類だったのが、一八二〇年には二〇〇種類を越え、その正確な数を把握しえないまでに錯綜していたのである。

その特徴は、農耕・牧畜社会に特有な、財産の神聖視に由来する刑罰思想であった。殺人罪や反逆罪はいうまでもなく、文書偽造罪や種々の窃盗罪にまでも死刑が適用され、とりわけ、窃盗罪に対する死刑規定は詳細にわたり、たとえば家宅侵入盗の場合は一二ペンス以上、空き巣狙いの場合は五シリング以上、家畜盗では牛馬羊それぞれの場合に適用されるというように、徴細かつ過酷をきわめていた。

その一方で、人身犯罪に関する刑罰コードについては、たとえば、殺意をもって人に重傷を負わせた場合の特定の規定はなく、一九世紀初めまでは、他の傷害罪と同様、罰金刑が適用されていた。つまり、数シリングの窃盗で死刑になるのに、人を殺しそこねて重傷を負わせても、その行為は、軽罪のカテゴリーに属するものでしかなかった。要するに、犯罪の意志を量刑の尺度とするための、動機理解のボキャブラリーも文法もまだ発明されていなかったのである。

もっとも、法の実際の執行面においては、たとえばロンドンとミドルセックスで執行された死刑の数は、一七世紀初めから一八世紀半ばまでの一五〇年間で四分の一に減少している。しかも、産業革命後の人口と商業の飛躍的な成長、窃盗犯の実数の増大、さらに死刑法令の新設が連綿と続いたにもかかわらず、とりわけ一八世紀半ば以降は、死刑を宣告された財産犯に対する執行の数はほぼ一定していた。こうした死刑の執行数の減少をもたらしたものは、イギリス刑事司法のもう一つの特徴、法の慈悲と呼ばれるパターナリズムの原理だったといわれる。つまり、立法の府である議会における死刑法令の恣意的な制定とは別個に、裁判所という司法部門はこれまた恣意的な温情を恩赦というかたちで多発していたのである。

ロミリー卿を主唱者とする刑法改正の運動は、このような刑事司法制度の過酷さと恣意性に対する人道主義的な改革として始まり、R・ピール卿がトーリー内閣の内相であった一八二七年、二八年、三〇年と、彼によって実質的な改革がなされることになる。まず、死刑の適用される罪種の中からすでに実態を失っているものに関する規定が徐々に廃止され、その後の改革の基本プランが形づくられた。そして、刑法の大幅な改正がなされたのが一八三二年、窃盗罪、牛馬羊などの家畜盗、貨幣偽造、そして文書偽造から死刑の規定が削除され、死刑判決そのものがこの年から歴然と減少している。つづく一八三三年、三四年と死刑規定の範囲はさらに狭められ、三七年の改正では三七から一六の罪種に、三九年の改正では大逆罪と殺人罪のほか、人命にかかわる一二の罪種のみに限定される。

さらに四〇年代になると、死刑の存廃そのものをめぐって、議会は毎年、頻繁に審議を重ねるようになる。その後、ようやく一八六一年、死刑の適用は殺人罪のみとなり、一八六八年には、公開処刑そのものがついにその長いスペクタクルの歴史の幕を閉じるにいたる。

さて、このような刑法改正の趨勢は、単にイギリスだけでなく、ベッカリーアが一七六四年に『犯罪と刑罰』を著していらい、一八世紀に広くヨーロッパ諸国に普及していった人道主義思想による「刑罰の緩和化」と呼ばれる改革運動の一環として、法制史のテキストに位置づけられている。

しかしながら、刑事司法政策の転換が一八世紀に起こらなかったのは何故だろうか。ベッカリーアいらい、刑罰の過酷さが犯罪者を恐怖させるよりも権力の残虐性の現れとして、また恩赦による刑罰の軽減が権力の慈悲を示すよりもその恣意性の現れとして、むしろ犯罪を助長させる原因でしかないという認識が、刑法理論家だけでなく、数多くの刑事訴追者や陪審の間にも広範に浸透していたにもかかわらず、理性の時代と呼ばれた一八世紀には、いかなる改革も実質的にはなされなかった。

通説によれば、一九世紀に入って、とりわけ一八三〇年代の前後から、ようやくしかもドラスティックに刑法改革が推進されたのは、ロミリー卿らの唱えた人道主義的改革論よりも、私有財産の保護を求める都市産業資本家たちによる請願運動だった。産業革命後の人口の都市集中がもたらした労働市場の慢性的な過剰状態(そうした失業人口はやがて「危険な階級」と呼ばれるようになる)によって激増する犯罪に対して有産階級——地主ジェントリーであれ産業資本家であれ——は、過酷ではあるが恣意的な刑罰よりも効率的で確実な処遇によって、彼らの財産が保護されることを要求したのだ、と。

フランクフルト学派のルッシェとキルヒハイマー(一九三九)によれば、もう一つの刑事政策の改革、すなわち監獄改良がおこなわれたのも同様に、社会経済的そして人口学的な要因によるといわれる。

一七七七年、ジョン・ハワードがイギリスおよび大陸諸国の監獄を視察した結果を『監獄事情』として著し、食糧・衛生状態をはじめその環境改善を訴えてから、実際に監獄改良の緊急性が認識されるのは、半世紀以上を経たのち、やはり一八三〇年代になってからのことである。その改革は、刑法改正の場合と同じように、産業化による労働人口の恒常的な過剰状態が、生産技術の飛躍的発展とあいまって、もはや矯正施設や労役場での犯罪者や貧民や浮浪者の強制労働を不要なものにしたことによってである。

それまで、犯罪者の収容施設としての監獄は、中世以来、未決囚と支払不能の債務者の収監を主たる任務とし、犯罪者を拘禁して刑罰を科す施設ではなかった。それが、拘禁それ自体を犯罪の軽重に応じて数量化しうる合理的な刑罰とみなし、監獄が犯罪者の改悛と下層産業労働予備軍の養成のための施設として再評価され、「懲治監獄」という新たな組織編成がなされるにいたったといわれる。

しかしながら、なぜ、イギリス刑事政策の転換が一八三〇年代前後からかくも急激に進行していったのか。その理由は、ハワードやロミリー卿らの人道主義的改革によっても、また社会経済的要因によっても、けっして十分に説明しつくすことはできない。その転換は、一九世紀という時代の認識論的空間それ自体の変容と深くかかわるものであり、それがいったい何であったのかを知るには、さらに、もう一つの刑事政策の改革である警察制度の発達について語らなければならない。

犯罪統計と警察の誕生

ロミリー卿が初めて議会に刑法改正を提案した一八一〇年はまた、イギリス最初の年次刊行の犯罪統計報告書、つまり公式の「犯罪白書」が、同じロミリー卿の提案にもとづいて、翌年から内務省によって定期的に刊行されることが決定された年である。刑法改正、監獄改良とともにいやそれ以上に重要な、もう一つのイギリス刑事政策の転換すなわち警察の創設について語るためには、なによりもこの犯罪統計の確立について触れておかなければならない。

そもそも、犯罪の実態についての調査報告としては、一七五一年、当時ウェストミンスター自治区の中央刑事裁判所、いわゆるボウ街の治安判事であったヘンリー・フィールディング（1707-1754）による報告書に遡ることができる。「ロンドン市民はジンを主食にしている」という一節で名高い、『近年における強盗犯の増加原因に関する調査』と題されたパンフレットがそれである。しかし、当時の大法官に献じられたこの報告書は統計調査にもとづく年次報告書ではなかった。

もっとも、H・フィールディングはこの報告書の二年後に、すべての窃盗犯の犯行についての詳細な記述、盗品の目録そして容疑者の氏名等の項目に関する登録簿の作成を開始して、刑事記録保存局の基礎を築いている。のちに、兄の遺志を受け継いだ異母弟の「盲目判事」ジョン・フィールディング（1721-80）は、義兄の犯罪者登録簿の保管を引き継ぐとともに、一七七二年に各州および各都市の治安判事たちとの間で、犯罪者に関する情報の交換をおこない、さらにまた、陸軍省に対して、脱走兵の氏名をボウ街のオフィスに通告することと、記録保管費用の分担を定めている。

フィールディング兄弟は、イギリス警察制度の生みの親と呼ばれるが、その理由として、一四世紀半ばに制定されていらい、堕落と腐敗の極にあった治安判事の制度を強力な組織に再編成したことがあげられる。だが、その中でもっとも重要な功績は犯罪情報の整備にあり、さまざまな面で不備だったとはいえ、ボウ街はこれによって犯罪と治安に関する情報の中心となるのである。

しかしながら、近代警察の誕生、つまり犯罪と治安に関する情報活動（捜査活動はその一環である）の中心としての警察という制度が成立するためには、犯罪統計という新しい認識方法の確立がそれに先行していなければならなかったのである。

もともと統計(statistics)とは、その語源からもわかるように、「国家(state)の基本的制度すなわち国情に関する学」として、一七六一年、ドイツで成立している。その命名者であるG・アッヘンヴァルは、『国情論』第七版(一七九〇)において、イギリスの住民数を六～七〇〇万人と推定した上で、当時のイギリスについて、「その正確な人口についての調査がなく、不確かな家屋敷によって算定されているにすぎず、多くのイギリスの政治家は、以前よりも人口数が減少していると信じている」と述べている。

今日の推計によれば、当時イギリスの人口は、一七八〇年から一八三〇年までの五〇年間におよそ一五〇〇万人へと急激な規模で倍増しており、この近代統計学の創始者の記述は、世界に先駆けて産業革命を推進しつつあったイギリスの国情の把握のお粗末さの証言として驚嘆にあたいしよう。

統計という言葉そのものがイギリスに入ってくるのは同じ一七九〇年頃のこと、一八〇一年には、早くも最初の国勢調査が実施されている。このあわただしい統計調査の導入こそ、当時のイギリス支配層がいかに自国の情勢について無知であったかに驚き、あわてふためいたかを端的にものがたっている。

犯罪統計の最初については、先にみたように、ロミリー卿の提案による一八一一年の白書をまたなければならないが、興味深いことには、ジェレミー・ベンサムが刑罰に関する初期の論文ですでにその必要性を唱えている。統計学の導入以前のことであり、統計という言葉は用いられていないが。

その論文とは、「重労働刑法案について」と題された、一七七八年のパンフレットのことである。ベンサムは、そのなかで、当時ロンドンで毎年公表されていた「死亡一覧表」(のちの死亡統計表)にならって、しかもそれよりも詳細な「犯罪非行一覧表」(bill of delinquency)の年次刊行を提唱しているのである。彼は、その一覧表が、一国の「道徳的健康」の度合いを示す一種の「政治的バロメーター」として、政策立案上きわめて有益であると論じている。また、それが作成されるたびに、速やかに警察広報および新聞各紙上に公表され、また、年に一度、年次刊行物として出版されなければならないと述べている。

のちに、ベンサムははっきりと「統計」という言葉を用い、あらゆる統計を政治技術の要諦とみなし、そのすべての部門を総称して〈知の体系〉(Noscenda)と名づけ、犯罪統計をその一部門として位置づけている(『政治経済便覧』、一七九九)。

ベンサムがその立法改革の中心に刑法改革を設定していたことはつとに知られているが、彼の〈知の体系〉つまり各種の行政統計総覧の構想が犯罪統計をもって始められていることは重要である。というのは、その後、社会統計学がベルギー生まれのケトレーによって確立され、「道徳統計学」と命名され、犯罪統計はその中心的地位をあたえられているからである(『人間についてあるいは社会物理学に関する試論』、一八三五)。ベンサムの〈知の体系〉は近代社会統計学の成立を先取りするものであった。

しかしながら、より重要なことは、ベンサムが統計の「公表《パブリシティ》」ということをもっとも重要視していた点である。彼は、その『政治経済便覧』のなかで、政府は統計の整備をおこない、しかもそのすべてをすべての個人に提供する義務があると語ったのち、次のように述べている。

「公けの場面であれプライベートな場面であれ、人生のあらゆる分野において、とりわけ公けの場面においては、広報――広報――こそが、最良の道徳の後見人なのである(publicity — publicity — is the best guardian of virtue.)。」

なぜ、統計は公表されなければならないのか。そもそも「犯罪統計一覧表」の構想の当初から、ベンサムにとって、統計はその作成と公表とが表裏をなす不可分のものと考えられていたが、なぜ、広報が「最良の道徳の後見人」となりうるのか。こうした問いがとりわけ重要であるのは、やがて一九世紀イギリスの刑事政策の転換に、いや近代市民社会の形成そのものに大きな影響をあたえるベンサムにとって、〈パブリシティ〉という観念そのものがその思想のキー概念をなしているからである。(ちなみに、ベンサムがのちに二九歳のチャドウィックの「予防警察論」を自らの遺品を託すまで絶賛したのも、彼の〈パブリシティ〉の思想を継承していたからにほかならない。）

しかし、ベンサムの〈パブリシティ〉の思想をより明らかにするには、ここで、彼の監獄改革案としてあまりにも名高い〈一望監視施設（panopitcon）〉の構想（一七八五）についてぜひ触れておかなければならない。

建物なきパノプティコン

ベンサムの設計した〈パノプティコン〉とは、次のような装置の建築物であった。

円周上の建物に隔壁で仕切られた独房にいる人はすべて完全に見られるが、けっして見ることができず、その中央に位置した監視塔からは人はいっさいを見るが、けっして見られることはない。監視塔には、看守が常時いる必要はなく、その家族でも子供でもだれでもが代理できる。また、その建物は見学者に公開されていなければならないが、それは、監視塔にたえず人の気配がするということが大事だからである。なぜなら、たえず観察されているという不安な意識は、独房内の囚人たちに自己規律をあたえるという効果があるからだ。

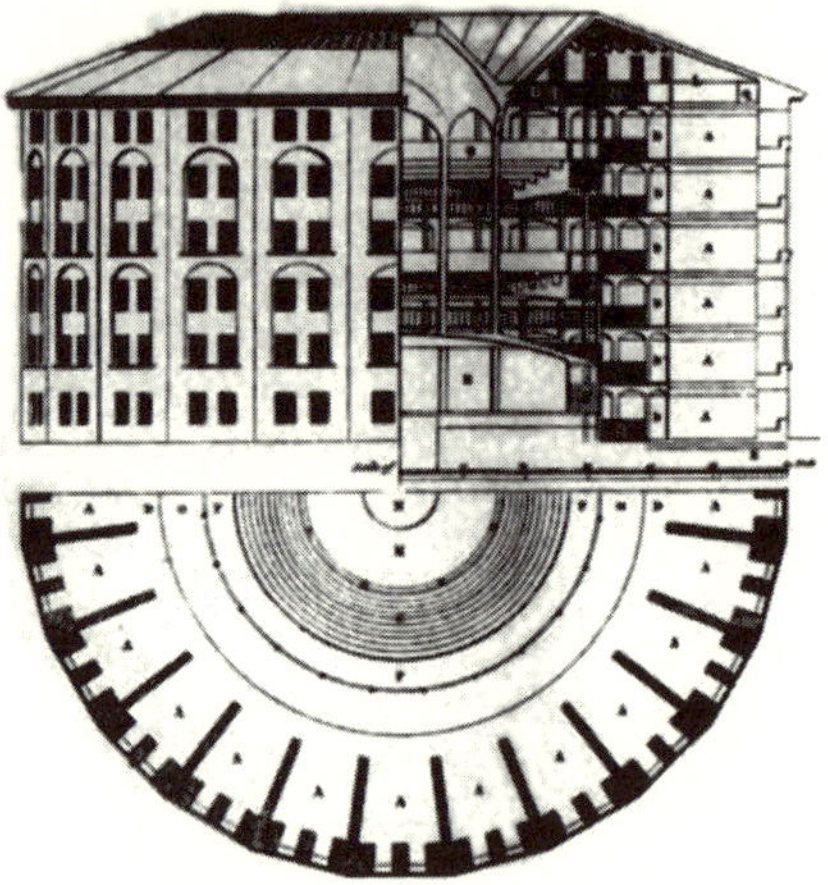
①ベンサムのパノプティコン設計図

ベンサムがこの施設を単に懲治監獄だけでなく、「広すぎない一定の空間内で、ある人数の人間を監視下におく必要のある、あらゆる施設」、すなわち病院・学校・工場そして精神病院や救貧院に適用可能な監督装置として構想していたことはよく知られている。
M・フーコーは、その著『監獄の誕生』（一九七五）の中で、ベンサムのパノプティコンの着想が、スコットランド人の画家R・バーカーによって同時代に建設された全景眺望装置（一七八七）ときわめて酷似していることを示唆している。たしかに、パノプティコンの見学者は、パノラマを眺める者と同じように、景色や都市や戦闘場面を一望する王侯の視座を占めることができるというわけである。

その類似性の指摘は興味深い（画家自身はその着想を監獄の中で得ている）が、やがて一九世紀に大流行する娯楽施設パノラマの成功とは逆に、ベンサムのパノプティコン建設の夢はもろくも失敗に帰している。そもそもベンサムは、その初期、啓蒙君主を立法改革の主体として期待していたが、後年、その関心を議会改革に移し、その主体（つまり主権）を臣民（subject）つまり人民に求めるようになるのは、パノプティコン設立運動の挫折に起因している。それは、一八一一年、すでに議会も決定していた建設計画が、期待と信頼を寄せていた国王ジョージ三世（在位 1760 - 1820）に阻止されるという不信と絶望の経験だったのである。

しかしながら、ジョージ三世の反対は、その経緯が何であれ、まさに正しかったといわなければならない。なぜなら、パノプティコンの中央監視塔の、だれもが立つことのできる視点が王侯のそれであるとすれば、パノプティコンという建築物は、一八世紀的な、理性の光をあまねく放射する啓蒙君主という理念に対する無効化の象徴にほかならないからである。

その意味では、ベンサムのパノプティコンは、たしかにフーコーのいうように、単なる施設建築のモデルにとどまらない。人間を荒々しい物理的な強制力によってではなく、その多様な精神を多様なままに、おだやかな精神の作用という極微で経済的な力だけで支配することが可能な、抽象的で一般的な、しかも平等で民主的な「政治技術論上の形象」とみなすことができる。――一人ひとりの人間はたえず見られながら、こちらからはけっして見ることができない、にもかかわらず、だれもがその監視の位置に身をおき、すべての人間を一望の下に見ることができる――かくして、互いが互いを監視しあい、また自分が自分に対して、見る者と見られる者という二重の役割をたえず演じることになる——これが、一九世紀に始まり現代にいたるまで連綿とつづく、規律＝訓練的な「監視社会」の網の目状の権力機構の図解、すなわちベンサムのパノプティコンである、と(☆1)。

パノプティコンは、一八一六年に設立されたミルバンク懲治監、一八四二年のペントンビル懲治監の独房方式にその構想の一部が生かされることになるが、結局は失敗に終わっている。とりわけ、後者は収容者の間に発狂者や自殺者が多発して問題となっている。また、その後、ロシアのペテルスブルクやアメリカのイリノイ州その他いくつかの地で建設された一望監視方式の懲治監獄は、いずれもたいした効果をみていない。ベンサムは晩年、パノプティコンの設計図を「悪魔の抽出し」と呼んで二度と開こうとしなかった。

もっとも、その失敗は当然であった。というのも、中央監視塔の監視の恣意性がいずれ収容者に知れわたることは自明であり、もっと決定的な点は、物理的な建築物という閉ざされた環境空間においては、見る＝見られるというまなざしの直接的な相互作用、垂直的ではあるが双方向的なコミュニケーションの成立を遮蔽することは不可能だからである。そこにかならず発生する諸感情は、敵意であれ依存の感情であれ、監視する者と監視される者の関係を不透明で人間くさいものにしてしまう。そこでは、あいもかわらず直接的で物理的な強制力が行使されざるをえないのである。

このことは、懲治監獄と同様に、一九世紀になって広範に普及する病院・工場・学校等についてもあてはまる。二〇世紀後半、社会学者E・ゴッフマンはそうした施設を「全体組織」(total institution)と呼んで、その弊害を指摘し、また今日の精神医学は、これらの収容施設での長期収容によって生じる症候をインスティテューショナリズムと呼んでいる。そして、より重要な点は、これらの局地分散的で閉ざされた諸施設のみによっては、フーコーのいうような、おだやかな精神の作用という極微で経済的な権力の網状組織を社会体全体に浸透させることはついに不可能だということである。

ふたたびフーコーによれば、これらの施設を統轄するとともに、これらの施設が介入しえない非規律＝訓練的な空間を規律＝訓練する「超権力」のパノプティコン装置として、一七世紀半ば、フランス絶対王制下に太陽王ルイ一四世直属の組織として発達した治安組織すなわち警察をあげている。

フランスとは異なり、いや、というよりも、その制度がまさにフランス的な陰険な密告制度とみなされ嫌悪されたがゆえに、イギリスでは、国家警察機構はなかなか導入されなかった。一八世紀いらい、治安判事P・カフーンらによってその導入が何度も議会に提案されながら、その度に否決されつづけたのであった。

では、いかにして、イギリスに国家警察が誕生したのか。しかも、一九世紀半ばから、フランス、ドイツ、その他のヨーロッパ諸国そしてアメリカの警察機構のモデルとなる「市民警察」(civilian force)が、なぜ、イギリスに誕生したのか。実は、その先行条件としてまず確立されていなければならなかった政治技術こそ、司法行政統計とりわけ犯罪統計の整備だったのである。

ベンサムがパノプティコンの建設運動に私財を投じて奔走していた、まさに同じ時期に書かれた『政治経済便覧』の中の〈知の体系〉、すなわち行政統計総覧の構想こそ、彼がパノプティコンに託して失敗した、来るべき近代市民社会の統治技術、すなわち、もう一つの建物なき一望監視装置だったのである。

このようにいえば、奇異に思われるだろうか。そうだとすれば、それは、今日の私たちがあまりにも統計的思考というものに慣れ、その意味をすでに忘却しているからにほかならない。

私たちは、私たちの住む都市であれ国であれ、その全体を語ろうとする際、かならず最初に統計数字を参照しなければならない。地理と統計が、その土地を一望するための初歩的な基礎知識であることは、小学生ならだれもが知っている。統計はまた、一人ひとりを平等に数えあげ、自分が所属しているのがどんな社会階層か、そのカテゴリーを普遍的でニュートラルな数字で表現することによって、もっとも民主的な認識方法なのである。統計的カテゴリーは、神聖な君主を頂点とする伝統的な社会階級カテゴリーとは異なり、連続的で上限のない、それゆえ無限の向上をめざすことができる、まさに楽天的な「統計的社会」（ブーアスティン、一九七四）を構成するのである。

だれもがその位置に立てば、すべての人間を一望の下に見ることができる。そして、そのすべてには、たとえ王であろうとかならず見る者自身が含まれていなければならない。一人でも見失うこと、暗数の存在、それだけが統計のまなざしの不安なのである。

しかし、より巧妙なのは、見る＝見られるという視線の互酬性の遮断、統計のまなざしの不可逆的な一方向性の仕掛けである。統計を見る「私」は、その時、かつての王、唯一者の視座を占有する。と同時に、見られる「私」の視線がたどりつくのは、荘厳な君主のまなざしでも統計事務官の退屈な目でもない。同じように統計のまなざしの下にある、抽象的で匿名の、ケトレーが「平均人」と名づけた、顔のない「他者」にほかならない。私たちの視線は、だれでもない他者との間を限りなく交錯し、自分がどれほど平均あるいは標準から隔たっているか、互いに、そして自分で見較べあうのだ――これが、統計という、建物なきパノプティコンの仕掛けにほかならないのである。

ベンサムの時代には未発達な統計技術のゆえに実現してはいないが、彼は来るべき社会をみごとに予見していたのである。一九世紀にはじまる「監視社会」とは、フーコーが描いてみせた、平等主義的で民主的な法体系の背後にひそむ不平等主義的で隠微な視線のテロルに満ちた恐怖社会であるよりも、むしろ、あのヴィクトリア朝の時代精神「レスペクタビリティ」（見るそして見られるに値すること、つまり尊敬に値すること）という精神的価値、そのおだやかな極微の力が人びとを際限なく上方へと駆りたてる社会なのである（☆2）。

ベンサムが〈知の体系〉と名づけた行政統計総覧、とりわけ犯罪統計が、なぜ、作成と同時に公表されなければならないと構想されていたのか。また、いかにして、〈パブリシティ〉が「道徳の後見人」でありうるのか。その理由はもはや明らかであろう。〈パブリシティ〉こそが、万人の万人による監視の民主制すなわち近代市民社会の基本原理なのである。

一七七八年にベンサムが提唱し、一八一〇年に彼の盟友ロミリー卿が議会に提案して、その翌年に最初の犯罪統計が刊行されてから、ようやく一八二九年、内相ピール卿によって首都警察法案が成立することになる。それまで、一七八〇年のゴードン暴動をはじめ、一八一一年のラトクリフ街連続殺人事件など、ロンドン市民を恐怖に巻きこんだ大事件のたびに警察制度導入の声がわき上がったにもかかわらず、「ヒュー・アンド・クライ (hue and cry)」の伝統つまり住民すべてが犯罪者を追跡する義務と権利があるという教区自治の精神が頑強にこれを拒みつづけてきた。およそ二〇年間にわたって蓄積された犯罪統計は、たとえまだ教区ごとに不統一で不均質な数値の集積にすぎなかったとしても、犯罪の実態を総体として把握し、あらかじめこれを統制可能なものにしようという明確な知＝欲望を生みだすのである。

やがてロンドン首都警察スコットランドヤードは、「犯罪の摘発・処罰を主たる目的とせず、専ら犯罪の予防に全力をつくす」ことを基本原則に掲げて出発するが、この〈予防〉という近代的観念そのものが統計のまなざしの下においてはじめて成立可能だったのである。私たちは、次に、その事実を検証することにしよう。

P・カフーンの『首都警察論』

一八二九年、のちにトーリー内閣の首班となるピール卿の提案によって首都警察法案が議会に上程された時、これまで国家警察の導入はイギリス民衆の間に犯罪よりも卑劣なスパイ行為を蔓延させ、ひいては「イギリス人生得の自由」を破壊するとして激しく反対していた諸勢力はすでに両院に存在しなかった。また、「警官と学校教師、あるいは監獄と学校のいずれに金を費やすのが最良か」と論じてまっ向から攻撃したあの匿名のパンフレットばかりでなく、これまで、警察制度はそもそも専制政治が発明した中央集権機構であり、「この国最大の恩恵にして特権である個人の完全な自由と個人に対する国家の無干渉という世界に冠たる二つの美徳を犠牲にするものにほかならない」と唱えてきた『タイムズ』やホイッグ系の『モーニング・クロニクル』の論陣もすでにやんでいた。首都警察法案は、一八二九年四月一五日に上程され、五月二五日には両院を通過し、七月一九日、国王ジョージ四世の裁可を受けて発効という、きわめて迅速な立法過程によって成立している。

では、イギリス最初の国家警察スコットランドヤードはいかにして「予防警察」として発足したのか、いや、というよりもむしろ、犯罪の〈予防〉という近代的観念はどのようにして成立したのか。このことを明らかにするためには、ベンサムの盟友であり、グラスゴー知事そしてイーストエンド治安判事を務めたパトリック・カフーン(1745-1820)による、先駆的な統計的研究を看過するわけにはいかない。ちなみに、彼は、首都警察の先駆けとなるテームズ河川警察の生みの親であり、ロンドンをいくつかの管区に分割して警備する、いわゆる巡回区域(beat)制度の提唱者でもある。

今日、カフーンの名は、一九世紀初めのイギリス社会の人口構成表の作成者として知られる。その経済人口統計の数字は、現在もなお、多くの歴史研究者によってしばしば引用されている。その構成表は、産業革命が進行中の一八〇三年に作成され、社会階級を王侯貴族以下七つの階級に分類し、その家族数・人口規模・平均所得を算出している。分析の基本単位は、まだ個人ではなく家族であったが、私たちはこの分類法に、社会全体を均質で連続的な構成体としてとらえる、近代的な統計のまなざしの萌芽をみることができる(『イギリスの富、権力、資源について』、一八一四年刊)。

ここで注目したいのは、その構成表の六番目に農・鉱業被雇用者や家僕を含めた労働者階級が、そして最後の七番目に「残余のカテゴリー」として、「被救済民とその家族、浮浪者、ジプシー、詐欺師、放浪者、そして犯罪によって暮らしている怠惰で無法な者たち」が分類されていることである。カフーンの推計によれば、アイルランドを含めて、イギリス総人口およそ一六〇〇万人中、労働者階級は一〇〇〇万人で全体の六二パーセント強を占めていたことになる。重要な点は、最後の、残余のカテゴリーが「貧困で有害な階級」（indigent and noxious classes）と名づけられ、その人口が少なく見積もっても一八五万七一四一人に達し、そのうち、実際の犯罪者数が三〇万八七四一人と推算されていることである。

ところで、カフーンは、この社会構成表の作成に先だって、一七九七年、『首都警察論』第五版のなかで、ロンドンの人口をおよそ一〇〇万人と推計したうえで、「犯罪または非合法、あるいは不道徳な手段で生計をたてている者」が一一万五〇〇〇人、つまり九人に一人の割合で存在すると述べている。

彼は、そのすべてを数えあげ、スリ、追い剥ぎなどの職業的窃盗や贋金造り、詐欺師、博徒、娼婦、故買業者などの常習的逸脱者にはじまり、犯罪者とつながりをもつ安酒場主や木賃宿主、沖仲仕や艀船頭、人足手配師、清掃人夫、溝さらいなどのいっけん正業に就いてはいるが、たちまち泥棒かっぱらいに早替わりする機会的逸脱者、あるいは「誘惑を常習とする遊び人」や「金目のものに目を光らせる貧しい少年少女」、地方から出てきた住所不定の無職者、旅回りの吟遊詩人、見せ物師、バラッド売り、ラッパ吹き、ジプシー、そして最後に乞食まで、二四の項目に分類している。

その分類中の代表的な数字をあげるなら、売春婦がほぼ半数近い五万人で第一位を占めている（イギリス全土では一〇万人で、全体の三割以上に達するという）。つづく第二位が、一万人の、「不品行によって職を追われた男女の奉公人など」となっている。

カフーンの指摘の注目すべき点は、一八世紀半ばまでの、あのデフォーやフィールディングの時代を特徴づけていた専門組織的な犯罪者集団（その代表格が大盗ジョナサン・ワイルドである）、あるいはロンドン周辺の街道ぞいに出没する武装した追い剥ぎ集団《ハイウェイメン》（一七世紀の伝説的なキャプテン・ヒンドや一八世紀のディック・ターピン）などの悪党の時代はすでに終わり、フルタイムの職業的犯罪者の数はわずか二〇〇〇人にすぎないとされていることである。彼はまた、窃盗を中心とする財産犯の激増に注意を喚起し、ロンドンにおける被害総額を年間二〇〇万ポンドと見積もっている。そのうち、小口の盗みが全体に占める割合が第一位で、三五・五パーセントにのぼるという。

カフーンの『首都警察論』は、その初版が一七九五年に匿名で出版されて以来、数度の増補改訂がなされ、一八〇七年にはフランス語訳が出ている。この書は、大都市における犯罪の実態に関する、最初の包括的な統計調査書であった。

私たちは、おそらく、一八世紀の終わりから一九世紀初めにかけての犯罪人口のおそるべき数値に、驚異の念を抱くだろう。そして、たぶん、次のように考えることによって事態を納得させようとするにちがいない。——これらの厖大な犯罪人口を産出した社会過程こそ、都市への過剰な人口集中をもたらしたイギリス産業革命にほかならない。こうした統計数字によって明らかにされた犯罪の実態にようやく直面したイギリス支配層は、産業資本家をはじめとする新興ブルジョワ階級の要請を受けて、いや何よりも自らの私有財産を保護するために、まず首都ロンドンに国家警察制度を導入したのだ、と。

けれども、こうした理解の仕方には、ひとつの決定的な誤りがある。

「危険な階級」の創出

カフーンによれば、「犯罪、非合法あるいは不道徳な手段」で生計を立てている犯罪人口の中で、地方からロンドンに職を求めてやってきた居住不定者の数は、わずか一〇〇〇人にすぎないとされている。この事実は、当時、首都ロンドンがすでに脱工業化をとげた商業都市だったこととあいまって、産業革命そのものが人口の都市集中による犯罪者数の激増をもたらしたという説明を退けてしまうのである。また、たとえロンドンに流入した人口が厖大であったとしても、そのことがすぐに直接、厖大な犯罪人口を構成したわけではないということである。

私たちが注目しなければならないのは、カフーンのいう「貧困で有害な階級」というカテゴリーそれ自体にほかならないのである。

現在もなお、スラム街居住者や移民労働者に対してしばしば用いられることのある「危険な階級」という語は、フランスのアンリ・フレジエが同名の著書(一八四〇)のなかで用いたのが最初といわれる。彼は、富裕階級、労働者階級、貧困階級というカテゴリーとは別に、警察がたえず監視しなければならない、犯罪のおそれのある人間類型を「危険な階級」(classes dangereuses)と名づけている。フレジエが、カフーンの『首都警察論』のフランス語版を読んでいたかどうかはどちらでもよい(むろん、読んだにちがいない)。いずれにせよ、カフーンの社会構成の分類、とりわけ「貧困で有害な階級」が、フレジエのそれを先取りするものであったことはたしかである。

しかも、より重要なことは、一九世紀初めに創出され、この世紀を通じて、人びとの意識のなかに広範に浸透するこのような人間類型が、統計のまなざしの下ではじめて成立したという事実なのである。

近代警察制度の誕生にとって、「貧困で有害な階級」というカテゴリーの創出それ自体が決定的なクリティカル・ポイントをなしたのであり、一九世紀に入って、犯罪人口がいかに激増していたか、あるいは、そのように認識されていたかという問題は、実は、二次的な契機にすぎない。このことを、カフーンの犯罪統計に対してなされた、同時代の批評を通じて明らかにしておこう。

ロマン派の詩人ロバート・サウジーは、トーリー系の『クォータリー・レヴュー』誌(一八一二)のなかで、「貧困で有害な階級」について、「もしも、これらの浮浪者の中の一人が一年に一九の教区で詐欺をおこなったとすれば、一万人の場合、総計一九万人という数字となってあらわれよう」と述べ、カフーンの算定方法に疑問を呈している。

また、議会は、警察問題特別委員会に命じて、彼の犯罪統計を、一八〇一年のイギリス最初の国勢調査にしたがって試算しなおしている。エドウィン・チャドウィックを実質上の作成者とするその報告書が発表されるのは、一八三九年になってからであるが、カフーンの売春人口の数字があまりにも誇大であることが検証されている。

こうした例からうかがえるように、当時、カフーンの厖大な犯罪人口の推計が、そのまま数字どおり受け入れられていたとはいいがたい。だが、そのことは、彼の犯罪統計が、同時代の人びとに圧倒的な影響をあたえたという事実といささかも矛盾しない。

むしろ逆に、サウジーのような批判そのものが、首都ロンドンにおける国家警察制度の導入の必要性についての暗黙の合意を、当時の人びとの意識の裡に、いつのまにか形成していたのである。なぜなら、首都ロンドンの犯罪人口を、より包括的でより精確に算定するには、伝統的な教区自治の原理にもとづいた治安判事制度という不統一な統治機構では不可能なことは自明だからである。連続的で均質な、そして斉一的な統計のまなざしは、それに適合的な中央集権機構を要求していたのである。

ラジノヴィッチ(一九五六)によれば、カフーンはその統計の算出方法を明らかにしておらず、そのカテゴリーの構成の仕方も恣意的であったという。にもかかわらず、その統計は、イギリス警察の誕生に大きな影響をあたえたばかりでなく、そののちの犯罪問題に対する認識そのものに決定的な役割を果たした。「犯罪とは、カフーンにとって、個々の法律違反の総和ではなく、ある社会階層によって生みだされる集合現象とみなされたのである」、と。

「貧困で有害な階級」というカテゴリーの創出が恣意的であったというラジノヴィッチの指摘には、彼自身の意図をこえて、決定的な重要性がひそんでいる。というのは、この残余カテゴリーが、統計(statistics)という認識方法なくしては成立しなかったというだけでなく、「貧困で有害な階級」を外部の寄生的な存在としてではなく、社会のいわば恒常的(static)な部分とみなす全体論的な社会観がすでにこのカテゴリーのうちに芽生えているからである。「貧困で有害な階級」という恣意的に構成された残余の、統計カテゴリーそのものが、やがて有機体論的社会観に代表されるきわめて一九世紀的な認識論的空間の成立をあらかじめ決定したという事実は、まさに驚くべきことといわなければならない。

もっとも、カフーンの方法は、すでに同時代人にとっても、いわば人間生態論的な認識を提供するものとして理解されていた。先に引用したサウジーは、その批判の二年後の一八一四年、カフーンの犯罪統計に対して、次のような賛辞を表明している。

「この大都市に住む者であれば、その巨大な人口に、詐欺師やスリ、泥棒、浮浪者、乞食、娼婦が混じっていることを知らぬ者はあるまい。だが、カフーン氏は、われわれに、彼らの潜伏場所を追跡してみることを可能ならしめたのだ。――つまり、氏は、この階級に、ひとつの『棲息場所』をあたえたのである。」このサウジーの指摘も、のちに見るように、みごとに象徴的な意味を帯びている。

一七九七年にカフーンが国家警察機構の創設を提言してから、一八二九年にスコットランドヤードが誕生するまでの三〇余年の間、一八〇二年、一六年、一八年と、警察制度の議案は三度、議会に上程されているが、いずれも強固な反対の前に退けられている。また、カフーンの提言とともに、一八一一年、ラトクリフ街で発生した二家族連続惨殺事件に対する新聞世論の高まりを背景として、翌一二年にはじめて下院に設置された首都警察委員会は、つづいてナポレオン戦争後の一八一六年、一七年、一八年、二二年、二八年と繰りかえし設置されているが、最後の委員会をのぞいて、いずれも既存の治安組織の弥縫的改善以上の答申を提出していない。

しかしながら、首都警察委員会が、この時期、着々と準備を進めていたのはロンドンという巨大な都市空間の徹底的な改変にほかならなかった。川島昭夫(一九八六)によれば、カフーンが証言席に立った一八一六年の委員会で明らかにされた事実として興味深いのは、彼の「貧困で有害な階級」として列挙した人びとが、委員会の他の証人たちがフェアの常連としてあげた者たちと一致することである。首都警察委員会は、首都ロンドンの交易の場であるとともに、祝祭・娯楽の場であったフェア（当時、年間八〇日あるいはそれ以上ロンドンのどこかで開催されていた）を、とりわけ夜間に展開される「フェアの放埒な光景の魅力」を、徒弟・奉公人らの青少年が犯罪や悪癖と接触し、それに馴染む機会をあたえる最大の原因とみなしたのである。

さらに、ピール内相を議長にむかえた一八二二年の委員会は、「予防警察」の理念を掲げた国家警察機構の提案には失敗しているが、これまでの夜警にくわえて昼間パトロールを新設するとともに、フェアの開催期日の制限、非合法なフェアや夜間の禁止などの規制措置をうたった法案を提出し、その年に立法化している。この委員会の答申にあがった一〇のフェアのうち七つまでが、委員会が提案した法の適用を受けて、一〇年たらずの間に次つぎと廃止されている。

これ以降、ロンドンのフェアは、これらのうちで都心にただひとつ残されたイギリス最古にして最大のバーソロミュー・フェア（その衰退は著しかったが）をのぞいて、首都圏周縁でのみ存続することになる。これにかわって、イギリス民衆の都市娯楽の中心をなすのは、遊園地、動植物園、劇場、そしてタバーンやパブなどの酒場等、いわゆる常設の娯楽施設となるだろう。一八三〇年代にブルーアム卿らの提唱で発刊された『ペニー・マガジン』そして「合理的娯楽」運動が目的としたのは、まさにその推進にあった。これらの、いずれもかつてはフェアが季節という循環的時間のリズムの中に擁していた娯楽は、都市地図の可視的空間の上に、いわば分散的に固定化されるにいたる。

サウジーが評していたように、カフーンは、犯罪的で危険な階級の潜伏する「棲息場所」を白日の下に明らかにしたのである。統計(statistics)のまなざしは、それに適合的な中央集権機構を要求するとともに、それに先立って、非日常的で不可視の、そして非連続的な遊動空間をロンドンから排除し、都市それ自体を均質で連続的な、そして一望監視可能な、静態的(static)な空間へと変容させようとする知＝欲望をひそかに生みだしていたのである。

一八二九年、内務省直属の首都警察はスコットランドヤードのホワイトホール・プレイスに本部を置き、ロンドンを一七管区に分割し、各管区に一六五名の警察官を配し、チャアリング・クロスを中心とした半径一〇マイルという、当時最大の都市圏域を管轄範囲(beat)として発足する。やがて一九世紀半ばからヨーロッパ各国とアメリカの警察機構のモデルとなる「市民警察」スコットランドヤードの誕生である。

総員およそ三〇〇〇名の、ブルーのシルクハットにブルーの燕尾服という、レスペクタブルな制服の下に短い警棒だけを隠した警官が「貧困で有害な階級」として新たに見いだされた下層貧民の、日常生活とその行動を監視すべく巡回する。彼らの些細な出来事さえ見逃すまいとするその視線の網の目が張り巡らされるのは、統計のまなざしによって均質化され、固定化された首都ロンドンの静態的な都市空間においてなのである。

私たちは、ここで、カフーンによって命名された「貧困で有害な階級」という概念が、その数字もカテゴリーも曖昧かつ恣意的な、統計上の「残余のカテゴリー」だったという事実を、もう一度振りかえっておこう。だれ一人として見失うことなく、すべてを数えあげることだけが、統計の唯一の、そして不安に満ちた知＝欲望であるとすれば、カフーンの「貧困で有害な階級」とは、統計のまなざしによっては捉えがたい人間たちの、混沌とした浮動状態そのものにほかならない(☆3)。その「残余のカテゴリー」に、そもそも微罪すら犯していない者たちが数多く含まれていたことを想起しよう。統計のまなざしが、捉えどころのない彼らに対して付与した、苛立たしい憎しみの感情に染められたカテゴリー、それこそが「貧困で有害な階級」という概念にほかならない。

カフーンによって見いだされたこの階級こそ、やがて一九世紀の半ばに、『ロンドンの労働とロンドンの貧困』の著者メイヒューが精力的にルポルタージュすることになるあの「路上の民」にほかならない。そして、あのバラッド売りの男は、きっと「フェアの放埒な光景の魅力」にとり憑かれて、家を飛び出した少年だったにちがいない。なぜなら、彼ら「路上の民」こそフェアという遊動空間を棲息場所とする人びとにはかならないからである。一方、メイヒューは、彼らをたった一度しか「危険な階級」と呼んでいないが、彼もまた、ベンサムやカフーンと同じように、統計のまなざしにとり憑かれた一人であった。統計が一九世紀の新しい社会科学の花形としてブームを呼び、ロンドンをはじめ主要都市に統計協会が組織されるのが一八三〇年代、その頃青年期を過ごしたメイヒューはまぎれもなく時代の申し子だったのである。

犯罪統計の読解法

通説によれば、刑法典の改正、監獄の改良そして国家警察制度の導入とつづく一九世紀イギリス刑事司法政策のドラスティックな転換は、産業革命の結果もたらされた人口の過剰な都市集中による犯罪の激増への対応策にほかならないと、社会経済的かつ人口論的要因によって説明されてきた。

しかしながら、私たちは、イギリス国家警察制度を成立させた主要な契機として、犯罪人口の増加という統計的事実よりも、むしろ、統計という認識方法そのものの方が決定的な重要性をもっていることをみてきた。すなわち、犯罪とは個々の法律違反の総和ではなく、ある社会階層によって生みだされる集合的な現象なのであって、個々の犯罪者に法的制裁をくわえたり、罰したりすることはもはや主要な問題ではなく、彼らの特異な心性や行動様式に対する対抗手段を見いだすことこそが問題であるという近代的犯罪観、ひいては社会統制観そのものが統計という認識方法それ自体の中にすでに胚胎していることをみてきたのである。

このような認識論的事実がはらむ決定的な重要性を理解するならば、一九世紀イギリスの刑事政策の転換の主要因を当時の犯罪数の増加にもとめる従来の通説は、歴史を、その生成の姿においてではなく、単に二次的な結果においてしか捉えていないことが理解されよう。その意味では、近代刑事政策の歴史にとどまらず、近代以前の他の歴史分野についても、その基礎資料として統計数字を用いようとする際、実は、私たちの認識方法そのものが一九世紀に始まる統計のまなざしの下にあることを忘れてはならないだろう。

しかも、さらに重要なことは、犯罪統計についてのこのような理解の仕方が今日の私たちの目からそうであるというのではなく、実は、一九世紀初めに、犯罪統計の成立の当初からすでにそのように理解されていたという事実なのである。それは、ベンサム、カフーンの思想を継承し、「予防警察」に理論的基盤をあたえたエドウィン・チャドウィックの犯罪統計の読解法にほかならない。

チャドウィックがその読解法を提示したのは、あの一八二九年の「予防警察論」においてである。この論文が、前年、ピール卿によって下院に設置された首都警察特別委員会での報告にもとづいて書かれていることもすでに述べた。ところが、スコットランドヤードの設立を準備したこの特別委員会の記録は、その年、ただちに大冊の「報告書」として刊行されているのだが、不思議なことに、彼の報告はそのなかに見あたらない。これには、委員会の要請に応じてまとめた報告の備忘録を、彼の秘書が紛失したため印刷に間に合わなかったというエピソードがある。

一八二八年の首都警察特別委員会では、一八一〇年のロミリー卿の議会提案にもとづいて、翌年から年次刊行されるようになった犯罪統計の過去一七年間の記録がまとめて提出されている。その「報告書」をみると、イングランドとウェールズ各州別の犯罪数の推移にはじまり、罪種別の起訴数・有罪数・死刑判決数・執行数から、監獄別の囚人名簿にいたるまでが掲載されている。

「表I」は、罪種別の起訴数について、殺人罪と窃盗罪のみを取りあげ、その推移を簡単に追ったものである。また、「表II」は、首都ロンドンとミドルセックスだけについて、一八一一〜一七年間と一八二一〜二七年間それぞれの犯罪数を六つのカテゴリーで比較した図表を抜粋したものである。

「報告書」の説明によれば、一八二一〜二七年間の犯罪数は、一八一一〜一七年間のそれと比較して、イングラン

表Ⅰ　イングランド、ウェールズの犯罪統計　1811～27年
(カッコ内は、ロンドンおよびミドルセックスの数値)

西暦	殺人	窃盗	総数
1811年	186 (24)	4,060 (1,142)	5,337 (1,482)
1812年	156 (18)	4,792 (1,287)	6,576 (1,663)
1813年	168 (20)	5,130 (1,291)	7,164 (1,707)
1814年	224 (47)	4,786 (1,236)	6,390 (1,646)
1815年	170 (25)	5,907 (1,522)	7,818 (2,005)
1816年	221 (29)	6,802 (1,674)	9,091 (2,226)
1817年	222 (24)	10,198 (2,071)	13,932 (2,686)
1818年	166 (22)	10,169 (2,053)	13,567 (2,665)
1819年	211 (21)	10,585 (2,074)	14,254 (2,691)
1820年	166 (26)	10,238 (2,075)	13,710 (2,773)
1821年	239 (31)	9,587 (1,904)	13,115 (2,480)
1822年	260 (29)	9,265 (2,046)	12,241 (2,539)
1823年	250 (42)	9,240 (1,993)	12,263 (2,503)
1824年	259 (24)	10,526 (2,171)	13,698 (2,621)
1825年	281 (42)	11,187 (2,327)	14,437 (2,902)
1826年	198 (56)	12,436 (2,754)	16,147 (3,457)
1827年	293 (33)	13,390 (2,697)	17,921 (3,381)

※いずれの数字も起訴数であり,「殺人」は、故殺と謀殺, そして嬰児殺しを含み,「窃盗」は, 主として, 単純窃盗犯のことである.

表Ⅱ　ロンドンおよびミドルセックスにおける犯罪数の年間比較

	検挙数		有罪数		死刑判決数		死刑執行数	
	1811～17年	1821～27年	1811～17年	1821～27年	1811～17年	1821～27年	1811～17年	1821～27年
殺人罪	186	257	67	84	39	22	29	11
財産犯	11,945	18,078	7,164	11,624	856	937	44	83
牛馬盗	89	156	62	90	62	90	–	12
性犯罪	140	214	60	97	8	8	6	5
偽造罪	713	592	600	466	105	59	44	21
その他*	342	586	186	268	38	32	7	1

*「その他」の罪種とは, 放火・重婚・幼児誘拐・狩猟法違反・偽証罪・反逆罪・海賊・重罪としかいえない犯罪を含む「稀に起こる犯罪」のこと.

※表Ⅰ, 表Ⅱは, ともに, Report from the Committee on the State of the Police of the Metropolis, 1828 より作成.

ドとウェールズの場合は、発生数で八六パーセント、有罪数で一〇五パーセントの増加率を示し、ロンドンとミドルセックスの場合では、それぞれ四八パーセント、五五パーセントの増加率をみせている。ちなみに、「報告書」は、一八二一年の人口を一八一一年のそれと比較すると、イングランドとウェールズでは一六・七五パーセント、ロンドンとミドルセックスでは二九パーセントの増加率であることを付記している。犯罪の増加率の方が、人口の増加にくらべて圧倒的に高率となっている。

たしかに、いずれの犯罪統計表をみてもすぐにわかることは、一九世紀初めの一七年間に、イギリス各地で犯罪が激増しているという事実であり、その客観性にはいささかの疑問の余地もないようである。

だが、この明白な統計的事実に、犯罪の激増という意味を読みとることは問題の本質から目をそらすことであると異議を唱えたのが、ほかならぬチャドウィックだったのである。

彼の「予防警察論」から推測される、一八二八年の首都警察特別委員会での証言は、犯罪統計は年間の犯罪総数やその分布についての情報を提供するが、けっして完璧とはいえず、しばしば判断を誤った方向に導きかねない、と注意を喚起している。

彼によれば、まず、実際に発生した犯罪の数と統計に記録されたその数の間には大きな乖離(すなわち暗数)が存在し、またそれも個々の罪種によって異なる。ある時期の統計上の犯罪数が他の時期のそれと比較して増加を示していたとしても、そのことは実際に犯罪が増加しているという推論の正当性の根拠とはならない。なぜなら、統計記録上の増加は数多くの要因の結果だからである。その要因とは、より多くの犯罪を摘発し有罪に導くように作用することもあれば、まったく逆に働く場合もある。たとえば、首都ロンドンのある郊外では、犯罪が多発しているのにその犯人が一度も検挙されないという場合があるだろう。これに対して、他の地区では警察活動が活発なために、あるいは住民側の警戒体制が堅固なために、犯罪が減少しているだけでなく、発生した犯罪の検挙率がより高いという場合があるだろう。

さらにまた、罪種の分類も、個々の犯罪が実際にどれだけ犯されたかを示す正確な記録としては信頼できない。たとえば、詐欺や横領の罪で収監された囚人の数は、殺人や強姦などの犯罪の場合にくらべて、実際に発生した数をきわめて低率でしか反映していない。

彼はさらに論をすすめる。一八二一～二七年間の統計記録上の犯罪数の増加は、実際の犯罪の発生の増加を意味していると解釈してはならない。これらの統計数字が語っているのは、この時期が、一八一一～一七年の時期に比べて、より多くの犯罪者が摘発を受け起訴されるようになったという事実である、と。

一九世紀初頭の「犯罪の波」

私たちは、チャドウィックの犯罪統計の理解の仕方に驚かずにはいられない。

今日、私たちは、毎年の犯罪白書の巻頭をかざる「刑法犯人員の推移」の棒線グラフが、実際の犯罪の動向（いわゆる「犯罪の波」）をあらわす指標であると信じて疑わない。こうした犯罪統計についての常識に対して、その数字は、実際に発生した犯罪の動向ではなく、むしろ警察活動をはじめとする社会統制の動向をあらわす指標であって、「犯罪の波」とは「統制の波」にほかならない――このような批判がわき起こったのは、伝統的犯罪理論への異議申し立てが世界的に高まった一九六〇～七〇年代以降の、いわゆるラベリング理論あるいはその後のニュー・クリミノロジーと呼ばれる新しい犯罪学の潮流においてである。こうした経緯を振りかえってみるとき、近代警察の基本理念の主唱者チャドウィックが、すでに同じような犯罪統計の読解法を展開していたという事実は、まさに驚嘆にあたいする。

もっとも、彼の批判は、犯罪統計それ自体の否定だったわけではけっしてない。彼は、前に触れたように、一八一一年にはじまる公式統計以前の一九世紀初頭の犯罪動向を把握するために、一八〇一年のイギリス最初の国勢調査を用いて、カフーンの『首都警察論』の犯罪統計の数値を算定しなおし、その結果を、一八三九年の警察問題特別委員会に報告している。近代社会調査の開拓者の一人であるチャドウィックの情熱が、何ひとつとして見失うことなく、すべてを数えあげなければならないという統計のまなざしの魅惑に衝き動かされたものであったのだ。

しかも、チャドウィックの見解は、当時、首都警察委員会の中で、少数の、異端的な地位に置かれていたわけではない。彼の提言が一八二八年の「報告書」に見あたらないのは、あくまでも不測の出来事のせいである。彼の「予防警察論」は、のちにその技粋が、スコットランドヤード設立の五年後、一八三四年の首都警察特別委員会の「報告書」の冒頭に引用されることになる。また、この処女論文が発表されると同時に、ベンサム、J・ミル、F・プレイスらの賞賛の的となったことはすでに述べた。

さて、統計という認識のまなざしが、それに適合的な国家警察制度という中央集権機構を要求したのであって、犯罪人口の激増という統計的事実そのものは二次的な契機にすぎないことはもはや繰りかえすまでもない。しかも、このことは、当時の犯罪統計の数字それ自体がはっきりと語っている事実でもある。

「表I」を一瞥すれば、一八一一〜二七年間の犯罪人口の推移は、イギリス全体でもロンドンでも、殺人犯に比べて、窃盗犯の増加率が高い。また、「表II」では、死刑判決数も執行数も、殺人罪の場合はいずれも減少しているのに対して、財産犯の方は倍増していることがわかる。この統計数字は、一九世紀イギリスにおける刑事司法政策の転換を第一に特徴づける刑法コードの改正が、ロミリー卿らの人道主義的改革による「刑罰の緩和化」の結果であるよりも、むしろ刑罰の対象そのものの変化であることを語っている。

さらにまた、彼のいうように、犯罪統計が犯罪人口の動向ではなく、犯罪統制の実勢の指標であるとすれば、一九世紀初頭の「犯罪の波」は、窃盗犯がその増加部分の大半(「表I」によれば、イングランドとウェールズで七五パーセント、ロンドンとミドルセックスでは八〇パーセント）を占めていることからもわかるように、これまで軽視されていた犯罪の取り締まりが強化されるようになったという事実を語っている。このことは、すでに第二章でみたように、一八三〇年、ジュネーブの統計学者Ａ・カンドールが「イギリスの犯罪増加は狩猟法と穀物法の影響による」と指摘している事実とも一致している。

さらに、私たちは、これまで軽視されてきた犯罪の取り締まりの強化という事実を、今日の目からみて、比較的その可視性を不変とみなすことのできる殺人件数の推移によってみることができる。一八一一〜二七年の期間に著しく増加しているのは、事前の殺意のない故殺（manslaughter）であって、いわゆる殺人つまり謀殺（murder）はむしろ減少している。前者は、一八一一年に、イングランドとウェールズで六五件（ロンドンとミドルセックスでは七件）だったのが、一八二七年には一四一件（二〇件）と激増しているのに対して、後者の方は、八七件（一〇件）から六五件（六件）へと減少ないし横ばい状態にあって、故殺のような顕著な傾向を示してはいない。この事実は、いわゆる激情による殺人の増加とみなすこともできようが、捜査活動の強化の結果とみなす方が明らかに説得力をもっている。

このあたりで、統計数字の森にわけ入るのはやめにしよう。

一九世紀イギリスの刑事政策のドラスティックな転換の主要な要因として、産業革命のもたらした人口の過剰な都市集中による犯罪の激増という事実を単純にあげつらうことはもはや許されない。犯罪とは、他の何にもまして、取り締まる側と取り締まられる側との相互作用プロセスにおいて生起する社会現象なのであり、これまで伝統的犯罪学がおこなってきた思考方法から私たちは訣別しなければならない。

いや、というよりもむしろ、私たちがあらためて問い直さなければならないのは、動機理解という一点に収斂されるさまざまな犯罪論のボキャブラリーと文法、そしてレトリック（今日のマスメディアの犯罪報道はその惰性態にほかならない）が、いつ、いかにして形成されたのかという問題なのである。そして、この問いそれ自体が、一九世紀イギリスの刑事政策の転換（さらには近代ジャーナリズムの成立）がいかなる社会統制観、ひいてはこの時代のいかなる認識論的空間において起こったのかという問題と同値なのである。

チャドウィックは、その「予防警察論」において、犯罪統計が犯罪の原因の究明にとってなんら有効性を発揮していないことを嘆いている。にもかかわらず、彼が犯罪統計を重要視しているのは、その継続的な作成なくしては、犯罪を常に総体として把握し、あらかじめこれを統制可能にしようとすることは不可能だからである。チャドウィックの論は、その題名自体がすでに語っているように、まさに、犯罪の〈予防〉はいかにして可能かという一点にあった。このテーマこそ、フィールディング兄弟にはじまり、ベンサム、カフーンとつづくイギリス警察の父祖たちの、理論と実践の基底に流れていた主題なのであり、彼の言説はその集大成にほかならない。

私たちは、次に、近代警察が主要な目的とする犯罪の〈予防〉にとって、その広報活動がいかに重要な役割を有するとみなされてきたかを、チャドウィックの「予防警察論」を含めて、同時代の「警察広報」に関するさまざまな提言を検討することにしよう。

第二節　ポリス・ガゼットの系譜

警察広報の歴史

まずは、警察広報の歴史について、振りかえっておきたい。

その歴史は、一八世紀半ば、フィールディング兄弟に遡る。『大盗ジョナサン・ワイルド』や『アミーリア』などの小説家としても名高い兄ヘンリー・フィールディングは、自分がウェストミンスター自治区の治安判事としてあつかったり傍聴したりした裁判事例の要約を、自ら主宰した『コヴェント・ガーデン』(一七五二)誌に掲載し、ロンドン市民が遵守すべき法律の啓蒙を開始している。兄の遺志を受け継いだ盲目の義弟ジョン・フィールディングは、『季刊犯人追跡』(Quarterly Pursuit of Criminals)や『週刊ヒュー・アンド・クライ』(Weekly Hue and Cry)を定期的に、また、特に重罪犯については随時に『緊急犯人追跡』(Extraordinary Pursuit)を発行している。これらの出版物は、犯人逮捕のためのいわば「お尋ね者リスト」とでも呼ぶべきパンフレットやビラであったが、弟ジョンは、その配布の範囲をロンドンの教区だけでなく、イギリス全土に広めるべく、各州の治安判事に回状として送っている。

弟ジョンの創刊した『ヒュー・アンド・クライ』(一七七三)は、彼の死後一七八六年、その後継者であるボウ街の治安判事サムソン・ライト卿によって、『パブリック・ヒュー・アンド・クライ』という名に変更され、四ページの新聞形式で週二回発行された。その内容は、首都ロンドンの各治安判事事務所における審問の記録、発生した犯罪の要約、盗難品の目録、容疑者および逃亡した窃盗犯の記録、そして最終ページには脱走者の人相と特徴、その服装と所持品の詳細が掲載されている。

さて、ジョン・フィールディングは、ボウ街の中央刑事裁判所での傍聴をはじめて新聞記者に許可している。議会での（それも院外の廊下での）傍聴が新聞記者に許されるのが一八〇三年のことであるから、三〇年あまりも早い。しかも、彼は裁判記事の掲載に対して報酬を支払っている。興味深いことには、彼の死後一〇年、一七七九年から、彼の元秘書のニコラス・ボンド治安判事は、今度は逆に、法廷への入廷許可料を新聞記者から徴収するようになり、一七八五年創刊の『タイムズ』はこれに抗議して、二年間、ボウ街の裁判記事の掲載を差し止めている。イギリス政府は、それまで、犯人についての情報提供や逮捕に対する賞金の広告を、官報『ロンドン・ガゼット』（一六六六年、H・マディマン創刊）や『パブリック・アドヴァタイザー』（一七五二年、H・ウッドフォール創刊、その前身は『ロンドン・デイリー・ポスト』『ジェネラル・アドヴァタイザー』）などの新聞に掲載していたのである。

それでは、犯罪報道はいつから商業新聞紙上に〈定期〉的に行われるようになったのだろうか。まず盗品広告（あるいは遺失物広告）は、一八世紀初め、イギリス最初の日刊紙『デイリー・クーラント』（一七〇二）をはじめ、週二、三回発行の『ポスト・ボーイ』（一七〇二）『ポストマン』（一七〇四）『イヴニング・ポスト』（一七〇六）『フライング・ポスト』（一七〇八）など、そのタイトルに「郵便《ポスト》」の名を冠された数多くの新聞が叢生したイギリス・ジャーナリズムの黎明期からである。一七二五年にタイバーン広場で処刑された大盗ジョナサン・ワイルド（自称「泥棒取締長官」）は、これらの新聞に掲載された盗品広告を悪用し、大々的な故買の犯罪シンジケートを組織している。これに対して、裁判の報道の方は遅れて、中央刑事裁判所の裁判記録が新聞に掲載されるのは、かのロバート・ウォルポール（1676-1745）を領袖とするホイッグ政権を生んだ南海泡沫事件が起こった一七二〇年代になってからである。

なかでも、裁判の報道に大きく紙面を割いたのは、トーリー系の出版業者ジョン・アプルビーによる、毎週土曜日発行の『オリジナル・ウィークリー・ジャーナル』（一七一四）であった。彼は、「真実の告白」と題された獄中の犯罪者の告白録を掲載して広範な読者を獲得するとともに、「タイバーンで処刑された悪人たちの行動、告白、死を前にした言葉についてのニューゲイトの教誨師の報告」と題した三ペンスの週刊のパンフレットをも発行している。ジャック・シェパードといえば、その生涯に四度ニューゲイト監獄を脱獄し、一七二四年一一月一六日、二〇万人の観衆の中、タイバーン広場で処刑された窃盗犯であるが、アプルビーは他の同業者の反対を押しきって、彼の「死を前にした言葉」の出版を独占しようと獄中のシェパードに棺桶と葬式を用意し、彼の遺体が外科医の解剖用に供されないように計らうことを約束している。もっとも、熱狂する群衆による混乱のためにその約束は反故になったが。

この時、アプルビーが死刑囚への獄中インタヴューに起用したのが、イギリス近代ジャーナリズムの祖ダニエル・デフォー(1660-1731)であった。『オリジナル・ウィークリー・ジャーナル』掲載のジャック・シェパード、そして大盗ジョナサン・ワイルドの「真実の告白」はいずれもデフォーの筆になるものであった。かつて、政治パンフレット「非国教徒をやっつける一番手っ取り早い方法」出版(一七〇二)のかどで官報『ロンドン・ガゼット』に人相書入りお尋ね者として追跡され、やがてニューゲイトに投獄され、広場での首枷刑の経験をもつデフォーはまさに適任であった。彼は、その取材にもとづいて、『ジョン・シェパードの驚くべき生涯』や『実録ジョナサン・ワイルド』、そしてニューゲイト監獄生まれの女性犯罪者の生涯をあつかった小説『モル・フランダース』を著している。

デフォーの次の一節は、近代ジャーナリズムの成立を告げる言葉としてよく知られている。

「ものを書くことは、イギリス商業のきわめて重要な一部門となった。出版者は工場主あるいは雇用主である。もの書き、著述家、書写屋、下書き屋、その他ペンとインクを使うすべての従事者が、そうした工場主に雇われる職人となった。」

彼の言葉は、自ら発行した週刊新聞『レヴュー』が一七一二年、新聞印紙税法の新設によって短命に終ったことを考えると皮肉だが、彼とアプルビーの『オリジナル・ウィークリー・ジャーナル』の関係を考えるとき、また異なった意味をおびてくる。

犯罪パンフレットやブロードサイドが監獄の教誨師の手によって書かれているかぎり、それらは刑事司法機関の支配下にあった。だが、アプルビーのような印刷出版業者とそれに雇われたもの書きの手に移ると、商業ジャーナリズムはその〈定期性〉という自律の原理によって、やがて司法機関への従属的地位から脱するからである。デフォーの言葉は早すぎた予言でしかなかったとしても、一八世紀の犯罪報道は「――の生涯、審問、告白そして処刑」という一六世紀いらいの形式を踏襲し、また、その外見上の道徳的教訓話の装いにもかかわらず、その社会統制機能すなわち犯罪抑止効果はもはや失われていたのである。

たしかに、一八世紀は、凶悪犯に関する裁判記録を集大成した『ニューゲイト・カレンダー』をはじめ、数多くの犯罪者名鑑が刊行された時代であり、その目的は人間の愚行と悪徳そしてその不可避の運命の分類目録を提示し、そこから教訓を引き出すことにあった。だが、その発行者は金銭的利益の追求のために、そしてその読者は娯楽のためにと、いずれもその意図からはるかに逸脱していたのである(☆4)。

フィールディング兄弟が憂慮して新たな警察広報を構想したのも、このような状況の改善のためだったのである。もっとも、治安判事ヘンリー・フィールディングが、ウォルポール宰相を風刺した政治小説『大盗ジョナサン・ワイルド』を書くのは、皮肉にも、デフォーの『実録』にもとづいてのことであった。

さて、一九世紀のはじめ、警察広報の歴史に重要な転換が起こる。フィールディング兄弟の時代の警察広報の目的が、主に犯罪者の追跡と盗品の発見という点にあったのに対して、一九世紀初めになると、そのうえ、さらに労働者階級に対する道徳教育の普及のための媒体とみなされるにいたる。ようやく、犯罪の〈予防〉という目的が新たに見いだされるのである。

これに具体的な提言とその理論的基礎をあたえたのが、あの『首都警察論』のP・カフーンにほかならない。

彼は、『貧困及び貧民の状態改善について』(一八〇六)のなかで、各州の行政長官への提言として、「警察広報《ポリスガゼット》」を

「労働者人民の精神に堅固な道徳感情と自国に対する忠誠心、そして愛国心を喚起させるためのもの」と論じている。カフーンによれば、その有効な実施のためには、平易で親しみやすい言葉すなわち会話体によって書かれなければならない。また、そこに掲載すべき記事は、有名な犯罪者の生涯と運命、彼が犯した犯罪行為、そしてその刑執行の場所についての詳細、さらにまた、犯罪の恐ろしさを喚起し警告をあたえるためには、貧民が理解できるような法律の説明を添えなければならない。そのうえ、犯罪記事だけでなく、まじめな村民や労働者がいかに幸福な生活を享受しているかについての短い挿話をも掲載しなければならない。

さらに、ポリス・ガゼットは、「絞首台の恐怖、鞭打ち、晒し台、牢獄船、流刑、公開処刑などの刑罰の見物」とあいまって、効果を発揮しなければならない。そして、その発行形態については、価格は三ペンス以内で、週刊でなければならず、各州の行政長官を通じて各自治体の首長、治安判事、教区委員、そして酒場に配布すべきだとされている。カフーンの見積もりによれば、その発行部数は七万五〇〇〇部を要するという。さらにまた、彼は、ポリス・ガゼットには、犯罪統計の要約が掲載され、犯罪件数の年次ごとの比較がなされなければならないと論じている。カフーンは、その警察論において、まさに盟友ベンサムの〈パブリシティ〉の思想を体現していたのである。もっとも、その「ポリス・ガゼット」構想は、やがてチャドウィックによってその限界が乗り越えられるのだが、ベンサムがそうであったのと同様、犯罪者の生涯についての物語という、あの一六世紀いらいのブロードサイドの形式を一歩も踏み出してはいなかった。

カフーンの警察広報の提言は実現をみていない。けれど、重要なことは、イギリス近代警察の理論的基礎を築いた彼の構想が、犯罪の捜査とともに、その〈予防〉という目的をはっきりと打ちだしている点にある。もちろん、彼の発想の源泉が、半世紀前のフィールディング兄弟に遡ることはいうまでもない。

しかしながら、一九世紀という時代がフィールディングの時代と決定的に異なるのは、貧民すなわち労働者階級に対する道徳教育の必要性が、ようやくイギリス支配層の間に、緊急課題として認識されるようになったことである。その転換について語るには、ここで、ヘンリー・フィールディングの『コヴェント・ガーデン・ジャーナル』からカフーンの警察広報の構想へといたる系譜を中継するものとして、ロンドンの女流劇作家ハンナ・モアによる『廉価小冊子』(Cheap Repository for Religious and Moral Tracts 一七九五〜九八)という宗教冊子の刊行について述べなければならない。

貧民の道徳教育

一八世紀の終わり、ハンナ・モアがその敬虔な福音主義信仰にもとづいて、日曜学校を「貧民教育」のために開設した時には、その試みは国を滅ぼす「愚かな発明」として、周囲の非難を浴びさえした。労働者貧民が聖書や使徒列伝を学ぶことすら、「服従の大いなる法」を忘却させるものとして危険視され、「無知は献身と服従の母」というのが、当時のイギリス支配階級の民衆観であった。「無知」が「犯罪」を生みだすといって二つの語が同義として用いられる一九世紀のターミノロジーとはまるで異なっていたのである。もっとも、一方では、地主貴族階級には、「貴族の義務」(noblesse oblige)すなわち貧民に対してホスピタリティをおこなう義務があるという強固な信念があった。救貧思想を支えていたのがこの観念であったし、また、他方、一八世紀の数かずの民衆暴動は、イギリス支配層がそうした義務を果たしていないことに対する民衆側の抗議であった。これが、近代以前の社会秩序を維持していたモラル・エコノミーだったのであり、近代化とはその崩壊過程であった。

日曜学校運動が全国に広まるのは、一七八九年のフランス革命の影響下、イギリス急進派の間にジャコバン主義の火が燃えさかるのと時を同じくしている。ジャコバン主義者の拠点となった「ロンドン立憲協会」によって、「扇動的」

で「無神論的」なトマス・ペインの『人間の権利』が、政府の弾圧のさなか、三シリングのパンフレットとして刊行され、下層階級の間にわずか二、三週間で五万部を売りつくしたのが一七九一年、翌年にはその第二版が六ペンスの廉価版で刊行され、一ヵ月で三万二〇〇〇部、翌々年になると二〇万部に達する。総発行部数は、一九世紀初めまでに、およそ一五〇万部にも達している。

ハンナ・モアが『廉価小冊子』として道徳的寓話を盛りこんだパンフレットやバラッドを最初に出版したのは一七九五年、ペインの『人間の権利』の廉価版刊行の三年後のことである。それらの宗教冊子は、当時イギリス民衆の間に流布していたチャップブックやブロードサイドを模して「おしゃれな題字と木版画」で飾られ、その価格は半ペニーから一ペニー半までの間に押さえられていた。その意図は、ハンナ自身「オオカミの毛皮をまとった羊」と語っていたように、ロンドンの街頭の呼び売りや地方への行商人の手によって頒布されてこそ、貧民たちに読まれると考えてのことであった。

書誌学者オールティックの研究(一九五七)によれば、その発行部数は最初の六週間で三〇万部、二年後には二〇〇万部に達し、その出版はイギリス出版史上、空前の出来事であった。ハンナ・モアの目的は、彼女自身はっきりと語っているように、貧民の間に害毒を流している猥雑なブロードサイドやチャップブックの駆除とともに、より有害な冒涜の書、すなわちペインの『人間の権利』に対抗するためであった。

ここで留意しておきたいのは、ペインの『人間の権利』にせよハンナの『廉価小冊子』にせよ、それらの成功が、イギリス国内に厖大な数の読者層が存在しているという現実を、イギリス支配層の前に明らかにしたという事実にほかならない。「貧民」は、彼らが想像していた以上にはるかに「無知」ではなかったのである。しかも、重要なことは、この時期を境として、「無知」という語自体の意味が大きく変容を遂げることである。つまり、「無知」とはもはや無教育のことではなく、「正しい知識」すなわち社会的規律と道徳の有無を意味するにいたる。かくして、イギリス支配層は、たとえ一九世紀半ばまで地主貴族層の中には強固な反対論がつづくとしても、ようやく民衆教育の必要性を自覚しはじめたのである。

さらに重要な点は、ハンナ・モアの『廉価小冊子』には数多くの犯罪読み物が含まれていることである。ハンナは五〇編以上もの寓話やバラッドを自ら執筆しているが、同時に、半世紀前のヘンリー・フィールディングの犯罪事件記録を翻案し、その小冊子に「下層階級のための新しい読み物」として加えている。『廉価小冊子』の刊行は、三年半という短期間であったが、その内容はピューリタン的道徳の教化とともに、犯罪防止のためのプロパガンダとしての役割をになっていたのである。

さらに、『廉価小冊子』は、カフーンがポリス・ガゼットを貧民たちの道徳的教化のための手段として構想した際、その模範とされている。カフーンの構想が、いわゆる警察広報として想像しうる範囲を大きく逸脱していたことを想起しよう。美談さえ含んだその内容は、容易に推測されるように、今日の私たちが慣れ親しんでいる新聞の社会面いわゆる「雑報」そのものといってもよい。カフーンは、貧民層にとって娯楽であるとともに道徳の教化としての効用をもつ面白くてためになる「ポリス・ガゼット」構想を、明らかに、ハンナの『廉価小冊子』の成功から学んだのであった。

チャドウィックふたたび

イギリス最初の国家警察スコットランドヤードの設立を答申した一八二八年の首都警察特別委員会は、その報告書のなかで、ポリス・ガゼットの発行部数の拡張を、犯罪者の逮捕と盗品の取り戻し、そして犯罪の予防という三つの目的のために提言している。報告書によれば、その価格は一ペニー、週二回の発行、そして全国の治安判事事務所だけでなく、酒類販売業者、家畜業者、質屋、船具店に配布されなければならない。この委員会がカフーンの『首都警察論』の圧倒的な影響の下にあったことは繰りかえすまでもない。興味深いのは、ポリス・ガゼットの必要性の理由として、新聞がほとんど普及しておらず、新聞によるパブリシティには限界があり不完全だからであると述べていることである。当時の内務省の資料のなかには、「新聞の力は犯罪の防止に効果を発揮するにはいまだ当局による適切な指導の下にない」という文面のメモが残されている。

さて、さらに報告書はポリス・ガゼットの効用として、三点、その経済性を指摘している。

第一に、広報によって監視の網の目が全国に行きわたり、犯人から逃亡の機会を奪えば、ひいては年々の被害総額を減少させることができる。

第二に、家族を捨てて逃亡する怠け者や放蕩者の一覧の掲載によって、各教区や各州の経費すなわち救貧費用の削減をもたらす。

そして第三として、警察広報の拡張は、犯人の発見や逮捕に要する各地区の人件費の削減と、また、犯罪の減少に応じて、刑事司法行政の経費、監獄や矯正施設の維持に要する国庫支出の削減に寄与する。

以上のように、報告書はポリス・ガゼットの経済的効果をうたっている。とりわけ救貧費と監獄経費について言及しているのは、国家予算に占めるその莫大な経費が年々膨張しつつあるという課題が、議会の財政委員会でしばしば深刻な論議の的とされていたという背景があった。

報告書はまた、現行の警察広報である『ヒュー・アンド・クライ』の費用が政府支出によっているのに対し、教区や州の負担、さらにまた、全国の酒類販売業者に負担させるべきだとしている。なぜなら、ポリス・ガゼットは彼らの酒場に置かれ、娯楽をもたらすからである。そして最後に、この計画が実施されるには、その発行総数はおよそ六万部を要すると結んでいる。

首都警察特別委員会報告書の特徴は、一九世紀の刑事政策の転換を反映して、財産犯罪の取り締まりと防止対策に焦点を定めているが、チャドウィックの「予防警察論」は、カフーンの「警察広報」についての構想とこの報告書の提案の方向を、さらに一歩進めたものであった。

カフーンにせよその盟友ベンサムにせよ、彼らが労働者貧民の道徳的教化のために警察広報を活用することを提唱した際、そこに掲載する犯罪記事として、すでによく知られた有名な犯罪者や事件を想定していた。彼らの見解（ハンナ・モアも同様であった）によれば、そのパブリシティ効果は、公開処刑や流刑などの刑罰と同じ恐怖感情の喚起による抑止効果にあるとみなされていた。

これに対して、チャドウィックは、凶悪犯や重罪事件よりもむしろ軽微な犯罪や非行についてのスピーディかつ完全なパブリシティこそが必要であると強調している。その主張の基本をなすチャドウィックの犯罪論の特徴は、いわば犯罪キャリア論とでもいうべきものであった。すなわち、彼は、犯罪者の経歴に着目し、彼らの初期の軽微な非行がやがては凶悪な犯罪へといたるのであり、これまで公衆の警戒の目を免れてきたそれらの非行の取り締まりこそが、経済性の上からも、重要であると論じているのである。

また、チャドウィックの「予防警察論」は、首都警察特別委員会報告をも批判し、警察広報が読まれるべき当の対象である貧民階級の間にいまだ流布していない現状を指摘して、現行の警察広報『ヒュー・アンド・クライ』を三日おきに、しかも無料で配布せよと唱えている。「警察は広報なしには威力を発揮せず、広報もまた警察なくしては効果をあげない」という言葉が、チャドウィックの「予防警察論」の要諦であったことは重ねて強調しておかなければならない。この言葉こそ、フィールディング兄弟からベンサム、そしてカフーンへと連綿とつづく〈パブリシティ〉の思想の集約的な表現にはかならないからである。しかしながら、チャドウィックが彼ら先行世代とはっきりと一線を画すのは、警察は法廷の審理以前に、逮捕段階で、犯罪者（つまり容疑者）についての「完全かつ迅速な広報」を実施せよと主張している点である。ここで、当時、審理中の事件の報道が法廷侮辱罪の適用を受け、一八二〇年代初め、「ケイトー街陰謀団事件」や「サーテル事件」の際、『オブザーバー』をはじめ日曜新聞がこの罪に問われたことを想起されたい。チャドウィックの「予防警察論」は、明らかに、イギリス刑事司法制度そのものへの挑戦であった。なぜなら、警察が法廷の審理以前に逮捕段階で容疑者とその犯罪を公表することは、しかもその公表が広報紙面の制約から恣意的なものとなるがゆえに、「法の下の平等」をうたった罪刑法定主義を大きく逸脱することになるからである（☆5）。

ピール卿の懐疑

さて、一八二九年の、スコットランドヤード創設当時の内務省資料には、カフーンやチャドウィックの警察広報に関する提言あるいは首都警察特別委員会報告書とはまた別に、時の内相ロバート・ピール卿宛ての、ポリス・ガゼットについて提案した数多くの書簡やメモが残されている。

たとえば、カークマンという男からの手紙によれば、警察広報の目的は、犯罪者に烙印を押し、民衆の間に「ヒュー・アンド・クライ」の精神すなわち犯人追跡の気持ちを喚起させることにある。したがって、ガゼットの内容は各地区の市場で大声によって読みあげられ、市場の十字標《クロス》に提示されなければならない。また、監獄の獄吏と看守に配布され、治安判事事務所の前に人目を引くように置かれるべきであり、しかも、現行の広報が三週間に一度の発行なのに対して、毎週水曜日に発行されなければならない、と提言されている。ちなみに、先に引用した、「新聞の力は犯罪の防止に効果を発揮するにはいまだ当局による適切な指導の下にない」という文面のメモも、おそらくこの男の手になるものであろう。

また、内務省資料のなかには、ピール卿とハート・デイヴィス議員との間に交わされた往復書簡があり、ポリス・ガゼットを首都ロンドンだけでなくイギリス全土に公布することの有効性について、慎重な検討がなされている。

さらに興味深いのは、一八二八年（推定）の匿名の筆者による「警察改造計画」のメモである。その基本構想はカフーンやベンサムの影響下にあったが、明らかに一八二〇年代という時代状況を反映している。

それによると、そもそも警察制度なくして啓蒙的な刑法典は死文にひとしく、「この国の警察活動の主要な欠陥はコミュニケーションとパブリシティの手段の欠如にある」とされる。

現行の警察広報『ヒュー・アンド・クライ』は、三週間に一度しか発行されず、しかも治安判事事務所にしか配布されないために、何らの効果も発揮していない。これに代替するものとして、新しいポリス・ガゼットが創刊されなければならない。その発行形態は週二回、一部一ペニーの無印紙の新聞で、全国の治安判事や治安官そしてすべての公認の飲食店や酒場や宿屋に、郵便で配布されなければならない。それによってはじめて、新しいポリス・ガゼットは、犯罪捜査と盗品の発見のみならず、「有用な知識」と道徳教育を普及させる手段となることができる。

POLICE GAZETTE.
Published by Authority.
INFORMATIONS.
ARSON AND WILFUL BURNING.
FORGERY.
ROBBERY FROM THE PERSON.
HORSE AND CATTLE STEALING.
HOUSE-BREAKING.

②警察当局発行の『ポリス・ガゼット』

「イギリス全土には、およそ一〇万軒の公認の飲食店が存在し、最低に見積もっても、週に二〇人が通っている。新しいポリス・ガゼットは、二〇〇万人の読者に娯楽と教育を提供することになる。このように厖大な発行部数を有する以上、当然、もっとも重要な点は、社会のモラルと秩序を害するような内容の記事が掲載されてはならないということである。また、ポリス・ガゼットの発行者は、有能な書き手や記事の取材者に相応の給料を支払い、これらの書き手と取材者は常に政府の任命によるべきである。」

このポリス・ガゼットの構想が、カフーンやベンサムと異なって一八二〇年代という時代状況を反映しているのは、その発行形態を無印紙の新聞とみなしている点、またブルーアム卿らの「有用知識普及協会」の運動なしにその構想が考えられない点である。

また、チャドウィックの提案とも異なるのは、それが一ペニーと廉価ながらも有料とされている点であるが、さらに興味深いのは、新しいポリス・ガゼットが既存の新聞と競合して嫉妬を買わないために、犯罪記事以外のニュースをけっして掲載してはならないと唱えていることである。さらにまた、ポリス・ガゼットは既存の新聞をも凌駕するほど購読されるだろうと自信に満ちた予測をたて、新聞そのものをはっきりと「おそるべき権力機関」として認識している。

しかしながら、これらの警察広報の構想は実現をみなかった。その理由は、ほかならぬスコットランドヤードの生みの親、内務大臣ロバート・ピール卿の反対によるものであった。

ピール卿は、先のデイヴィス議員との往復書簡のなかで、ポリス・ガゼットに多数の犯罪者名を掲載するのは、ガゼットを読みにくいものとしてしまうだろうと具体的に指摘している。また、盗品の広報そのものの危険性を、次のように述べている。

「ポリス・ガゼットに載った盗品広告を見た盗人は、故買業者と組んで、もとの所有者に盗品が見つかったといってそれを売りつけるとともに、褒賞金を二重取りするだろう。これは窃盗を奨励するにひとしいものである。」

彼は、ポリス・ガゼットが犯罪捜査と盗品の発見に効果を発揮するかどうか、いずれにも懐疑的だったのである。そもそも、ピール卿が盗品広告の逆効果として例にあげた手口は、一八世紀を代表するジョナサン・ワイルドとその犯罪組織が常習していたものであった。おそらく、ピール卿は、イギリス警察の祖ヘンリー・フィールディングの『大盗ジョナサン・ワイルド』を思い出していたのである。

結局のところ、トーリー政権下では、従来の形式の警察広報が官報として発行されつづけている。そもそも新聞の影響力そのものを憎んできたトーリーとピール卿は、前にも触れたように、一八三〇年代のホイッグ内閣下の議会で、とりわけリットンの動議提出の際、「知識への課税」廃止をめぐるホイッグと改革派議員の議論を「沈黙の戦術」によって静観していたが、ポリス・ガゼットについても同じ態度を守りつづけたのである。もっとも、スコットランドヤードの誕生以後も首都警察特別委員会は継続しており、一八三四年の委員会報告書の冒頭にチャドウィックの提言が掲載されているように、まぎれもなく彼の構想の方向に事態は進展していくのである。

一八二九年の「予防警察論」の翌年、「知識への課税」改革運動の口火を切った第一回集会の主催者チャドウィックが、政府刊行の無料配布物として構想したポリス・ガゼットは、来るべき自由《フリー》で独立した新聞の誕生によってまさに政府にとって無料《フリー》となるであろう。ピール卿とトーリーの静観はまさに正しかったといわなければならない。

それでは、イギリス最初の国家警察の創設後のジャーナリズム側の反応はどうであったか。

ピール卿の、新聞に対する否定的態度に対応して、当時のレスペクタブルな新聞の側は、新設のスコットランドヤードとその警官が、ロンドン市民に過度な干渉と逮捕そして横暴な権力を振るっているとして、反ピール、反スコットランドヤードのキャンペーンを繰りひろげている。一八三〇年一一月には、折からの選挙法改正運動の高揚のさなか、ピール卿はロンドン市内の暴動の責任をとって辞任し、ウェリントン公爵率いるトーリー内閣は退陣し、グレイ伯爵によるホイッグ内閣が成立している。また翌年の四月と一〇月にも、警察とトーリーを攻撃対象とした暴動が、選挙法改正法案がふたたび廃案となったことをめぐって起こり、多くの新聞がこれを支持して反ヤードの世論を煽っている。

こうした反スコットランドヤードの世論の高まりが頂点に達するのは、グレイ内閣のメルボーン内相が一八三一年いらい、警視総監ローワンとメインに命じて、選挙法改正運動の中核的役割をになっていた「国民政治同盟」（ＮＰＵ）の動向を探るべく、ポーペイ巡査部長にスパイ活動をおこなわせていたことが、議会で暴露された一八三三年のことである。この「国民政治同盟」が、中産・労働者両階級を協調させるべくプレイスらによって組織されたものであることは前に触れたが、内務省に残されているプレイス個人に関する調査報告書はこの巡査部長によるものである。

だが、皮肉なことに、スコットランドヤードに対するレスペクタブルな新聞世論の方向が急転回するのは、一八三三年五月一三日、同じ「国民政治同盟」主催の集会（参加者数およそ三〜四〇〇〇人）を契機としてであった。メルボーン内相は、国民議会の開催を唱えたこの集会を非合法とみなし、自らの指揮の下にスコットランドヤードを動員して散会を強行した。この騒擾事件は、その開催場所にちなんで「コールドバース・フィールド事件」と呼ばれたが、一八一九年の「ピータールー事件」とは対照的に、集会の参加者の負傷は軽く、警官の側に一名の死者、二名の重傷者をだしている。翌年、集会の指導者ジョン・ファーゼイ以下数名が殺人の嫌疑で告訴されたが、高等法院裁判所は、「合法的殺人」として無罪の判決を下している。

この事件は、イギリス国民の間に、国家警察に対する新たな印象を形成する上で大きな影響をもたらした。一八三四年を転回点として、国家警察はけっして軍隊のような行動はしない、公共の秩序と市民の安全のための「市民警察」であるという評価が、新聞世論を通じて、しだいに定着するにいたる。『タイムズ』をはじめロンドンの有力紙は、集会の責任者が警官の死傷に対してわずかな罰金刑しか科せられなかったことをむしろ非難している。一八一九年の「ピータールー事件」の時にみられた騎馬義勇軍《ヨーマンリー》の暴虐行為への新聞世論の高揚はすでに過去のものとなっていたのである。

しかしながら、ここで指摘しておかなければならないことは、「国民政治同盟」の掲げた主要な政治目標のひとつに、「知識への課税」廃止がうたわれていたことである。リットンの下院演説をパンフレットとして出版し、その名を全国に知らしめたのは、この組織だったのである。「知識への課税」廃止に反対するロンドンのレスペクタブルな新聞が「コールドバース・フィールド事件」に対してとった態度は、けだし当然のことであった。

興味深いのは、この年一二月に成立したピール保守党内閣に対して、『タイムズ』が支持を表明し、ピール卿はトマス・バーンズ編集長との往復書簡のなかで、その「公平かつ分別ある支持」に謝意を述べている。『タイムズ』がその保守主義的な政治的立場を明確に打ちだすのは、これ以降のことである。

その後、内務省直属の国家警察制度は、しだいに各州そして各自治市にと適用され、一八四一年には、イングランドとウェールズの諸州のおよそ半分、とりわけ北部と中部の工業都市に設置され、チャーティスト運動が高揚した四〇年代を通じて、その犯罪予防システムはほぼ完成をみている。そして、その設置がイギリス全土に義務づけられるのは、「知識への課税」撤廃の翌年の一八五六年二月、同じパーマストン自由党内閣によってである。

第四章　近代ジャーナリズムの誕生

『パンチ』誌(1845年)年掲載の「絞首台への予備軍」と題された戯画。会話文は、新聞売り「おや、坊や、何かご用?」。少年「すげえ殺しやなんかが載ってる絵入り新聞をおくれ」。

第一節　ブルワー＝リットンとその時代

感性の変容

私たちはこれまで、一九世紀イギリスにおける刑事司法政策の転換、とりわけ国家警察制度が導入されるにいたる歴史的過程をたどってきた。ナポレオン三世治下の帝政フランスをはじめ、ヨーロッパ大陸諸国そしてアメリカの警察制度のモデルとなるロンドン首都警察の新設は、刑法典の改正や監獄の改良と同様、いやそれ以上に刑罰思想そのものの転換を告知するものにほかならなかったのである。

その転換とは、一八世紀に見いだされた公開処刑の、恐怖感情の喚起による犯罪の〈抑止〉(deterrence)の思想から、労働者貧民とりわけ「危険な階級」に対する取り締まり活動すなわち日常的な監視と彼ら貧民の道徳的コンセンサスの形成によって犯罪を防止しようとする、いわゆる〈予防〉(prevention)の思想への全面的な転換であった。

一九世紀の初め、犯罪防止にとっていかにその〈パブリシティ〉が重要であるかという認識がようやくイギリス支配層の間に定着し、ポリス・ガゼットが単に従来の犯罪捜査と盗品の発見のためだけでなく、なによりも貧民に対する道徳教育の普及の手段として見いだされるのは、このような犯罪の〈抑止〉から〈予防〉へというイギリス刑事司法政策の思想的転換として位置づけることができる。

このことは、一九世紀における刑罰のメタファーの頻繁な多用、すなわち学校と監獄、教師と警官、公共図書館と警察、そしてあのリットンの演説にみられた新聞と刑罰、印刷工と獄吏の間に、比較あるいは比喩を生みだす言説空間の成立がどうして可能だったかを説明するだろう。一九世紀において、廉価あるいは無料の知識の普及が、その制度的手段のいかんを問わず、統治権力の行使のためのきわめて経済的な手段とみなされる、いいかえれば知識＝権力＝経済というターム間の相互置換が可能な言説空間が成立するのは、〈予防〉という社会統制観、ひいてはそれを支える〈パブリシティ〉の思想そのものに由来するのである。

それでは、このような〈予防〉という社会統制観を生みだした一九世紀イギリスの刑事司法政策の転換は、ベンサムに代表される功利主義思想のみによってもたらされたのであろうか。たしかに、刑法改正、監獄改良、そして警察制度の導入にしても、それらの改革を実際上推進したのは、基本的にはユティリタリアンであった。

しかしながら、なぜ、一九世紀において、公開処刑はしだいに姿を消していくのであろうか。この問いに明確な解答をあたえるには、功利主義思想だけでは不十分なのである。一九世紀初めから、刑罰に多額な費用がかかりすぎるという認識がイギリス支配層の間に共通の認識となっていたことは、すでに指摘したとおりである。だが、忘れてならないのは、その議論が、監獄の維持に要する国庫支出についても同様あるいはそれ以上に論じられていたという事実である。

たしかに、M・フーコーが『監獄の誕生』で明らかにしたように、公開処刑という旧刑罰システムは、一九世紀を通じて、その刑罰対象を身体から精神へと変更することによって、懲治監獄という秘密の、個別化された刑罰システムへと移行していく。その転換の理由として、ベンサムの圧倒的な影響を論じている点では、彼もまた従来の見解といささかも変わりない。けれど、経済性という面からは、監獄の維持の方が公開処刑よりもはるかに莫大な費用を要することはいうまでもない。

なぜ、一九世紀において、犯罪の〈抑止〉から〈予防〉への転換が起こったのか。私たちは、一八世紀の終わりから一九世紀にかけて、より根本的な感性の変容がゆっくりと密やかに進行しつつあったという歴史的事実を見失ってはならないのである。

先にも触れたように、フーコーは、一九世紀の刑罰制度の転換を社会構造そのものの変貌という全体的な視野において捉えようとした点で、これまでの刑事政策の歴史とは一線を画するすぐれた論を展開している。熱狂する群衆を前にした公開の死刑執行という華々しい「見せ物」的な刑罰から懲治監獄という刑罰儀式の秘密化への刑事政策の転換をあらわす特徴は、彼が名づけたように「スペクタクルの社会」から「監視の社会」へという社会の構図の変化として位置づけることができそうである。

けれど、フーコーの最大の難点は、一九世紀における公開処刑の消滅からそれに代替する監獄という刑罰システムへの転換を、あたかも突然の、ドラスティックな移行であるかのように描いている点にある。だが、イギリスにおける懲治的な監獄の誕生の起源を遡るならば、一七世紀の初め、身体の切断による刑罰の消滅と時期を同じくして導入されており、刑罰システムの変化のプロセスは数世紀を要している。

さらにまた、より重要な点は、一九世紀において、公開処刑に代替する社会的機能をになうのは単に監獄だけではないという点である。公開処刑のもつ刑罰儀式のスペクタクル性が失われたとき、その代替機能をになうにいたるのは、犯罪ニュースを大幅に紙面に盛りこんだ大量発行の近代ジャーナリズムなのである。一九世紀に始まる「監視の社会」とは、フーコーのいう一望監視方式の隠微で秘密の監視の網の目に囲まれた社会であるよりは、むしろ、新たなスペクタクルの社会なのである。そして、それを準備したのがほかならぬベンサム、カフーン、そしてチャドウィックの〈パブリシティ〉の思想であった。

その意味では、逆に、恐怖感情の喚起による犯罪の抑止を目的とした公開処刑の存在理由そのものがその公開性すなわちパブリシティ効果にあった。その消滅の理由を明らかにするには、ベンサムに代表される功利主義思想のみによってはとうてい不十分であろう。一九世紀の初め、多額の国庫負担を強いる問題として非難の対象となったのは、実際、公開処刑よりもむしろ監獄の問題だったのであり、公開処刑の消滅を説明するのは監獄の誕生ではなく(いいかえれば公開処刑と監獄とを対置させて論じるのではなく)、犯罪の〈抑止〉から〈予防〉へという刑事政策の転換そのものをもたらした、一九世紀という時代の深層におけるより根本的な感性の変容という歴史的事実でなければならない。

もっとも、フーコーにしても、たとえ時代の感情構造の変化という危ういテーマに踏み込むことを回避したとしても、それに気づいていなかったわけではないだろう。彼は、公開処刑の消滅をうながした一九世紀という時代の感情構造の変化を、次のように述べている。

「人びとは、あたかも刑罰の儀式としての機能を漸次、理解しなくなるかのように、犯罪に《結末をつけていた》この儀式が、犯罪といかがわしい近親関係を結んではいないかと疑いはじめる。野蛮さにかけては犯罪をしのいでいるとはいえないにしても、それに匹敵してはいないか、見物人たちを遠ざけたいと思う、その当の残忍さに彼らを慣らしてはいないか、犯罪の頻発する事態を彼らに明らかにしてはいないか、死刑執行人は犯罪者に似ていると彼らに思わせてはいないか、刑執行の最終時点になるとそれらの役割をあべこべにしてはいないか、受刑者を同情の的あるいは感嘆の的にしてはいないか。ずっと以前、ベッカリーアが述べていたのもこうした事情である。『殺人を恐ろしい犯罪であると語っている本人が、良心にとがめられもせず平然とそれを犯しているのを、われわれは目撃するのだ。』今や、死刑執行の公開は、暴力をふたたび燃え上がらせる火床として知覚されるのである。」

しかしながら、フーコーは、残虐な身体刑という華々しい刑罰儀式が王権の象徴として機能していたことを描きながら、結局のところ、それに対する疑念と嫌悪を生みだした感情構造の変化がいかにして進行したのか、その歴史的な由来をついに明らかにしてはいないのである。はたして、そもそも公開処刑は残虐な刑罰であったのだろうか。いや、いつから残虐と感じられるようになったのであろうか。

すでに第一章で触れたように、そもそも公開処刑がそれ以前の血讐から区別され、刑事司法制度の一環としてイギリスに成立するのは、一二世紀半ばの国家と都市の発生の時点にまで遡る。それが犯罪者の「改悛の舞台」として設定されるようになるのは一六世紀初めのヘンリー七世の時代、それが形式上の完成をみるのは一七世紀という演劇的想像力の支配した時代であった。そして、この刑罰儀式は華々しい見せ物どころか、みごとなまでに荘厳で厳粛な宗教儀礼だったのである。

もっとも、一七世紀の終わりに近づくと、公開処刑に対する疑念が司法関係者の間に投じられている。たとえば、一六八四年、エドマンド・カークという男が妻殺しのかどで絞首刑に処せられたが、彼の殺人がおこなわれたのがその二日前、同じ妻殺しの罪で絞首台にのぼった男の処刑を見物にいった直後のことだったからである。これは、司法関係者の間に、公開処刑の犯罪抑止効果に対する否定の念を生じさせた。いや、というよりもむしろ、その効果自体についての議論を生みだす契機となったエピソードである。

やがて一八世紀に入ると、国家権力の世俗化とともに処刑者の「絞首台の演説」は実行されなくなり、逆に、処刑の公開そのものに恐怖感情の喚起による犯罪の抑止効果が見いだされ期待されるにいたる。ようやくフーコーのいう華々しい見せ物いいかえれば残虐な刑罰となるのだ。とともに、犯罪抑止効果への疑問が生じ、一八世紀半ば、刑罰儀式の秘密化を唱える具体的提案がなされるにいたるのである。

その提唱者が、あのウェストミンスター自治区の治安判事ヘンリー・フィールディングであった。彼は、ニューゲイト監獄からタイバーン刑場への市中引き回し(procession)がしばしば犯罪者の勝利の行進とみなされ、また、公開の死刑執行が犯罪者の「改悛の舞台」としてイギリス民衆に戒めの機会をもたらすどころか、むしろその勇敢さを誇示することによって彼らの喝采を浴びる舞台とみなされている現状を指摘する。彼が、弟のジョン・フィールディングとともに、処刑は観衆の目に触れぬ場所で密かに執行される方が民衆により大きな衝撃と恐怖をあたえるだろうと唱えて、処刑場をニューゲイト監獄の前に移転するよう提案したのは、一七五五年のことである。

だが、当時は反対論が優勢を占め、この提案が検討されるのは、一七七九年に犯罪者の身体に押された焼印が廃止

①タイバーンフェアの全景

される、その二年後のことである。一七八一年、ロンドン市自治体は国務大臣に対して、頻繁な死刑執行は人民を残虐さと人命の軽視に慣れさせ、犯罪を助長しているという趣旨の書簡を送っている。そして一七八三年、フィールディング兄弟の提案の一部がやっと実現する。死刑執行は公開であったが、ニューゲイト監獄の壁の前でおこなわれるようになる。また、この移転にともなって、鞭打ち刑が非公開となっている。ちなみに、死刑執行そのものが非公開となるのは、フィールディング兄弟の提案から一〇〇年以上をへた一八六八年のことである。

このように公開処刑はながい歳月を経て消滅にいたるのであるが、一八世紀には、しばしば民衆暴動の舞台となったことはよく知られている。とりわけ、タイバーン広場での死刑執行の当日は、ロンドン民衆からタイバーン・フェアと呼ばれ、一種のカーニヴァルの雰囲気が醸成された。一八世紀の後半、ロンドンはすでにヨーロッパ最大規模の都市となっていたが、一七八三年の処刑場の移転は、まだ他のヨーロッパ都市にはみられない、この大都市にのみ特有な出来事であった。

死に対する態度の変容

刑罰儀式の秘密化への第一歩を刻したこの出来事の背後には、中世いらい連綿として続いてきた「死に対する態度」の変容という根本的な問題がよこたわっている。

フィリップ・アリエス（一九七五）によれば、五世紀の終わりから一八世紀半ばまでの一〇〇〇年をこえる長い歳月、ヨーロッパでは生者と死者とはいわば「親密な雑居生活」をおこなってきた。このことをとりわけ明瞭に表わしているのが市壁内の教会墓地であり、そこは都市住民たちの出会いや集まりの場となり、踊ったり遊んだり、あるいは商取引がおこなわれたりしていた。しかも、納骨所に沿って、時には店が出され、商人がならび、楽士や大道芸人がその芸を披露したりした。また、納骨所はいわば骸骨のギャラリーで、小さな骨だけでできた装飾や釣り燭台が展示された。ヨーロッパ中世の人間は、死に対する恐怖や死骸への嫌悪などの感情とは無縁であった。死は飼い馴らされていたのである。

また、アリエスによれば、このような死への態度は一八世紀半ばから忽然と消える。教会内の墓所に死者を集積することは突然堪えがたいものとなり、墓地にたちこめる瘴気がしばしば衛生上の論議を呼び、あるいは納骨所の自由な公開は死者たちの尊厳をそこなうという非難が投じられたりした。墓と墓地の私有化がはじまり、死への恐怖と屍体への嫌悪の感情が生じる。と同時に、死者礼拝とロマン主義的な死の観念そして死への親睦が芽生えるが、それは、死が隔絶され、タブー視されるようになったことと密接な関係がある。「死がだれにでも見せられる劇で、見まいと考える者などまったくなく、時として見たがる人もいるという、何世紀にもわたる習慣が突然姿を消すのである。」

刑罰儀式の秘密化への漸進的な道程は、一八世紀半ばからの、このような「死に対する態度」の変容を背景にしているだろう。公開処刑のもつ威嚇的効果は、死の恐怖によっていっそう高まるといえるが、しかし、と同時に、死を残酷と感じる感性すなわち死の苦痛に対する共感も芽生えている。刑罰のスペクタクルは、たとえそれが邪悪な犯罪者に下されようとも、しだいに堪えがたいものとなるのだ。

このような感性の変容は、まず、刑事政策関係者をはじめとする少数のエリート層の間に生じた(これを要約しているのが先に引用したフーコーの一節である)。一八世紀の啓蒙主義的な改革者たちの理論と行動を支えたものは、たしかに人道主義的な博愛の精神であった。死の苦痛への共感とは、他者を自分と同一の人間であると感じる感性の発達とともに、そして、その度合いに応じて経験される。だが、そうした感性そのものが、死の隔離すなわち死の禁忌の成立によって生じたという歴史的事実を見失ってはならない。そうでなければ、それは永久に少数の選ばれた者だけが経験する感情にとどまっていただろう。たとえ公開処刑が一九世紀後半にいたるまで、民衆の間に熱狂的な人気を集めたスペクタクルであったとはいえ、処刑者の苦痛に共鳴する感性の変容はすでに芽生えていたのである。とりわけ、処刑される者が暴動参加者の場合、その苦痛への共感は高揚の極点に達する。また、処刑者がその勇敢さを誇示する舞台となる。先に触れたタイバーン暴動のような騒乱事件はそうした例にほかならない。

さらに着目すべきことは、一八世紀の半ば、死への恐怖と死の苦痛に対する共感の感情が芽生えるのとほとんど時を同じくして、そうした死の恐怖と苦痛を「歓喜」(delight) と感じる感性が同じ少数のエリート層の中に生じつつあった。

エドマンド・バーク (1729-97) が、その著『崇高と美の起源』(一七五七) のなかで「崇高美」(sublime) と名づけた審美的感情がそれである。一八世紀美学を代表し、やがてカントに決定的な影響をあたえるバークの芸術論によれば、人間は、その自己保存の本能にもとづいて、危険なく恐怖と通じている時ほど精神の充溢感をおぼえ、美的興奮の極に達するという。

バークが唱えた恐怖と苦痛、そして残虐と悲惨の光景を「崇高美」と感じる感性は、やがてこの世紀の終わりから一九世紀の初めにかけて、ゴシック・ロマンと呼ばれる一群の恐怖小説の基本感情をかたどるにいたる。ウォルポールの『オトラント城』、ベックフォードの『ヴァテイック』、ルイスの『マンク』、ラドクリフ夫人の『イタリアの惨劇』、ゴドウィンの『ケイリブ・ウィリアムズ』、シェリー夫人の『フランケンシュタイン』等――死の恐怖は、この時代から、文学という孤独な内面化装置を通じて、娯楽として消費されるようになる。

重要なことは、啓蒙主義的な刑事司法政策の改革者たちが抱いた処刑者の苦痛への同情も、E・バークを嚆矢とする耽美主義者たちが見いだしたその苦痛を「崇高美」と感じる感性も、死への恐怖という同一感情の両価的側面であって、いずれの感情を経験するかは対象との距離化の度合いの心理学の問題に属するだろう。このような恐怖感情は、いずれにせよ、死の隔離と禁忌という歴史的コンテクストなくしては成立しえなかったのである。その意味では、処刑場をタイバーン広場からニューゲイト監獄へと移転することを提案したフィールディング兄弟が、死刑執行の非公開化は恐怖感情をより喚起させ、犯罪の抑止効果の強化に役立つと考えていたという事実は、一八世紀という時代の感情構造の変化をすでに明確に洞察していたことをものがたっている。

②コバーム卿の火刑.『殉教者列伝』挿画より

　興味深いのは、一九世紀になると、刑事司法政策の改革者の感性そのものが、死に対するこの両価的感情の二つの側面を経験するようになることである。

　その典型がサミュエル・ロミリー卿にほかならない。「かくも厖大かつ多種多様な人間の行為が死によって罰せられる国家は、イギリス以外に存在しない」と述べて、一九世紀イギリスの刑法改正の主唱者となった彼の感性の基礎を形成していたのは、何よりもまず死の苦痛への共感と死への恐怖であった。

　「『殉教者列伝』や『ニューゲイト・カレンダー』で見る版画によって、私は幾晩も眠れぬ夜を過ごした。わたしの夢もまた昼の間、私の心につきまとっていた恐ろしい幻影でかき乱された。私は、空想の中で、処刑や殺人や血塗れの惨劇の光景を目撃しているのだった。闇の中で目を覚ましているのも恐ろしく、また恐ろしい夢を見るかと思うと眠るのも恐怖で気持ちを昂ぶらせてベッドに横たわっていたこともしばしばだった。」

右に引用したのは、ロミリー卿の『回想録』のなかの少年時代の一節である。ロミリー卿を人道主義的な刑事政策の改革運動に駆りたてたのは、たとえ殉教者であれ犯罪者であれ、他者の死の苦しみを耐えられないと痛切に感じる、すでに宗教性の失われた世俗的な感性だったのである(☆1)。彼は、数かずの死刑罪の廃止のほかに、カトリック解放や黒人奴隷の解放その他の改革運動をも積極的におこなっているが、彼が一八一八年、六一歳の生涯を閉じたのは、妻の死後四日目、剃刀で喉を掻き切っての自死によってである。ただひとりの存在が欠ければこの世にはだれもいない。ロミリー卿の生涯は、死への恐怖から死への親睦という、まさに死への両価的感情に彩られたロマン主義的な魂の運命をたどったのである。

さて、もう一人、『ニューゲイト・カレンダー』を若い頃に耽読し、またゴシック小説の決定的な影響の下に文学的経歴を開始したのが、「廉価な知識は、多大な費用を要する刑罰よりも賢明な政治的効果を果たしはしないか」と唱えた二九歳の下院議員、ブルワー=リットンにほかならない。私たちはいよいよ、彼の思想と感情を検討することによって、公開処刑に代替するパブリシティ機能をになう近代ジャーナリズムの誕生を準備した一九世紀という時代の感情構造の深層にわけ入らなければならない。

ブルワー=リットンとニューゲイト小説

エドワード・ブルワー=リットン(1803-73)は、ヴィクトリア朝の小説家の中でその評価をますます高めているディケンズとは逆に、今日ほとんど顧みられることのない、忘れられた作家である。「知識への課税」改革をめぐる彼の議会演説が歴史の底に埋もれてきたのと同様に、彼の厖大な小説作品は、発表当時きわめて広範な読者を獲得し、ディケンズをはじめとする同時代の作家に大きな影響をあたえながら、彼はもはや、一九世紀イギリス文学史の中で群小作家の一人としてしか語られることがない。その作品群は、「銀のフォーク」派と呼ばれた当時の上流社会の社交生活を描いた初期の風俗小説から、犯罪小説、歴史小説、政治小説、そして晩年の、一九世紀神秘哲学にもとづく幻想小説というように、時代の趣味趣向の変化を鋭敏に反映して多岐にわたっている。同時代の華々しい人気にもかかわらず、現在その名が忘れられているという事実は、いわば流行作家の常として、むしろ彼が、時代のポピュラー感情にあまりにも密着していたことをものがたっているといえよう(☆2)。

ここで検討しようとするのは、もちろんリットンの文学的経歴そのものではない。しかし、「知識への課税」改革において果たした彼の役割、とりわけ一八三二年六月の、彼の下院演説が改革運動をいっきょに全国的規模にまで高揚させたプロパガンダとしての役割を理解するには、彼の文学的活動とその広範なポピュラリティの獲得という背景を度外視するわけにはいかない。

リットンの政治家としての経歴は、彼が若干二八歳の一八三一年四月、セント・アイヴズ地区選出の下院議員当選によって開始される。したがって、彼の作家としての出発の方が先行していることになる。そもそも彼に議会に立つことを勧めたのは、ベンサムとその一門の友人たちであり、彼の文学的活動を高く評価してのことであった。もっとも、リットンは、彼の文学上の師ゴドウィンとベンサムの弟子ボーリングが推薦したサザック選挙区からの立候補を断念しているが、その政治家としての出発は——彼自身は終生ユティリタリアンとはならなかったが——ベンサムや友人J・S・ミルその他のウェストミンスター派との交流によって生じている。

さて、リットンの文学的経歴の初期を飾るとともに、その政治家としての出発の契機となった代表的な小説に、一八三〇年八月発表の『ポール・クリフォード』がある。

この作品は、その後、一八三〇年代から四〇年代にかけて隆盛をきわめる犯罪とりわけ殺人と窃盗をテーマとした一連の作品群、すなわちディケンズ、エインズワース、サッカレイ等、ヴィクトリア時代の代表的な作家たちの手になる犯罪小説群の先駆けをなすものである。ほとんどの場合、作中の主要な登場人物に歴史上実在の犯罪者を配したこれらの小説群は、当時「ニューゲイト小説《ノヴェル》」と呼ばれて大きな人気を博した。その代表的なものに、リットンの上記の作品の他に『ユージン・アラム』(一八三二)、ディケンズの『オリヴァー・トゥイスト』(一八三七〜九)や『バーナビー・ラッジ』(一八四一)、エインズワースの『ルクウッド』(一八三四)や『ジャック・シェパード』(一八三九)、そしてリットン批判を意図して書かれたサッカレイの反ニューゲイト小説『キャサリン』(一八三九〜四〇)や『虚栄の市』(一八四八)をあげることができる。

これらの小説群がニューゲイト小説と総称されたのは、犯罪を主題としているために、当時の人びとにニューゲイト監獄を連想させたからばかりではない。そもそもこの名称は、同時代の批評家たちから多分に侮蔑的なニュアンスをこめて付与されたラベルにほかならない。当時の読者層に絶大な人気を博したこれらの小説は、同時に、その作品の賛否をめぐって論争を巻き起こしたのである。それは作中の主要人物の描写に関するもので、これらの作品は、とりわけ『フレイザーズ・マガジン』の批評家たちから、犯罪者が英雄視ないし同情的に描かれているといって非難を浴びたのである。

リットンの『ポール・クリフォード』は、発表当初から、そうした非難にもかかわらず、その初版はわずか三ヵ月で売り切れ、ニューゲイト小説流行の口火を切っている。ここで、この小説のプロットを簡単に紹介しておこう。

主人公の孤児ポールは、売春婦だった母親を幼くして失い、ロンドンのいかがわしい居酒屋の女主人に育てられる。やがて悪い仲間と交わるようになり、一六歳の時、仲間の犯した盗みのために、ブライドウェル監獄に送られる。その雑居房で、数多くの犯罪者と出会い、とりわけ独自の犯罪哲学をもった賭博師トムリンソンから悪の愉しみを教えられたポールは、脱走して盗賊グループの一員となる。やがて、七年の歳月が流れ、ポールは持てる者からのみ奪い、けっして殺傷しない、キャプテン・ロヴェットという名の、男伊達のハイウェイメンの首領として世間に知られるようになる。彼は温泉保養地バースの上流社会にも出没し、美しい娘ルーシーと恋を語らったりするが、ついに捕らえられて死刑を宣告される。

ポール・クリフォードの法廷場面はこの作品のやまばで、作者リットンは、主人公に、次のように言わせている。

「あなた方の法律は、二種類しかない。ひとつは、犯罪者を生みだし、もうひとつは彼らを罰するのだ。私は、ひとつの法律によって苦しめられ、もうひとつの法律によって死のうとしている。……七年前、私は、無実の罪によって矯正施設に送られた。そこに入った時にはひとつの法律も犯したことのない少年だった私は、数週間後にそこを出た時には、あらゆる法律を破ることも辞さない男となっていた！………あなた方は、まず、身に覚えのない罰によって私を虐げ、つぎに、悪の常習者たち、あらゆる悪徳とそれによって生計をたてる術を知りぬいた者たちの群れに私を投じることによって、責め苛んだのだ。……あなた方の法律が私のような人間をつくったのだ！………そして私をつくった法律が今度は私を滅ぼすのだ、かつて何千という人間を滅ぼしたように！………法律によって守られている者たちは、法律を保護者だと思えばよい。いったい、いつ、それが私を守ったことがあろうか。いつ、それが貧しい者を守ったことがあろうか。政府は、そして法律制度は、それに『従順な』すべての者たちのために存在すると公言してはばからない。嘘だ！」

法廷におけるポール・クリフォードの自己弁護は、陪審員の心を動かし、死刑から流刑へと罪を減じられ、最後は、恋人ルーシーと流刑地アメリカで幸福に暮らす。

以上のような物語の展開といい、また、裁判官ブランドンが長年探していた実の息子が被告ポールだったという出生の秘密といい、『ポール・クリフォード』は、一種の貴種流離譚というべき特徴をもっており、いわゆる伝統的なロマンスの系譜に属している。この小説が、犯罪者の危険な英雄視という非難にもかかわらず、広範なポピュラリティを獲得した理由の一端は、このように伝統的ロマンスの系譜に属することにあっただろう。この小説はブルワー＝リットンの名をいっきょに中産階級読者層に広めたばかりでなく、廉価な海賊版が出まわり、最下層貧民の家庭にも熱心に読まれた。

フランスの文芸批評家カザミアンの『英国の社会小説』（一九〇三）によれば、文学史上、犯罪者の隠語をはじめて小説の世界に取り入れた作品がこの小説であった。リットンは、この試みによって、新しい小説言語の地平を切り拓き、その成功に触発されて書かれたのが、ディケンズやエインズワースの小説だった。とりわけ、ディケンズの『オリヴァー・トゥイスト』は、その物語のプロットを、この小説から得たといわれる。また、リットン自身、この小説の成功に勢いをえて、二年後に、『ニューゲイト・カレンダー』に記録された、実在の殺人犯を主人公にした『ユージン・アラム』を発表している（☆3）。

殉教者としての犯罪者

だが、『ポール・クリフォード』の同時代への影響は、単に一九世紀文学史上だけにとどまらない。私たちは、前に、イギリス刑法典の改正すなわち死刑罪の大幅な廃止と死刑判決そのものの減少が、一八三〇年以降、監獄の改良とともに急速に進行することをみてきたが、この刑法改革の推進に一役買ったのがこの作品だったのである。この小説は、広範な世論を喚起することによって、一九世紀初めのロミリー卿らの人道主義的そして功利主義的な改革運動が実現するための、またしてもプロパガンダの役割を演じたのである。同時代の風刺詩人E・エリオットは、この小説が世論におよぼした「劇的な効果」について、羨望をこめて、次のように語っている。「貴君は、『ポール・クリフォード』を書いて、私を失業させた。……さらば、ジェレミー・ベンサム！　さらば、わが古きすべての師たち、彼らはより威厳にみちてはいたが、賢明でもなく、霊感もなかった！………この本の劇的な威力は驚嘆にあたいする」、と。また、ただちにフランス語に訳されて、大陸における死刑廃止論議に火をつけている。

たしかに、リットン自身がこの小説を執筆した意図も、イギリス刑事司法制度に対する批判にあった。のちに彼は、一八四〇年版の序文において、この小説の目的が、「わが国の刑事司法制度の二つの欠陥、すなわち、悪の温床である監獄の状態と、苛酷な刑法――少年を矯正させるはずの処罰によって逆に堕落させ、次に、われわれ自身の過失を除去するためのもっとも安易な手段として、てっとり早く彼を絞首台に送りこむ習慣」に反省を促すことにあった、と述べている。しかも、リットンは、犯罪者の英雄視という文壇からの非難に対抗すべく、自ら『ニュー・マンスリー・マガジン』を主宰し、やがてディケンズらとともに、死刑廃止キャンペーンを展開することになる。

カザミアンのいうように、『ポール・クリフォード』は、明確な政治的意図をもって書かれた最初の「社会小説」であった。この作品以前にも、社会批判を企図して書かれた小説として、リットン自身が直接的な影響を受けたゴドウィンの『ケイリヴ・ウィリアムズ』（彼の評論『政治的正義』を小説化したもの）や、さらに遡って一八世紀半ばの、ウォルポール宰相と時のホイッグ内閣を風刺したH・フィールディングの『大盗ジョナサン・ワイルド』や『アミーリア』（『近年における強盗犯の増加原因に関する調査』の小説化）等、すでにこれまでにも存在しなかったわけではない。だが、刑法改正と監獄改良という具体的な問題を、作品の意図として、明確に提起した小説はかつてなかった。ベンサム主義者たちの強い要請を受けたリットンが、改革派議員として議会に立候補するのは、この小説の出版された翌年のことであった。彼の政治家としての経歴そのものが、その文学的経歴によって開始されているのである。

しかしながら、ここで検討したいのは、リットンの小説が一九世紀初めのイギリス刑事司法制度の改革に果たした役割それ自体ではない。私たちの関心はむしろ、彼の小説を先駆けとするニューゲイト小説と呼ばれた作品群が、犯罪者の理想化あるいは同情的な描写という共通した特徴を有するとみなされ、文壇から非難されながらも、広範なポピュラリティを獲得したという事実に、一九世紀という時代の感情構造の変容の徴候を読みとることにある。

ニューゲイト小説に対してなされた非難は、ある意味で、きわめて正当であった。『ポール・クリフォード』を例外として、これらの小説は、ほとんどの場合、作中の犯罪者の末路は絞首台と決まっていたが、そうした犯罪者が理想的あるいは同情的に描かれたという事実は、当時のロンドン民衆の間に、ニューゲイト監獄前の公開の処刑者が賛嘆の的あるいは同情の的になっていたという事実とまさに対応するからである。これらの小説は、タイバーン暴動のような騒擾事件を扇動するものではないだろうか。

一九世紀前半の小説読者層はまだ中産階級以上の者に限られていたが、ニューゲイト小説という犯罪者の地下世界の隠語にみちた言語によって、彼ら中産階級の読者が下層民衆と同じように、犯罪者を「殉教者」とみなすにいたるとすれば、法と秩序にとって、このうえなく危険な事態を招来するにちがいない。ニューゲイト小説に対する非難は、純粋に文学上の作品批評というよりも、その社会的影響についての憂慮にもとづくものであった。

それは、フランス革命以降、台頭する労働者階級を背景とした、当時のイギリス支配層と中産階級の危機意識のあらわれにほかならなかったのである。事実、『ポール・クリフォード』に手放しの賛辞を送った風刺詩人E・エリオットは、チャーティストのプロパガンダであったし、リットンの小説のフランス語訳は、社会主義者ルイ・ブランをして、「美しくも哲学的な小説」と言わしめている。しかも、『プアマンズ・ガーディアン』に代表される急進派労働者の非合法新聞が、「知識への課税」と文書誹毀法に敢然と挑戦することによって、彼ら労働者階級の間に人気を集めるのが、同じ一八三〇年代であったという事実である。それら非合法な無印紙新聞の隆盛こそ、まさに法律に敢然と違反する自らを「殉教者」として誇示することによって獲得したものであった。

それでは、リットンは、ニューゲイト小説がおよぼす社会的影響について無自覚であったのだろうか。ここで、彼が、一八三二年六月の下院において、中産階級の「知識への課税」改革運動のために雄弁をふるった時、その演説が、勃興する労働者階級による非合法な急進派新聞の蔓延の現状を指摘し、その危険性を訴えることから始まっていたことを想起されたい。このような政治的主張と、急進派労働者を扇動しかねない彼のニューゲイト小説とは、彼の内部に矛盾が潜んでいたことをものがたっているのだろうか。もちろん、否である。ブルワー＝リットンのラディカリズムの本質は、生涯変わらぬそのロマン主義的な保守主義にあった。彼は、むしろ、ニューゲイト小説の華々しい人気の秘密の裡にこそ、時代の感情構造の変化を鋭敏に察知することによって、来るべき新たな法と秩序の世界をみごとに予見していたのである。

『英国と英国人』

ここに、ブルワー＝リットンの、一八三三年に刊行された評論集『英国と英国人』二巻本がある。その批評の領域は、イギリス国民論にはじまり、政治・文学・芸術論から、教育論、宗教・道徳論、科学・出版・ジャーナリズムの現状に関する見解、そしてロバート・ピール論、ジェイムズ・ミル論、ベンサム論（ただし、これは親友J・S・ミルの執筆による）等の人物・思想論にいたるまで、同時代のあらゆる分野にわたっている（☆4）。この評論集は、彼の小説作品にくらべると、華々しい反響を呼ぶことはなかったが、のちに、J・S・ミルは、その『自伝』（一八七三）のなかで、「当時としては一般の考えよりはるかに先に進んだ著作だった」と回想している。

リットンは、この評論集のイギリス人の性格を論じた一節のなかで、次のように述べている。

「新聞の殺人記事に対する私たちの偏愛、あるいは絞首台のスペクタクルに対する私たちの熱狂への皮相な非難は、その非難とはまったく逆のことを明らかにする。というのは、恐怖の喚起にもっとも感染しやすい者こそ、柔和な感情の持ち主だからである。悲惨で悲劇的な物語や芝居にもっとも興味をひきつけられやすいのは、ご婦人方なのである。ロベスピエールは恋愛物語しか好まなかった。ネロはもっとも甘美な音楽の調べを偏愛していた。アリ・パシャは、残虐な話を忌み嫌った。南海の島々に住む野蛮で残忍な種族は、勝利と戦いの歌よりも、穏やかな叙事詩の調べを愛好している。もしも、諸君が、バラッド売りの商売を観察するならば、ご婦人方が好んで買ってゆくのがもっとも残酷な殺人ものであることに気づかれよう。私たちがその詳細を読んで驚嘆し、恐ろしい快楽を覚えるのは、私たちが犯罪と無縁だからであって、それが喚起する不可思議に対するたえまなき好奇心による。かくして、私たちが熱心に残虐な事件記事を買い求めるのは、私たち自身の残酷な性向の証明であるどころか、逆に、偏狭な攻撃者こそそうした非難を受けなければならないであろう。」

リットンは、当時、論議を呼んだイギリス人は残酷な国民であるという見解に対して反駁をおこなっているのだが、同時に、ニューゲイト小説に対する弁明がなされていることにも留意したい。というよりもむしろ、右の引用にみられるような、逆説にみちた人間心理への洞察は、『ポール・クリフォード』や『ユージン・アラム』の著者にしてはじめて可能であった。彼は、自分の犯罪小説のもっとも熱心な読者もまた女性であることをよく知っていたのである（ここで、メイヒューの水先案内人だった、あのバラッド売りの男が、「リヴァプールの悲劇」や「スカボローの悲劇」のブロードサイドを懐かしみながら語っていた言葉を思い出してほしい）。

さて、私たちは、リットンの、こうしたイギリス人の国民性の擁護論の背後に、彼がいかにこの時代の感情構造のありようを理解していたかを探ることができる。

まず、リットンの言葉が、彼の小説理論の基礎をなしている美学、いいかえれば美的感情についての心理学にもとづくことを理解しておこう。その言葉は、彼が決定的な影響を受けたゴシック小説やゴシック絵画に代表される一八世紀芸術の理論的基礎を築いたエドマンド・バークの美学理論の継承、さらにはその発展ともいうべき洞察にほかならない。バークは、すでに述べたように、人間はその自己保存の本能にもとづき、危険なく恐怖と通じている時ほど精神の充溢感を覚え、美的興奮の極に達すると論じ、そうした審美的感情を崇高美《サブライム》と名づけ、人間の芸術活動の究極的な表現形態とみなしていた。

しかしながら、崇高美が恐怖・危険・破壊力に対する感覚を源泉とするものであるならば、人間がそのような美的感情の表出を経験するのは、なにも芸術活動に限ってのことではあるまい。イギリス民衆の残虐な犯罪ニュースへの偏愛もまた、ニューゲイト小説の人気と同様、人間が危険なくすなわち距離をもって恐怖と通じ、そのことによって、美的興奮(バークのいう「歓喜《デライト》」)を経験したいという飽くなき欲望に由来するであろう。要するに、それは、恐怖への適応様式としての人間の普遍的な感情経験に属するのである(☆5)。

リットンの言葉は、かつて一八世紀最大の保守主義者バークによって「崇高美」と名づけられた審美的感情が、いまや単に少数の芸術エリートのみにとどまらず、一九世紀イギリス民衆の間に広範に芽生えつつあるという事実を、彼が鋭敏に察知していたことを端的にものがたっている。そして、このような洞察こそ、ニューゲイト小説の先駆者であるとともに、その文学的経歴を通じて、終生、「崇高」美学の探求者であったリットンが、一九世紀という時代の感情構造のゆくえを的確に予見していたことを証明しているのである。実際、そののち、イギリス民衆の間に圧倒的な人気を呼ぶことになるパノラマ、幻燈、メロドラマ演劇等々、これら今日の大衆文化《マスカルチャー》の原型を形づくるスペクタキュラーな一九世紀民衆娯楽の凄まじい隆盛が、「崇高美」芸術の通俗化現象にほかならなかったという事実を指摘しておこう。

それでは、絞首台に群がる群衆の熱狂は、イギリス民衆の残酷さの証しではないのだろうか。リットンは、この点についても、否を唱える。彼は、先の引用につづいて、次のように述べている

「書物において真実であることは、舞台においてもまた真実である。また、芝居において真実であることは、現実においても真実なのである。私たちの恐怖の物語への愛好の擁護について述べたことが正しければ、処刑台に群がる

私たちの傾向もまた同様に正しい。もっとも、この最後のものに関しては、つまり、あのおぞましい死の荘厳化、死すべくして生まれた人間への暗い関心にみちた舞台を眺めたいという性向は、すべての国の民衆がひとしく共有するものであろう。もっとも、それは、すべての国がわが国と同様に、あの陰鬱な儀式を公開とし、新聞の記事が、また裁判所や監獄の詳細な記録が、犯罪者に名声をあたえつづけるかぎりはであるが。」

リットンは、ここで、イギリス民衆の絞首台のスペクタクルへの熱狂の「おぞましい」残酷さを認めながらも、その責任を民衆自身の性向に帰することの誤りを指摘し、公開処刑制度の廃止を唱えている。彼の主張の標的は、激増する犯罪の原因をイギリス民衆の残虐な性格によるものとみなし、彼らの間に広まっている犯罪者への「誤った共感」を厳格に取り締まるべきだという、当時の支配層が固執していた厳罰主義に対する反駁にあった。こうした偏狭な謬見に対して、リットンは『英国と英国人』の他の部分で、「刑罰が犯罪と不均衡だという感情が民衆の犯罪者に対する同情の原因をなしている」のであって、「犯罪者への共感は民衆のヒューマニティの証明にほかならない」とさえ言い切っている。

リットンの死刑廃止論

リットンの主張は、一八世紀半ばの啓蒙思想家ベッカリーアを主唱者とし、ベンサムによって体系化された刑罰理論の復唱にすぎないのだろうか。

たしかに、彼の死刑廃止の論も刑罰均衡の主張も、ベッカリーアいらいすでにこの時代の多くの改革論者が提唱していることであり、ことさら目新しいものではない。むしろ、このような主張は当時の死刑廃止論のいわば一種の常套句となっていたのであり、のちに、死刑廃止論議が高まりをみせた一八四〇年代、彼の盟友ディケンズもまた、友人パクストン（あの水晶宮の設計者）とともに主宰した日刊紙『デイリー・ニューズ』（一八四八）に掲載した有名な四つの手紙のなかで、「死刑の全面廃止は犯罪予防のための一般原則である」と述べて、同様の指摘をおこなっている。「公開処刑は犯罪的傾向のある人間のうちに犯罪を生みだし、穏健でおこないの正しい人びとのうちに病的な同情――病的かつ悪質の、しかし自然でしばしば抗いがたい同情――を生みだしている」、と。

私たちはここで、リットンとディケンズがともに、ニューゲイト・ノヴェルと呼ばれたその犯罪小説群によって、犯罪者を「英雄視」あるいは「同情的」に描いているといって非難を浴びた作家であるという事実を想起しよう。これら当代一流の作家二人が、死刑反対の論拠として、公開処刑は犯罪者を「殉教者」ないし「同情の的」とするからだと主張している点に彼らの自己矛盾を見いだすかもしれない。一八四〇年代における死刑廃止キャンペーンの中心となったのは、リットンとディケンズをはじめとして、彼らの文学サークルや『エグザミナー』誌のフォンブランクやホウィット夫妻らジャーナリストたちであった。また、一八四一年創刊の、あのヘンリー・メイヒューを初代編集長とする絵入り風刺週刊誌『パンチ』は、ダグラス・ジェロルドが健筆をふるい、その当初から死刑廃止運動を支援している。けれど、私たちはむしろ、リットンとディケンズの、このような一見自己矛盾ともみえる主張の中に、一九世紀以降の感情構造をそれ以前の時代から画然とわかつ決定的なターニング・ポイントを読み取らなければならないのである。

もっとも、厳密にいえば、公開処刑に対するリットンとディケンズの見解には、明らかな相違がある。ディケンズは、公開処刑がおよぼす効果について、それが、一方では犯罪傾向のある人間に対しては処刑者を「殉教者」として称揚し、他方、善良な人びとに対しては「病的な同情」を喚起するというように、二つの悪影響を指摘している。これに対して、リットンは、そうした区別をせずに、イギリス民衆の処刑者への「共感」そのものを「ヒューマニティの証明」と断言し、「絞首台に群がる群衆の熱狂」の「おぞましさ」を認めながらも、それ自体を肯定しさえしている。

常識的に考えれば、のちに書かれたディケンズの見解の方が、リットンの意見をより精緻化し一歩進めたものとみえよう。だが、実際はむしろ、ディケンズの方が当時のより常套的な表現を復唱しているのであって、リットンの方が当時としては特異な言説を繰り広げているのである。

ディケンズその他の同時代の死刑廃止論者たちと異なって、リットンの主張の特異な点は、公開処刑が民衆に「賛嘆」あるいは「同情」いずれの感情を呼び起こそうと、その効果は、恐怖という同一感情に由来するものであるという、より根源的な認識にもとづいていることである。彼が、イギリス民衆の絞首台のスペクタクルへの熱狂を、新聞の殺人記事や恐怖物語や芝居への愛好と同列に論じていることの理由もここにある。要するに、リットンは、絞首台のスペクタクルへの熱狂そのものを、イギリス人に限らず、人間の普遍的な恐怖への適応様式のひとつとみなしていたのである。そして、こうした認識こそ、ニューゲイト・ノヴェルの先駆者であるとともに、終生、「崇高」美学の探求者だったリットンの独擅場であった。

リットンにとって、公開処刑が「悪」であるのは、その暗鬱な儀式の公開性によって「おぞましい死の荘厳化」が生みだされることそれ自体にあった。それは、死刑それ自体がもはや恐怖感情の喚起による犯罪の抑止効果をもちえないという、同時代の死刑廃止論者たちの間に共通していた功利主義的な認識とは微妙に異なっていた。また、彼の死刑廃止論は、ディケンズその他の全面廃止論者たちとも違い、その公開性に対する反対すなわちその〈パブリシティ〉効果の否定だったのである。もっとも、一八四〇年代の全面廃止論そのものも、そののち五〇年代になると公開処刑廃止論へと、つまりリットンの主張の方向へと軌道修正されることになる。

だが、より重要な点は、リットンの公開処刑廃止論が、同時に、当時の「裁判所や監獄の詳細な記録」や「新聞記事」のありかたについても言及していることである。リットンがここで指摘している裁判所や監獄の記録とは、彼が『ポール・クリフォード』執筆にあたって耽読した『ニューゲイト・カレンダー』をはじめとする犯罪者名鑑の類のことである。また、彼のいう新聞記事が「知識への課税」撤廃以前の日曜新聞やブロードサイドの犯罪ニュースを指していることはいうまでもない。すなわち、リットンは、死刑執行が公開であるとともに、それらの犯罪記録や記事が「犯罪者に名声をあたえつづけている」ところに公開処刑の最大の問題点を見いだしているのである。

リットンの先見性は、まさしく、この点にあった。彼は、これらの犯罪読み物が、その道徳的かつ教育的外見にもかかわらず、犯罪者に対して、たとえ「悪名」という汚名であれ「名声」を付与し、そのことによって彼らを聖別しているという事実を、そしてその心理的メカニズムをはっきりと洞察している。つまり、彼は、そうした聖別作用が公開処刑という「死の荘厳化」によって成立していること、そしてイギリス民衆の絞首台のスペクタクルへの熱狂とこれらの犯罪読み物に対する偏愛がたがいに相乗効果を生みだすものであることを熟知していた。一六世紀に「改悛の舞台」として発明され、一七世紀にその宗教儀礼としての形式を完成させた公開処刑は、一八世紀に恐怖感情の喚起による犯罪抑止効果を見いだされながら、一九世紀になると、ここまで大きくその意味を変容させていたのである。

「パブリシティこそ道徳の最良の後見人である」と唱えて、そののちの警察活動のありかたに理論的基礎をあたえたベンサムやその盟友カフーンは、「有名な犯罪者」の生涯と運命、彼らが犯した犯罪行為、そしてその告白、その刑執行の模様についての読み物が、民衆の道徳教化に役立つことを信じて疑わなかった。それが彼らの「ポリス・ガゼット」構想であり、実際、その構想の一部はすでに当時のブロードサイドや新聞の犯罪ニュースの中で実現されていたともいえる。だが、リットンにとっては、そうした犯罪者の「名声」そのものが公開処刑という「死の荘厳化」による象徴化作用が産出するものにほかならなかった。彼はこのような象徴性 (symbolism) の理解において功利主義者たちと一線を画していたのである。死刑執行の公開性が存続するかぎり、それらの犯罪読み物は民衆の道徳的教化と犯罪防止のための教訓話であるどころか、逆に、民衆は犯罪者を永遠に「殉教者」の地位に祭り上げつづけるだろう。リットンは、それが自己の創作活動のインスピレーションの源泉であったがゆえに、イギリス民衆の間の犯罪読み物に対する偏愛の秘密を知りぬいていたのである。

リットンにとって、ニューゲイト・ノヴェルが犯罪者を「英雄視」しているという非難は、彼の作品の真意を知らない、したがって真の犯罪予防のためにいかなる改革が必要であるかをまったく理解できない許しがたい謬見であった。彼の小説の愛読者は「柔和な感情の持ち主」なのである。そして、「残虐」なのは民衆ではなく、「偏狭な攻撃者」の側なのだ。彼の犯罪小説は、むしろ、現実の、ありふれた犯罪者たちを「殉教者」に祭り上げている公開処刑というスペクタクル装置を廃絶し、彼らへの称賛も同情も無効化するには何が必要かを訴える問題提起にほかならなかった(☆6)。その意味では、リットンの主張は、軽微な犯罪・非行の迅速かつ完全な報告のポリス・ガゼットを提唱して、ベンサム、カフーンらの〈パブリシティ〉の思想を一歩進めた功利主義者チャドウィックとあいまって、まさに同一の地平を切り拓くものであった。

現実の犯罪の原因を「無知」によるものとみなしていたリットンは、来るべき自由で独立した廉価な新聞の登場によって、実際の犯罪者がその凡庸で卑小な姿を日々露呈してみせるであろうことを確信していたのである。そして、「柔和な感情の持ち主」である新聞読者にとっては、犯罪者と警察の対決劇という新たなスペクタクルを通じて、社会というものの境界がいかにして画定されるのかを、日々、確認することになるだろう。

私たちは今や、次のことをはっきりと理解しなければならない。「廉価な知識は、多大な費用を要する刑罰よりも賢明な政治的役割を果たしはしないか」と唱えて、「知識への課税」改革運動のプロパガンダの役割を演じたリットンにとって、新聞と刑罰の比較はけっして単なるメタファーやレトリックだったわけではなかった。「知識への課税」撤廃は、公開処刑の廃止と平行して実現されなければ有効な意味をもたないであろう。課税廃止の早期実現に懐疑的であったリットンが、前に触れたように一八三五年の下院での動議撤回によって「運動の勝利を二〇年遅らせた」(コレット)として、その「裏切り」を非難されながらも、歴史はやがて彼の言説の方向に進行していくのである。

第二節　ヴィクトリア朝の殺人嗜好

一八三六年法の影響

さて、一八三三年の広告税引き下げに続いて、新聞印紙税が四ペンスから一ペニーへと引き下げられるのは、皮肉にも、リットンがふたたび「知識への課税」廃止の動議を撤回した一八三五年の翌年、九月一五日のことであった。では、急進派労働者と中産階級改革派による言論の自由の戦いに対するホイッグ政府の妥協の産物だった、一八三六年の新聞印紙税の大幅な引き下げは、当時の新聞ジャーナリズムの状況にどのような効果をもたらしたのだろうか。

C・D・コレットは、その回想録『知識への課税の歴史』(一八九九)のなかで、課税引き下げが「邪魔者の排除」にしか貢献しなかったと語っている。一八三六年の法改正は、結局のところ、『タイムズ』に代表される少数の既存の新聞業界のジェントルメンの「独占」の保護に寄与したにすぎなかった、と。

『タイムズ』その他のロンドンの日刊紙は、その価格を七ペンスから五ペンスへと二ペンス(三ペンスではない)値下げすることによって部数を伸ばしたばかりか、印紙税の引き下げとの差益分一ペニーの増収をも得ている。また、この五ペンスという価格は、一八五五年の印紙税廃止まで値下げされることはなかった。『タイムズ』の不動の地位はさらに強化され、一八四一年には、その発行部数が他の主要日刊紙『モーニング・ポスト』『モーニング・ヘラルド』『モーニング・クロニクル』を合計した数の二倍、一八五〇年にはその四倍にも達している。また、これらの日刊新聞も、たとえ『タイムズ』にはとうてい太刀打ちできなかったとはいえ、税引き下げの特権を十分に享受することができた。これに対して、一八三六年法の成立後、最初の二年間に創刊された日刊新聞はロンドンでわずか一紙にすぎない。

さらに、一八三六年法は、印紙税の大幅な引き下げと同時に、無印紙新聞の販売あるいは所持に対して二〇ポンド、その出版に対しては五〇ポンドという科料を科して取り締まりを強化している。また、政府は新聞経営者と印刷者そして出版者の名前をその紙面に明記することを義務づけることによって、政府の監視下に置くとともに、無印紙新聞の摘発を容易にしようとしたのであった。

たしかに、コレットが語るように、一八三六年の法改正の最大の目的は非合法な無印紙新聞の息の根を止めることにあった。その成果は明らかだった。この年以降、労働者階級急進派の無印紙新聞は急速にその姿を消すのである。

新聞印紙税引き下げの翌年、ヴィクトリア朝の幕開けの年、やがて四〇年代を席捲するチャーティスト運動の指導的機関紙『ノーザン・スター』がヨークシャーの産業都市リーズで創刊される。その社主ファーガス・オコナーは、その創刊号の第一面に次のように書いている。「読者よ、わが新聞の隅の小さな赤いシミを見よ。これが、印紙である。ホイッグにとっては美のシミ、読者にとっては疫病のシミである。」

かつて一八三〇年代に「知識への課税」に敢然と戦いを挑んだ、あのヘザリントンの『プアマンズ・ガーディアン』に代表される労働者階級の急進派新聞のほとんどが非合法の無印紙新聞だったのに対して、三〇年代後半から四〇年代にかけてのチャーティスト運動、さらにまた反穀物法闘争の機関紙は、新聞印紙税を言論の自由に対する最大の足枷とみなしながらも、もはや非合法手段に訴えることをやめて合法紙の道を歩んだのである。

このような事実をして、コレットの語るように、政府は新聞印紙税の大幅な引き下げによって非合法な無印紙新聞の息の根を止めることに成功したとみるか、一ペニー税によって労働者階級急進派があえて印紙税法違反の危険を冒す必要がなくなったと解釈するかは、見方によって異なるだろう。だが、いずれにせよ、「知識への課税」に対する戦いそのものが三〇年代後半から急速に退潮していったこともまた事実であった。「知識への課税」廃止の要求は、コレットのいうように、一八三六年から一三年間の沈黙を余儀なくされることになる。後期チャーティスト運動の中心をなした国民チャーター同盟の内部に「新聞印紙税廃止委員会」が発足するのは、ようやく一八四九年になってからのことである。ちなみに、そのメンバーの中には、ヘザリントンも参加しているが、それも彼がその五七年の生涯を閉じるわずか数ヵ月前のことであった。そして、法改正の論議が再燃するのは五〇年代になってからであり、一八五一年、新聞印紙税法の撤廃を単一の達成目標に掲げた圧力団体、「知識税廃止促進委員会」がT・ミルナー＝ギブソンを会長として新たに発足する。この圧力団体には、他にR・コブデン、J・ブライト、W・エワート、J・ヒューム、T・ハント、W・ヒクソンなどが名前を連ね、彼らの圧力によって、ラッセル卿率いるホイッグ内閣の下に「新聞印紙税特別委員会」がようやく下院に設置されるのも同年のことである。ロンドン万博の開催されたこの年、ヘザリントンと立場を異にしていたとはいえ、「知識への課税」に対する戦いの中心人物であったフランシス・プレイスもまたその死を三年後に控えていた。

もっとも、コレットのいうように、課税引き下げが「邪魔者の排除」にしか貢献しなかったというのも進行する事態の半面をしか捉えていないといわなければならない。たしかに、国民チャーター同盟の書記として「知識への課税」撤廃の早期実現のために貢献したコレットが、その回想録で、一八三六年法を欺瞞とみなしていることは十分理解できる。しかしながら、私たちがここで着目しなければならないのは、もはや「知識への課税」に対する戦いそれ自体ではなく、一八三六年から五五年の完全廃止までの二〇年間に、新聞ジャーナリズム状況に生起した新たな事態である。

当時の印紙税収に関する政府の年次統計の数字によれば、新聞の年間総発行部数は、四ペンス税最後の一八三六年が三九四二万三二〇〇部だったのに対して、印紙税の廃止がおこなわれる前年の一八五四年には一億二一一七万部とおよそ三倍強の増加を示している。これらの数字は、単に『タイムズ』その他の既存の日刊新聞の規模の拡大のみによって説明することはできない。この数字は、印紙税の大幅な引き下げが新聞産業の新たな発展段階を画するものであったことを端的にものがたっているのである。

一ペニーという印紙税の大幅な引き下げは、週刊新聞の隆盛という新たな状況を生みだしたのである。税の引き下げ後の最初の二年間に創刊された日刊紙はたった一紙だけであったが、同じ二年間に、ロンドンでは二三紙、地方都市では三五紙もの週刊新聞が発刊されている。地方紙の育成は中産階級による「知識への課税」改革運動の主要な目標の一つであり、一八三六年の印紙税法改正はその目標を達成することによって地方産業都市の発展に大きく寄与したのであった。ちなみに、こうした新聞発行部数の増加は政府の歳入にとっても多大な利益をもたらし、かつて一八三二年、当時の蔵相オルソップ卿があのブルワー＝リットンの下院演説に対して、課税引き下げが政府に多大な支出を負わせることになるだろうと反論したことが単なる杞憂にすぎなかったことを証明したのである。

さて、一八三六年の印紙税の引き下げによってもたらされた週刊新聞の隆盛とは、日曜新聞のそれにほかならない。その隆盛は、それまで高価な新聞価格によって手の届かなかったイギリス民衆すなわち人口の大半を占める労働者階級という潜在的購読者層を獲得することによって立ち現われた現象にほかならない。一八三六年から五五年の二〇年間にどのような日曜新聞が創刊され、それがどのような紙面によって圧倒的な読者層をつかんだのか、私たちは、いよいよその事実を検討することにしよう。だが、それに先だって、そもそも日曜新聞とはどのような新聞だったかを振りかえっておこう。

日曜新聞の興隆そのものは、一八三六年の新聞印紙税の引き下げによってはじめて生起した現象であったわけではない。日曜新聞はすでに半世紀以上もの伝統をもっていた。その始まりは、一七七九年、エリザベス・ジョンソン夫人が、日刊紙を買う金も暇もない人びとを対象に、『ブリティッシュ・ガゼット・アンド・サンデイ・モニター』（その後『サンデイ・モニター』と改称される）という日曜紙を発行したことにはじまる。その紙面は、最近のニュースと一週間の出来事の要約そして宗教的内容の記事が大半を占めていた。ジョンソン夫人の新聞発行の意図は、前にも触れたハンナ・モア主宰のパンフレット『廉価文庫冊子』のそれに近いものであった。ただ、ハンナ・モアが労働者階級の最下層の道徳的教化を目的としたのに対して、ジョンソン夫人は、一八世紀後半すでに勃興しつつあった上昇志向の強い上層労働者階級を読者対象としていた。その成功は、『サンデイ・モニター』創刊後三〇年の間に、一八種類の日曜紙を創刊させている。ここで、これらの週刊新聞の、日曜日発行という〈定期性〉のもつ意味について触れておこう。当時の労働者は、これまでの職人たちの労働慣習すなわち安息日である日曜日の飲酒を月曜日にもちこして娯楽にあてる「聖月曜日」の慣習を受け継いでいたが、日曜新聞は労働者に日曜日を読書にあてる習慣の形成いいかえればレスペクタブルな労働者の育成に大きく寄与したのである。

それらの日曜新聞の寿命はほとんど短命に終わったが、『オブザーバー』(一七九一年創刊)、『ウィークリー・ディスパッチ』(一八〇一年創刊)、『サンデイ・タイムズ』(一八二二年創刊)など、二〇世紀まで連綿と続く日曜紙が一八二〇年代までに出現しており、三〇年代にはすでにその発行部数は日刊紙の一〇倍にも達していたのである。その紙面はといえば、風俗、ファッション、上流階級の身辺雑事《ゴシップ》や醜聞、スポーツ、メロドラマ、そしてとりわけ殺人・強盗・婦女暴行・誘拐などの犯罪ニュースによって占められていた。これらの日曜新聞が、一八三二年の「サーテル事件」の際、イギリス・ジャーナリズム史上最初の「新聞による裁判」と呼ばれるほどの報道合戦を展開したことはすでに第一章で看てきた。

レスペクタビリティと殺人嗜好

さて、一八三六年の新聞印紙税の大幅な引き下げから一八五五年の完全廃止までの二〇年間は、イギリス史上最大の繁栄をほこるヴィクトリア時代の初期に属している。
一八三七年七月、一八歳で即位したアレクサンドリア・ヴィクトリア(在位1837-1901)を熱狂的に迎えるイギリス民衆の、新しい時代への期待を伝える「ヴィクトリア女王」と題されたブロードサイド・バラッドの最初の一部を紹介しておこう。

美と香りにつつまれて
咲きほこるすべての花々
そのなかでもっとも美しい六月のバラ
それがヴィクトリア、イギリス女王
あなたが統治するかぎり
国はあなたの導きにしたがう
その時、国民はもう子供ではない
　ヴィクトリア、イギリス女王
彼女は宣言する
議会改革を推し進め
強い意志をもって善政を施すと
　彼女が花のなかの花
　　イギリス女王であるかぎり

このバラッドが興味深いのは、新しい女王の誕生への賛美と議会改革や救貧法批判が織り混ぜられて唄われていることである。無名の、おそらく労働者階級の急進派思想の洗礼を受けたハックライターの手になると思われるこのバラッドに端的にうかがえるように、イギリス民衆の政治改革への期待はフランスのように革命とはついに無縁な「進歩」と「改良」への信仰にあった。

在位六四年におよんだヴィクトリア女王に対するイギリス民衆の熱烈な崇拝は、かつてベンサムがそのパノプティコン建設に際して国王ジョージ三世に期待したような啓蒙的な立憲君主へのそれではなく、この時代の進歩と向上への期待感が生みだしたものであった。私たちは前に、ヴィクトリア朝の時代精神を特徴づけるものとして「レスペクタビリティ」崇拝に触れたが、ヴィクトリア女王への崇拝はまさにこの時代精神に対する信仰に由来している。彼女は、イギリス民衆にとって、その象徴にほかならなかったのである。

チャールズ・ディケンズが、一八四六年一月二日、『デイリー・ニューズ』の創刊号に掲げた、「進歩と改良の原則、教育、市民的・宗教的自由そして平等な立法の原則」を打ち樹てることという編集方針の意図も先の無名文士のバラッドの新しい時代への期待と同じものである。彼が、つづけて、「われわれにはなすべき多くの事柄がある。イギリス国民の身体の快適さ、精神的向上そして全体の満足のために、われわれは行動しなければならない。」

このように語る時、彼自身セルフ・ヘルプの体現者であったディケンズは、まさにこの時代の「レスペクタビリティ」への信仰を唱えているのである。

しかしながら、ここに、ヴィクトリア時代を「われらの殺人黄金時代、いわばわれらのエリザベス朝」と呼んだ詩人G・オーウェルの言葉がある。R・D・オールティックは、オーウェルの言葉を引用しながら、「殺人事件が頻繁に起き、また一般大衆が殺人に異常な興味を示したことは、この時代のありのままの嘘偽りのない歴史的事実」であったとして、『ヴィクトリア朝の緋色の研究』(一九七〇)という書を、当時の有名な殺人事件とその社会的影響の研究に費やしている。

それでは、ヴィクトリア朝人の殺人への熱狂的な関心はいったい彼らの「レスペクタビリティ」崇拝とどのような関係があるのだろうか。そもそも人間の殺人への関心などというものは「レスペクタビリティ」とおよそ正反対のものではないだろうか。

オールティックは、「ヴィクトリア女王の死んだ頃のイギリスは殺人事件の産物である」とさえ述べている。彼はその理由を、「何百万という文盲、半文盲の大衆は殺人に魅せられ、そこから、新聞・雑誌を読むのに必要な程度の活字を読む力をマスターすることになった」からであり、ヴィクトリア朝の人びとの間にものを読む習慣が広まり、政治・社会・文化に重大な変化をもたらしたのは、彼らの「殺人への嗜好」の結果であると断定している。彼によれば、ヴィクトリア朝人の殺人への熱狂的な関心こそが、「レスペクタビリティ」の基本要件である識字能力の向上を達成したというわけである。

オールティックのアイロニカルな指摘は、たしかに一面の真実といえよう。イギリス国民の識字能力の全面的普及は、一八七〇年の初等教育義務法(いわゆるフォースター法)をまたなければならないが、労働者階級の識字率はすでに一八三〇年までに六五パーセントから七五パーセントにまで達していた。これが当時のブロードサイドやチャップブックそして日曜新聞の影響によることは明らかだからである。

彼はさらに、次のように語っている。

「殺人は、ヴィクトリア時代に発達した大量発行のジャーナリズムに、尽きることのない材料を提供した。たやすく読める扇情的読み物を求める読者層が膨れつつあるというのに、まだその辺がまったく手つかずの状態だということに気づいたジャーナリズムは、新聞・雑誌・チャップブック出版業を一大産業に仕立てあげることに本腰を入れはじめた。

こうして、活字というものを、教育を受けたほんのわずかな人間たちだけの限られた市場さえなかった時代には考えられなかったほど大きな利益を生む商品にしたのだ」、と。

一八世紀の初め、「ものを書くことがイギリス商業のきわめて重大な一部門となった」と唱えた近代ジャーナリズムの祖ダニエル・デフォーの早すぎた予言は、およそ一五〇年の歳月をへて、ようやくその実現をむかえつつあったのだ。だが、それは、週刊新聞『レヴュー』の政治ジャーナリストとしてのデフォーではなく、『オリジナル・ウィークリー・ジャーナル』で、ジャック・シェパードやジョナサン・ワイルドに獄中インタヴューをおこなった犯罪ジャーナリストとしての系譜によってなのである。

しかしながら、オールティックの指摘は半面の真実でしかない。そもそも「殺人嗜好」などという性向が人間に普遍的に存在するわけではないだろう。私たちは、すでに第一章で、一九世紀以前の殺人事件を唄ったブロードサイドや犯罪パンフレットが事件発生の時点ではなく、公開処刑の時点で発行されていたという事実をみてきたが、事件がその発生の時点に焦点をあてて大々的に報じられるようになるのは、一九世紀に入って、とりわけ日曜新聞の紙面によってなのである。そうした報道が可能となるのは、前にも触れたように、事件の発生それ自体をひとつの結果としてものがたることを可能ならしめる原因論的な言説空間、つまり事件の個別性とその原因、犯罪者の性格特性などの犯罪動機理解を中心とするプレ＝アクティヴな（つまり事前の）知のまなざしの成立が不可欠である。一六世紀から一八世紀までの犯罪報道を特徴づけていたのは、まさにそうした言説空間の不在だったのである。

一九世紀になって、日曜新聞が犯罪とりわけ殺人ニュースを事件の発生時点から報道するようになるのは、そうした動機理解を中心としたボキャブラリーとレトリックからなる言説がようやく芽生えつつあったからである。その意味で、オールティックのいうヴィクトリア朝人の「殺人への嗜好」とは、人びとの犯罪に対する関心の世俗化いいかえれば犯罪の人間化がもたらした現象だったのであり、犯罪とりわけ殺人事件のニュースは、一九世紀とりわけヴィクトリア時代においてはじめてヒューマン・インタレスト・ストーリーとして成立するのである。

私たちが看過してならないのは、このような動機理解を中心とするニュース・ストーリーの成立が、一九世紀初めの「予防警察」の誕生すなわちロンドン首都警察スコットランドヤードを嚆矢とする近代警察組織の成立と時期を同じくしているという事実である。これによって、犯罪事件のニュースは、それ以前の、ブロードサイドや犯罪パンフレットにみられるような処刑者の改悛劇あるいはその勇敢さを誇示する身体劇から犯人と警察との知性の対決ゲームへとしだいにその内容を転換させていくのである。オールティックはいみじくも、「殺人が大衆娯楽、つまり見るスポーツとして制度化されたのはヴィクトリア朝初期、もしくはその直前だった」と指摘しているが、彼の言葉は、近代ジャーナリズムの成立に四半世紀あまり先駆けて成立した近代警察制度を考慮に入れることによってはじめて妥当性をもつだろう。犯罪ニュースは「見るスポーツ」まさに「見るにあたいする」レスペクタブルなゲームとなったのである。もっとも、このように述べたからといって、オールティックのいうヴィクトリア朝人の「殺人への嗜好」をすべて説明したことにはならない。これについては、この節の最後で明らかにしよう。

絵入り新聞の隆盛

さて、私たちはここで、新聞印紙税の大幅な引き下げがおこなわれた一八三六年から五五年の完全廃止にいたる二〇年間に創刊された週刊新聞の代表的なものを紹介しておこう。

まず、触れておかなければならないのは、いわゆる大衆娯楽としての「絵入り新聞」の隆盛である。なかでも、今日まで発行されつづけているものに、一八四一年七月創刊の『パンチ』とその翌年五月に現われた『イラストレイティド・ロンドン・ニューズ』がある。

『パンチ』がヘンリー・メイヒューを初代編集長として創刊されたことは先に触れたが、その正式の名称を『パンチ、あるいはロンドン・シャリヴァリ』（☆7）といい、定価三ペンスの、ニュースよりも政治風刺やジョークやユーモア記事を中心に構成されており、印紙税当局によって合法とみなされた無印紙の、新聞というよりも週刊誌と呼ぶべきものであった。これに対して、翌一八四二年五月一四日にその第一号二万六〇〇〇部を発行した『イラストレイティド・ロンドン・ニューズ』は、発行者ハーバート・イングラムが、六ペンス、一六ページだて、三二枚の木版刷りの挿し絵入りのニュース記事を中心に、中産階級を購読者層として企画した新聞であった。

もっとも、新聞がその紙面にブロードサイドを模して木版画を挿し絵として導入したのは、『イラストレイティド・ロンドン・ニューズ』が最初だったというわけではない。すでに、前に触れた『オブザーバー』『サンデイ・タイムズ』『ウィークリー・クロニクル』などの三ペンスの日曜紙がその犯罪ニュースによって先鞭をつけていたのである。そもそもイングラムが『イラストレイティド・ロンドン・ニューズ』の発刊を思い立ったのは、「サーテル事件」や「グリーンエイカー事件」をセンセーショナルにあつかったこれらの日曜新聞の成功に触発されてのことだった。ちなみに、このグリーンエイカー事件は一八三六年一二月二八日に発覚した婚約者殺人事件で、彼の処刑を唄ったブロードサイド・バラッドは一六五万部発行されている。また、創刊後間もない『ウィークリー・クロニクル』も、一八三七年四月二日の犯人逮捕いらい、その似顔絵を含めて、裁判の模様や独居房のスケッチなど、次つぎに挿し絵入りのニュース記事を掲載して、一三万部という当時の新聞としては最高の発行部数を誇っていた。

しかしながら、これらの日曜新聞は中産階級と成功した労働者や小売店主や職人からなる下層中産階級を主な読者層としていたにすぎない。労働者階級という厖大な潜在的読者層を開拓して、真の意味で今日の大衆的なジャーナリズムの基礎を築くことになるのは、エドワード・ロイドの『ロイズ・ウィークリー・ニューズペイパー』（一八四二年創刊）とジョージ・W・M・レノルズの『レノルズ・ウィークリー・ニューズペイパー』（一八五〇年創刊）の二つの日曜新聞の登場であった。

ここで、一九世紀半ば、近代ジャーナリズムの誕生を着々と準備しつつあった当時の目覚ましい技術革新について触れておきたい。

イギリスに世界最初の鉄道がスタクトンとダーリントン間に開通されたのは一八二五年のことであるが、鉄道建設ブームを呼んだ三〇年代の後半には早くも新聞の輸送に使われはじめている。もっとも、本格的な新聞輸送の特別列車が走ったのは一八四八年、エディンバラとグラスゴー間のことであり、新聞印紙税が完全に廃止された一八五五年までには、大多数の新聞が鉄道を利用するようになっていた。鉄道はそれまでの郵便馬車にくらべて、ロンドンと地方都市間のタイム・ラグを四日から一二時間へと大幅に短縮し、その輸送コストを八〇パーセントも引き下げた。この大量輸送機関の発達によってはじめて全国規模の新聞が約束されたのである。

次に、忘れてならない技術革新は、印刷技術の発達である。『タイムズ』がケーニッヒ考案による蒸気動力のシリンダー印刷機を導入したのが一八一四年、さらに一八二七年には、クーパー＝アプルガース式印刷機が発明され、一時間に五〜六〇〇〇部の印刷が可能となった。それまでのスタンホープ式の手刷り印刷機は一時間に七五〇部をこえることができず、その限界は一九世紀半ばまでやぶることができなかったのである。『タイムズ』が一九世紀前半の新聞ジャーナリズム界に君臨することができたのは、このシリンダー式印刷機によるという見方もあながち否定できない。

さらに、一八四〇年代になると、アメリカ人のリチャード・ホウが輪転機を開発し、一八四七年にイギリスで特許をえている。しかし、このホウ式印刷機の導入は、新聞印紙税の足枷、つまり一枚ごとに印紙を捺印した用紙の使用を義務づけられていたために阻まれつづけていたのである。この税が撤廃された翌一八五六年、これをはじめて採用したのがエドワード・ロイドの『ロイズ・ウィークリー・ニューズペイパー』にほかならない。その後ただちに『タイムズ』やほかの日曜新聞もこぞってホウ式輪転機の導入によって、ようやく大量印刷の時代が到来するのである。

鉄道と輪転機という新聞の大量生産と大量輸送をめぐる二つの技術革新とともに、もうひとつ忘れてならないのは、電気通信技術の発明である。一八三八年にモースが電信機を公開していらい、その一〇年後にはイギリス各地に通信網が敷かれ、第一回ロンドン万博が開催された一八五一年には英仏海峡にロンドンとパリを結ぶ海底電信が敷設されている。この技術がニュース報道をスピードアップさせたことはいうまでもないが、記事の文体にも決定的な影響をあたえる。冗長な表現は排され簡潔さが重視されて、やがて新聞独特の表現スタイルいわゆる5W1Hというニュース報道のスタイルが確立されるのである。

イエロープレスの先駆者

それでは、『ロイズ・ウィークリー』と『レノルズ・ウィークリー』の二紙に代表されるヴィクトリア時代の日曜新聞は、どのようにしてイギリス民衆すなわち労働者階級という厖大な読者層を獲得することができたのであろうか。

この問いがとりわけ重要であるのは、故レイモンド・ウィリアムズがその著『長い革命』（一九六一）のなかで、「一九世紀の大衆新聞の歴史は日曜新聞の拡張の歴史」であり、イギリス近代ジャーナリズムの歴史は「この点から書き直されなければならない」と示唆している、まさにこれまで近代ジャーナリズム史で空白のままにとり残されてきた問題にほかならない。すでに一八五〇年の日曜紙の推定発行部数は日刊紙の六万部に対して、二七万五〇〇〇部とおよそ四・五倍強であった。しかも、日曜紙の優位は、当時のイギリス労働者の新聞の集団購入と仕事場での朗読、そしてパブやコーヒーハウスや床屋での料金一ペニーによる閲覧という習慣を考慮に入れれば、はるかにいっそう顕著であろう。

バージニア・ベリッジは、ヴィクトリア時代の日曜新聞の記事と広告の内容分析を通じて、当時の労働者階級の生活とりわけその余暇と消費のパターンを研究した学位論文『大衆ジャーナリズムと労働者階級の態度』(未公刊、一九七六)のなかで、当時の日曜紙の内容の特徴を、「昔からある非政治的なチャップブックや『死を前にした言葉』の伝統と無印紙新聞やチャーティストの新聞の政治的ラディカリズムとの結合」に見いだしている。たしかに、『ロイズ』や『レノルズ』の成功、その他にも、ジョン・B・ベルの『ニューズ・オブ・ザ・ワールド』やジョージ・スティッフの『ウィークリー・タイムズ』など日曜新聞の成功の秘密はこのあたりにあった。

私たちはここで、一八三〇年代の「知識への課税」反対闘争を戦ったヘザリントンやクリーヴらが、一八三三年半ばに無印紙新聞の購読量が低下した際、犯罪ニュースと労働組合の活動報告などの政治的ニュースとの混淆からなる無印紙の週刊新聞を発行することによって、経営上の危機に対処したことに触れておかなければならない。

ヘザリントンの『トゥペニー・ディスパッチ』(一八三四〜六)やクリーヴの『クリーヴズ・ウィークリー・ポリス・ガゼット』(一八三四〜六)がその代表的なものであるが、その他にも、同じように当時の官製の警察広報に対抗して発行されたものとして、『カレンダー・オブ・クライム』『ライフ・イン・エディンバラ』『ピープルズ・ポリス・ガゼット』『ピープルズ・ヒュー・アンド・クライ』などがある。これらは比較的短命だったとはいえ、三〇年代半ばにピークをむかえている。なかでも、もっとも高い人気を呼んだ『クリーヴズ・ウィークリー・ポリス・ガゼット』は、手動式印刷にもかかわらず、最盛期の一八三五年末には、毎週三〜四万部という発行部数に達し、当時の『タイムズ』の蒸気式印刷機による発行部数一万部をはるかに凌駕していた。これらの無印紙新聞の犯罪ニュースの特徴は、犯罪原因を「無知と貧困と悲惨」に帰する当時の急進派労働者の社会観にもとづくものであった。ちなみに、ヘザリントンの『プアマンズ・ガーディアン』が一八三四年に無罪宣告を勝ちとった翌年、彼の『トゥペニー・ディスパッチ』もクリーヴの『ウィークリー・ポリス・ガゼット』も印紙税違反の罰金未払いのかどで印刷機と活字版を没収されていることはすでに第二章でみたとおりである。

V・ベリッジがいうように、『ロイズ・ウィークリー』や『レノルズ・ウィークリー』が一六世紀いらいイギリス民衆の間に連綿として受け継がれてきたブロードサイドの「絞首台もの」の伝統と一八四〇年代のチャーティスト新聞の政治的ラディカリズムとを結合させたものであったとすれば、その先鞭は明らかにヘザリントンやクリーヴらによってつけられたものであった。ロイドやレノルズらの日曜新聞の成功は、彼ら三〇年代の急進派新聞が苦肉の策として開拓した手法を、合法的に、そしてより商業主義的な方向に発展させたことによる。

ふたたび、オールティックによれば、ロイドとレノルズこそイギリスの「イエロープレス」の先駆者であり、当時の日曜新聞の隆盛は次のような経過にもとづいている。

「日曜新聞の新たな流れ――従来の週刊新聞がより高尚な読者層を相手にしていたのに対し、読み書きもまともにできない層を対象にしたこの流れは、ヴィクトリア朝でも政治的情熱が最高潮に達した一〇年間に生まれた。チャーティスト運動やストライキ、大集会、失業者や不満分子がさかんに暴動を起こした一〇年間だ。まるで分散投資で危険を防ごうとでもいうように、新聞業界ははじめからその毒々しい中身の新聞に、過激な政治記事と同じ量の犯罪記事を盛り込んだ。一九世紀も半ばになって政治的情熱が下火になると、この予防策は見事に功を奏した。すでにそれまでに、人びとの心理的欲求のパターンはでき上がっていた。だから、教会や国家に対する恨みつらみがもはや大衆の心を占めなくなっても、犯罪ニュースがその空白部分を埋める用意ができていた。いってみれば、センセーショナリズムの中心が政治から犯罪へ移ったということだ。大量の発行部数をもつ日曜新聞は最後まで急進的傾向を捨てはしなかったが、ヴィクトリア朝も後半になると、政党や議会の思わぬ変転に左右されずに大衆の心をつかんでおける記事、つまりスポーツや上流階級の性風俗、そしてなかんずく殺人事件――どこで起きたものだろうと――など、確実に読者がつく分野が優勢となり、政治記事は影がうすくなった」、と。

このような文芸史家オールティックの見解は、大体においてヴィクトリア朝の新聞ジャーナリズムの変化を的確に要約したものということができる。にもかかわらず、彼の見解に不満が残るのは、そうした変化の原因として、彼が、ヴィクトリア朝人の「殺人嗜好」を前提にして論じていることである。私たちがむしろ検討すべきなのは、そうした「殺人嗜好」という「心理的欲求のパターン」がいかにして形成されたかという問いでなければならないだろう。その前に、日曜新聞の隆盛を準備したロイドとレノルズとはいかなる人物だったのだろうか。

日曜新聞とペニー・ドレッドフル

ロイドやレノルズの日曜新聞が登場した一八四〇年代は、イギリスに廉価な文芸読物いわゆる大衆文学が隆盛をきわめた時期でもあった。それらの読物は、その出版業者たちがソールズベリ・スクエアを本拠地としていたことから「ソールズベリ・スクエア小説」と呼ばれる。その多くは毒々しい扇情的な犯罪や恐怖をあつかった一ペニーの続き物形式の読物だったところから、「ペニー・ドレッドフル」とも呼ばれた。それらの大衆読物はすでに人気を博した小説を焼き直したものが大半を占め、その種本となったのが三〇年代のリットンやディケンズやエインズワースらのニューゲイト・ノヴェルだったのである。

エドワード・ロイド(1815-90)はそうしたソールズベリ・スクエアの出版業者としてもっとも成功した一人であった。教育改革論者バークベックが労働者階級の道徳と教育の向上をめざして創設した職工学校出身の彼は、一〇代から本屋を開業し、『ペニー・ピクウィック』(一八四〇)や『ペニー・ウィークリー・ミセラニー』(一八四二)や『エンターテイニング・ジャーナル』(一八四四)など、数多くの大衆娯楽雑誌を発行して経営基盤を固めたのである。

彼が日曜新聞に着手したのは一八四〇年、上・中流階級向けの『サンデイ・タイムズ』に対抗して創刊した『ペニー・サンデイ・タイムズ』が最初であるが、これはサブタイトルに「ピープルズ・ポリス・ガゼット」とあるように、労働者階級を対象とした犯罪ニュース中心の新聞で、明らかに『クリーヴズ・ウィークリー・ポリス・ガゼット』を模倣したものであった。さらに彼は、一八四二年、やはり中産階級向けの『イラストレイティド・ロンドン・ニューズ』に対抗して無印紙の『ロイズ・イラストレイティド・ロンドン・ニューズペイパー』を二ペンスで発行したが、印紙税法違反のかどで当局によって七号で差し止められている。

ロイドが『ロイズ・ウィークリー・ニューズペイパー』を発行したのはその発行禁止の直後であり、今度は挿し絵なしで定価二ペンス半の合法紙に改めたのである。当初、発行部数は二万一〇〇〇部であったが、一八五二年、風刺雑誌『パンチ』で健筆を振るったダグラス・ジェロルドを編集長にむかえ、その年の部数は七万部、その翌年には九万部にのぼり、新聞用紙税が廃止された一八六一年に定価を一ペニーに下げ、その二年後には三五万部、やがてヴィクトリア時代も終わりに近づいた一八九六年にはイギリス新聞史上はじめて一〇〇万部を突破するにいたる。また、新聞印紙税撤廃の翌年一八五六年、イギリスで最初に輪転機を導入したのが『ロイズ・ウィークリー』であったことはすでに述べたとおりである。

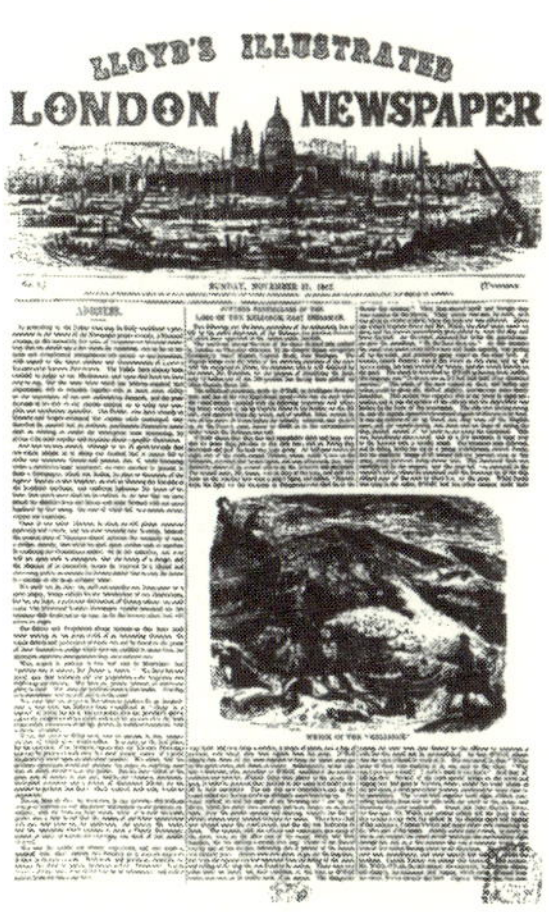
LLOYD'S ILLUSTRATED
LONDON NEWSPAPER

③E.ロイドの無印紙の新聞『ロイズ・イラストレイテッド・ロンドン・ニュース』創刊号

さて、もう一方の、中産階級の上層出身であるジョージ・W・M・レノルズ(1814-79)もまた、ロイドと同様あるいはそれ以上に、ソールズベリ・スクエアで成功をおさめた出版業者であった。彼は、一八四六年、その第一号に自分の肖像画を掲げた大衆娯楽雑誌『レノルズ・ミセラニー』を創刊し、一八五五年には二〇万部を記録している。また、自らも小説を手がけている。その代表作が、一八四四年から四八年にかけて毎週定価一ペニーの分冊形式で発表したミステリー小説『ロンドンの謎』であり、またその続編ともいうべき『ロンドン法廷の謎』（一八四八—五六）であった。レノルズはこれらの作品で当時もっとも人気を博した大衆小説作家となったが、前者の作品はフランスの作家ユージン・スーの『パリの謎』の成功に触発されて、ロンドンの下層社会の生活を描いた作品であった。

レノルズが日曜新聞『レノルズ・ウィークリー・ニューズペイパー』を四ペンスで発行したのは一八五〇年八月のことであるが、五五年には四万九〇〇〇部、そして八〇年代からは三〇万部を維持するにいたる。その発行部数は『ロイズ・ウィークリー』にはおよばなかったが、他の日曜紙『ウィークリー・タイムズ』や『ニューズ・オブ・ザ・ワールド』が世紀末には姿を消したのに対して、二〇世紀に入ってからも発行しつづけたのである。

ここで、一八四〇年代のイギリス大衆文学の傾向について指摘しておこう。

三〇年代のニューゲイト小説が主として下層階級出身ゆえの貧困、無知、飢餓といった、いわば彼らを取り巻く環境からやむなく犯罪者となった者を主人公に描いていたのに対して、四〇年代のペニー・ドレッドフルの世界はそのテーマが強盗、密輸、死体盗掘といった下層民の犯罪からしだいに財産相続、爵位の継承、商売敵あるいは恋敵の抹殺などへと移行していったことである。すなわち、四〇年代の犯罪小説の主人公は中産階級あるいは上流階級の出身者によって占められるようになっていたのである（☆8）。

一八四〇年代のイギリス大衆文学が中産階級の犯罪をテーマとして描くようになった、その変化の推進役となったのがほかならぬロイドやレノルズであり、彼らが出版したペニー・ドレッドフルであった。私たちが着目しなければならないのは、ソールズベリ・スクエア小説につきせぬ素材を提供したのが、当時の日曜新聞に掲載された犯罪とりわけ殺人事件のニュースだったことであり、また、そうした犯罪ニュースをセンセーショナルに報道したのがほかならぬロイドであり、またレノルズだったことである。オールティックのいう「殺人嗜好」という欲求パターンとは、何よりもまず、この時代の大衆文学とジャーナリズムの間に形成された相互増幅作用過程によって生みだされたということである。

だが、より重要なことは、四〇年代のイギリス民衆の犯罪とりわけ殺人事件への関心が下層階級の犯罪から中産階級のそれへと推移していったこと、しかも、そうした関心の変化なくしては、ジャーナリズムも文学も労働者階級という厖大な読者層を獲得することが不可能だったという事実である。

ロイドとレノルズはともにチャーティストであり、また穀物法反対論者であった。『ロイズ・ウィークリー』も『レノルズ・ウィークリー』もその読者層が労働者階級全体におよんでいたが、両者の間には、微妙な相違があった。『レノルズ』が熟練労働者をはじめ陸海軍の兵士の間にも人気があったのに対して、『ロイズ』の方は、小売店主や被服労働に従事する女性や住み込み女中の間にもよく読まれている。また、地域別には、『レノルズ』も『ロイズ』もともに三〇年代の無印紙新聞やチャーティストの出版物がよく読まれた地域に広まったが、『レノルズ』の方はランカシャーやヨークシャーの織物工業地帯、ミッドランドのメリヤス製造都市、南ウェールズやスコットランドの工業都市など地方中心であったのに対して、『ロイズ』の方はどちらかといえばロンドンに多数の読者を占めたのである。

当時ロンドンに亡命生活を送っていたカール・マルクスによれば、ロイドとレノルズの急進的イデオロギーが彼らの真の思想心情であったか、営業政策上の方便であったかは疑わしいという(☆9)。たしかに、かつてセヴン・ダイヤルズのブロードサイド出版の王と呼ばれたカトナックがそうであったように、ロイドとレノルズの日曜新聞の経営や大衆文芸出版がその商業主義的動機にもとづくものであったことは疑いない。だが、当時、チャーティスト運動は、ディズレイリをして「イギリスは二つの国に分かれている」と慨嘆させたほどの高揚をみせ、ロイドとレノルズの日曜新聞の成功はその急進的プロパガンダが当時の労働者階級の心情をうまく捉えたことによることもまた事実である。

その人気は、あの「路上の民」にまでおよんでいたのである。彼ら大道商人のひとりは、「あっしも日曜日には『ロイズ・ウィークリー・ニューズペイパー』を読んでるが、近頃の殺しや強盗はすさまじいもんだ!」と語り、またひとりは、「ロンドンでいちばんの人気者はレノルズだというが当然だね。トラファルガー広場でレノルズを見つけると、みんなしがみついて離れようとしなかった。いつでもそうだろう。あいつはいい奴だとえらい評判なんだ。二番目にいい奴はファーガス・オコナーだがね」と語っている。この大道商人がメイヒューに語っているのは、一八四八年三月六日、トラファルガー広場で所得税撤廃を要求した集会でのレノルズについての評判のことにちがいない。

この集会は当局によって非合法とされたが、レノルズは議長として集会を断行し、警察介入のさなか群衆に守られながらウェリントン街の自宅まで行進し、そのバルコニーからフランス革命支持の演説をおこなって彼らの熱狂的な喝采を浴びている。彼はまた、ウェリントン公率いる軍隊と初代警視総監リチャード・メイン指揮下の武装警官がロンドン全市に厳重な警戒体制を敷く中でおこなわれたチャーティスト運動の最後の大集会、同年四月一〇日のケニントン・コモン集会の準備に奔走し、議長ファーガス・オコナーとならんで壇上に立ち、その敗北ののちも、一八五六年まで精力的に活動を続けている。

もっとも、レノルズやロイドが、彼ら「路上の民」の間で人気を博したのは当然であった。メイヒューは、『ロンドンの労働とロンドンの貧困』のなかで、「これらの人びとの政治的意見は、わずかな単語で端的に語ることができる。すなわち、彼らはすべてチャーティストである」と述べている。日に日に厳しさを増すホーカーズ法(路上でのもの売りを禁止する法律)と警察の監視との戦いを日常とする彼らが、チャーティズムを支持していたのもまたあまりにも当然であった。だが、皮肉にも、レノルズやロイドらの日曜新聞の隆盛(彼ら自身がすでに日曜新聞の愛読者なのだ)によって、「路上の民」の花形だったバラッド売りの姿はやがて街頭から消えてゆくのである。

けれど、レノルズやロイドがブルジョワ階級と上流階級の犯罪を紙面に大きく取りあげ、それによって労働者階級の購読者を開拓したからといって、オールティックのいうヴィクトリア朝人の「殺人嗜好」という欲求パターンの形成を十分に説明したことにはならない。では、彼のいうように、「殺人事件が頻繁に起きた」のは、ほんとうに「ありのままの嘘偽りのない歴史的事実」だったのだろうか。

ラジノヴィッチの『英国刑法史』第五巻（一九八六）によれば、イギリスの犯罪動向は一九世紀半ばから二〇世紀に入るまで減少傾向を示している。しかも、そのことは同時代の証言からも明らかであり、フランシス・プレイスはすでに一八三五年、下院の教育問題特別委員会で犯罪が減少していると報告している。ラジノヴィッチはこの事実を「イギリスの奇跡」（第五章のタイトル）と呼んでいるが、少なくとも一八四二年をターニング・ポイントとして、その減少傾向は、それ以降あらゆる罪種にわたっている。一八八三年、スコットランドヤード犯罪捜査部長のハワード・ヴィンセント（のちに卿）は、「ロンドンは生命においても財産においても世界でもっとも安全な都市である」と首都警察委員会で宣言している。ここで細かい数字をあげるのは控えるが、オールティックの言葉はけっして「歴史的事実」ではないのである（☆10）。

私たちはここで、ヴィクトリア朝人の「殺人嗜好」を形成したものが何であったのかをはっきりと説明することができるのである。「殺人嗜好」とは、一方では、宗教的な意味世界を失いながらなおも存続しつづける公開処刑によって犯罪への関心が〈身体〉そのものへと向かいながら、もう一方では、動機理解のボキャブラリーと文法の芽生えによって犯罪の発生時点でニュース・ストーリーを語りはじめるという、二つの指向が競合した時代のジャーナリズムが生みだしたものにほかならない。一九世紀初め、あの「サーテル事件」や「赤い納屋事件」では人びとの関心は犯罪の発生よりは裁判に、そして裁判よりは刑の執行に集中し、今日の私たちの関心と逆であったことは前に指摘したとおりだが、ヴィクトリア朝人の「殺人嗜好」とは両極の関心の混在というまさに一九世紀という過渡期の産物だったのである。

第三節　新聞の自由の最後の勝利

「新聞印紙税特別委員会報告書」

それでは、厖大な労働者階級を読者層とする『ロイズ』や『レノルズ』などの日曜新聞は、当時のイギリス支配層と中産階級の目にいかなる存在と映っていたのだろうか。私たちはいよいよ、「知識への課税」が完全廃止にいたる最後の政治過程について検討しなければならない。

ここに、一冊の「報告書」がある。ロンドン万博の開催された一八五一年の七月一八日、下院によって発行された「新聞印紙税特別委員会報告書」と題された文書である。

この年四月七日、のちにイギリス政府の「知識への課税」撤廃の方針を決定づけることになる新聞印紙税特別委員会が、ホイッグのジョン・ラッセル内閣(1846-52)によって下院に設置され、トマス・ミルナー＝ギブソン(1806-84)を議長に、四月一四日から七月一八日までの三ヵ月間に一七回ほど開かれている。七月一一日、第一六回目の委員会では議会への答申書の原案が議長によって提出され、一八日の最終回に修正の上採決されている。「報告書」には、この答申をはじめ議事録や委員会が招喚した関係者の証言録、そして当時の新聞の発行部数などの統計数字が収録されており、イギリス近代ジャーナリズム史に関する第一級の資料となっている。

ここで、「新聞印紙税特別委員会報告書」について検討する前に、当時の議会内外の「知識への課税」改革論議の動向について触れておきたい。

新聞印紙税特別委員会議長のミルナー＝ギブソンは、反穀物法同盟のもっとも有力な演説家の一人として知られる自由貿易論者であった。一八四一年、彼はマンチェスター選出の下院議員として政界に入っているが、一八四六年七月、長年の懸案であった穀物法を廃止して解散したピール保守党内閣（穀物法はトーリーによって廃止された）のあとを受けて、ラッセル卿がホイッグ内閣を組閣した際、商務長官として入閣している。これは反穀物法同盟のリーダーの協力をえて内閣を強化しようとしたラッセル卿自身の目論見によるものであり、当初は反穀物法同盟の最大の指導者リチャード・コブデン（1804-65）に要請して断られるという経緯があった。いずれにせよ、ミルナー＝ギブソンは自由貿易論者が政府メンバーに加わった最初の一人であった。

一八五〇年四月一六日、ミルナー＝ギブソンは下院で「知識への課税」撤廃の決議を提案している。穀物法廃止後の自由貿易論者たちの関心はこの頃からようやく「知識への課税」問題へと向かっていたのである。

彼の提案は、新聞印紙税と広告税と用紙税それぞれの廃止案を採決することであったが、実際には用紙税の廃止案のみ票決を求めるにとどまった。彼の動議の理由は、三つの課税による政府歳入のうちでもっとも多額なのが用紙税収だったことによる。ちなみに、一八五〇年三月までの一年間の広告税、印紙税、用紙税の税収金額は、それぞれ一六万八一六二ポンド、三五万六九六九ポンド、九一万五一一一ポンドであった。

ミルナー＝ギブソンの提案に対して、蔵相チャールズ・ウッドは、これらの税から前年度に得られた政府の歳入を放棄することは「政治的自殺」にほかならないと述べ、またラッセル首相自身も、民衆の新聞や民衆教育などという無益なものを奨励するいかなる計画も支持できないといって反対している。興味深いのは、保守党のディズレイリとその同僚議員が決議案に賛成の意を表明していることである。かつて一八三一年、ブルワー＝リットンが下院において課税廃止の動議を提出した時、ピール卿率いるトーリー議員が「沈黙の戦術」を守ったことを思い出すと隔世の感がある。もっとも、これもまた少数党の撹乱戦術にすぎなかった。というのも、翌年になって、ミルナー＝ギブソンがふたたび動議を提出した際には、蔵相となっていたディズレイリは、新聞印紙税その他の税を、今度は「必要悪」といって弁護にまわっているからである。決議案は賛成八九票、反対一九〇票で否決されている。しかし、この動議によって、イギリス議会にようやく「知識への課税」改革論議が再燃することになったのである。

一八五一年二月一三日、院外に「知識税廃止促進協会」が発足し、ミルナー＝ギブソンは会長に選ばれている。この協会は、後期チャーティスト運動の中心となった国民チャーター同盟の一機関として、一八四九年三月に設置されたF・プレイスやC・D・コレットらの「新聞印紙税廃止委員会」と反穀物法同盟の協力によって生まれたものであり、両者を仲介したのがR・コブデンであった。この協会の設立によって、チャーティストの「新聞印紙税廃止委員会」は発展的解消のかたちで解散し、その所蔵する書類や資料を「協会」に委譲している。

ミルナー＝ギブソン、コブデンをはじめ、J・ブライト、W・エワート、J・ヒュームらの有力議員を構成メンバーとした協会の発足によって、「知識への課税」改革運動は新たな段階に入る。だが、『プアマンズ・ガーディアン』のヘザリントンはその二年前、イギリス全土を襲ったコレラ（死者およそ六万人）によってすでに亡く、その売り子として急進派労働者としての経歴をスタートし、国民チャーター同盟に「新聞印紙税廃止委員会」を発足させることに奔走したチャーティスト左派ジョージ・ジュリアン・ハーニーは、この「知識税廃止促進協会」の名簿には名を連ねていない。この協会の発足とともに、「知識への課税」改革運動の主導権はすでに完全に中産階級の改革者たちの手に移っていたのである。

ここで注目しておきたいのは、「知識税廃止促進協会」の会員の中からミルナー＝ギブソンをはじめコブデン、エワートの三名が議会の新聞印紙税特別委員会の構成メンバーに参加していることである。また、委員会に招喚された証言者の中には、協会書記のC・D・コレット、教育改革論者のW・E・ヒクソンやJ・カッセルら三名の協会員の名前がみられる。

それでは、「知識への課税」改革のための院外の活動はどうだったのであろうか。ここで、議会に対する請願の数を記しておこう。労働者階級急進派を中心とした「知識への課税」反対闘争が戦われた一八三五年と三六年の請願数はそれぞれ一三六件、五八五件であったが、その後一八四八年までの一二年間には一件、四九年に二件、そして五〇年と五一年にはそれぞれ一四件、一一七件となっている。これらの数字が語っているのは、議会外の「知識への課税」改革運動は一八五〇年前後からふたたび活発となるのだが、三〇年代とくらべると請願の数は五分の一にもみたないという事実である。だが、それは、中産階級の改革者とりわけ自由貿易論者によってになわれた五〇年代の運動が、急進派労働者による三〇年代のそれとは異なって、議会内での活動を中心として展開されているからである。

「新聞印紙税特別委員会報告書」は、議会への提言を述べた答申書でもって始まっている。ここに引用するのはその最終部分である。

「委員会は以下の諸点に注意を喚起することをその義務とみなすものである。『ニュース』という言葉の意味を定義し決定することの困難に由来する現行の新聞印紙税制に対する異議そして濫用、新聞印紙税法の適用上の不平等と郵便制度の運用にみられる不均一と抜け道、印紙を捺印された新聞が無印紙出版物に対して課している不公平な競争、印紙による最良の新聞の普及の制約、またそれによって貧民階級の間に発生しつつある出来事に関する有用な知識を普及させる方法、すなわちいかなる内容が彼らの興味をひき、いかなる種類の知識がこれらの階級の好奇心を呼び覚ますことによって彼らの知性を向上させうるか、そしていかにその手段が阻害されているか、以上である。委員会は、この税が歳入源として現行のままもしくはなんらかの修正によって維持されるべきであるかという点に関しては提言するつもりはない。そうした議論ではなく、他の検討こそがなされるべきであると考える。すなわち、委員会は、財政上の論議を離れて、ニュースはそれ自体望ましい課税対象ではないと考えるものである。」

ミルナー＝ギブソンの答申書の原案は、実は新聞印紙税の廃止を唱えるより直截な提言を述べたものであったが、最終回の議論のすえに以上のような婉曲な表現に修正されている。

委員会の構成メンバーは一〇名からなっているが、「知識への課税」廃止論の側に立つ委員はミルナー＝ギブソン、コブデン、エワートら「知識税廃止推進協会」メンバーの他に、シャフト・エイデアとジョシュア・ウォムズレイ卿がいる。これに反対の立場に立っていたのはヘンリー・リッチをはじめ四名の委員であり、いずれの側にも属さなかったのはジョージ・ハミルトン議員であった。また、リッチ委員は自らも答申書の草案を用意して、新聞印紙税問題を財政上の問題として捉え、その修正を唱えている。

さて、招喚された証言者は二三名、その中には、まず郵政省と国税局からそれぞれ一名、職工学校から一名、またすでに述べたように「協会」から三名が加わっている。証言者の大半が新聞経営者と出版業者で占められており、『タイムズ』社の支配人モヴレイ・モリスの名がみられるが、とりわけ地方新聞の経営者の証言が目立っている。その他にも、現行の郵便切手制度を導入した「郵便改革の父」ローランド・ヒルの名がみられる。これらの事実からもうかがえるように、証言者の大半が「知識への課税」廃止に好意的であり、これに反対の証言者は少数にすぎなかった。質問の大半を終始リードしたのはコブデン議員であり、その巧みな質問によって国税局のジョゼフ・ティムと『タイムズ』社のM・モリスから、むしろ彼らの立場に不利な証言を引き出してさえいる。

委員会が証言者、なかでも新聞経営者と出版業者にもとめた一連の質問の中で興味深いのは、一八三六年の印紙税の大幅な引き下げがその後一五年間の新聞その他の定期刊行物にいかなる影響をおよぼしたかを問いただしていることである。委員会はこの質問に対する証言の結果をまとめて、次のように答申書に盛り込んでいる。

「新聞発行に関する法律の運用について証言を検討した結果、印紙税の維持は、新聞をその制約から開放した場合よりも、より効果的に新聞をレスペクタブルなものにするという意見は、きわめて少数であることが判明した。委員会は、かかる意見を吟味した上で、印紙税の維持がいかなる正当な根拠もないという結論に達したのである。一八三六年に施行された印紙税の引き下げは新聞の質の低下ではなく逆に改良をもたらし、また、印紙税は完全に廃止されていないにもかかわらず、新聞は公衆の嗜好とモラルの向上に比例して改良しつづけている。証言者の一人は、印紙税廃止に対する反対意見として、印紙が廃止されれば新種の新聞が小さな町や地方に氾濫し、それらは『既存のものよりもより劣悪な性格の地方紙となるだろう』と述べている。しかしながら、他のほとんどすべての証言は一致して逆の傾向を指摘している。彼ら証言者は労働者階級の教育と社会改良に関心を注いできた紳士たちであるが、その一致した意見によれば、廉価な地方新聞の設立によって道徳上の利益が期待されることが明らかである。」

証言者たち

以上のように、一八三六年の印紙税引き下げの効果について、委員会の関心の焦点は、労働者階級の道徳的向上とそのための新聞の育成という点にあった。もっとも、証言席に立った多くの地方新聞経営者が課税廃止を支持する発言をしていたにもかかわらず、『スコッツマン』など当時有力な地方紙経営者によって組織された団体「地方新聞協会」は三つの課税のいずれの廃止にも反対の立場を表明していた。地方新聞協会が広告税と用紙税の廃止に同意するのはこの特別委員会報告が公表された翌一八五二年である。

それでは、当時労働者階級の間でさかんに読まれていた日曜新聞やペニー・ドレッドフルなどの定期刊行物は、委員会でどのように論議されたのであろうか。最初に引用するのは、グロスターシャーで『ストロード・オブザーバー』紙を経営する出版者サミュエル・G・バックナル氏の証言内容である。質問者はいずれも「知識への課税」に反対の立場の委員ばかりである。

スタフォード委員　「最近、悪質な出版物が増えてきたようですが、いかがですか。」

バックナル氏　「正確にはお答えできかねますが、厖大な量であることは間違いありません。私ども経営者は荷馬車の積み荷で判断します。たぶん、月に数百万部は発行されていることでしょう。日曜の朝、ソールズベリ広場やホリウェル通り、あるいはパタノスター街あたりに行ってみれば、出版社のオフィスから大量の包みを運びだしている連中が引っきりなしに往来する姿を見られるでしょう。」

スタフォード委員　「では、どこで売られているのですか。鉄道の駅ですか。」

バックナル氏　「それはまずありえません。いわゆる路地裏のスラムとか、ロンドンや地方都市のそうした場所では、日曜の朝に開けている店が多いのです。そういう店では安息日遵守のきまりが守られていません。そうした場所に行ってこの目で見てみなければ、それらの出版物がどれほど道徳的退廃をまねいているかわからないでしょう。」

フォーテスキュ委員　「どの田舎町にもそういった店があるのですね。」

バックナル氏　「その通りです。」

リッチ委員　「それほど不道徳的な出版物なのですか。」

バックナル氏　「前に、『デイリー・ニューズ』がそうした出版物を取り上げていましたが、たとえば『チェンバーズ・ミセラニー』とか『パーラー・ライブラリー』などといった二束三文の類でして、あらゆる読み物の中でもっとも汚らわしい代物です。盗みはほんの手遊びとして描かれ、殺人は英雄行為、放蕩も売春もけっして恥ずべきものとみなされないのです。」

フォーテスキュ委員「猥褻でない出版物の多くも、刺激的な物語や恐怖ものや犯罪ものであふれていませんか。」

バックナル氏　「おっしゃる通りです。猥褻出版物はたしかに最悪のものですが、その他の出版物もけっしてましだとはいえません。」

証言者が語っているのは、明らかにソールズベリ広場で発行されている廉価な日曜新聞やペニー・ドレッドフルなどの大衆娯楽読み物のことであり、ロイドやレノルズがそれらの出版者であることはすでにみてきたとおりである。しかしながら、証言者はけっして課税廃止に反対ではない。バックナル証人の発言を続けてみよう。

ウォムズレイ委員「あなたの経験と観察によれば、新聞の価格の引き下げは不道徳な出版物の普及を阻むことができるとお考えですか。」

バックナル氏「おっしゃる通りです。」

ウォムズレイ委員「具体的な例がおありですか。」

バックナル氏「むずかしい質問ですが、良書は悪書を駆逐すると、私は考えております。一〇〜一二年前を思い起されるならば、当時、『ペニー・サティリスト』とか『クリーヴズ・ロンドン・ガゼット』などの廉価で下品な出版物が大量に出まわっていましたが、今日では廃刊しています。『ファミリー・ヘラルド』のような新聞がそれらを駆逐したのです。」

リッチ委員「あなたは俗悪な傾向の新聞の編集者や出版者がそうした出版物をより大量に出まわらせるようになるとは考えないのですか。」

バックナル氏「そうは思いません。印紙税法によって解毒剤が禁じられているのです。二〇年前の『ウィークリー・ディスパッチ』を思い出してみてください。当時は過激で不敬な新聞で厖大な部数をほこっていましたけれど、今日では、他紙との競争で改善されています。」

ちなみに、バックナル氏が言及している『クリーヴズ・ロンドン・ガゼット』は、急進派労働者クリーヴによる『クリーヴズ・ウィークリー・ポリス・ガゼット』のことであろう。この記憶違いは面白い。というのは、『ロンドン・ガゼット』とは、犯人についての情報提供や賞金の広告を掲載した一六六六年創刊の官報だからである。また、『ウィークリー・ディスパッチ』は、「サーテル事件」の際、その報道が「新聞による裁判」といわれた日曜新聞のことであることはいうまでもない。

バックナル氏の証言にみられるように、『ロイズ』や『レノルズ』などの日曜新聞に対する非難は、当時のイギリス支配層および中産階級の一般的感情であった。保守系の評論誌『クォータリー・レヴュー』はとりわけ『ロイズ』の論説記事を取りあげて、「法律に対する不平、政府に対する不平、支配層に対する不平、雇用者に対する不平、要するに最下層の労働者のレベル以外のあらゆる種類のものに対する不平」で充満しているといって批判している。また、日曜新聞の発売が安息日たるべき日曜の朝だったことから、教会の指弾を浴びている。たとえば、南ロンドンのある牧師は、「労働者階級には教会に行く者と『ロイズ』を読む者との二種類が存在する」と憂えている。これは、一八世紀の終わり、エリザベス・ジョンソン夫人が宗教的内容の日曜紙『サンデイ・モニター』を発行して、労働者の労働慣習の改善を図った時代からみると隔世の感がある。

「新聞は人民が読み、かつ読みたいと望む唯一のものです。……彼らが手に入れる情報のすべてが新聞という手段を通じてであり、彼らの会話のすべてがもともと新聞に書いてあったものばかりです。」

右の引用もまた、新聞印紙税特別委員会に招喚された証人の発言である。マイケル・J・ウィッティ氏といい、『リヴァプール・ジャーナル』という週刊新聞の発行者である。

興味深いのは、ウィッティ氏が新聞の経営に乗りだす以前、リヴァプール市の警察署長という役職にあったという事実である。彼が警察行政にたずさわっていたのは一八三三〜四四年頃までの間と推測されるが、この時期の前半はいうまでもなく急進派労働者の非合法な無印紙新聞の隆盛期であった。委員会は、彼に、新聞経営者としてばかりでなく警察官としての経験と知見を述べるよう要請している。

ウォムズレイ委員　「あなたは労働者貧民層に不健全な出版物が読まれているとお考えですね。」

ウィッティ氏　「その通りです。しかも、広範に。よりよい新聞がないからです。」

ウォムズレイ委員　「例をあげて説明してください。」

ウィッティ氏　「はい。委員の皆さんは無印紙新聞の時代を思い出してください。当時、ヘザリントンたちによるそうした新聞が非常に多くありました。けれど、それ以前には、もっと厖大な量の一ペニーから二ペンスで売られた、きわめて猥雑で不健全なものが出まわっておりました。無印紙新聞の出現は何十というこれらの出版物を駆逐したのです。」

ウォムズレイ委員　「すると、それらの発行はよかった、というわけでしょうか。」

ウィッティ氏　「たいへんよかったと思います。なぜかといえば、それ自体は悪かったとしても、もっと質の悪いものを追い払ったのですから。」

ウォムズレイ委員　「どのような効果があったわけですか。」

ウィッティ氏　「それらは読者にとってより望ましく、しかも読者が望むものを提供したのです。その後、印紙税の引き下げで、三ペンスの新聞が発行されるようになりました。」

ウォムズレイ委員　「そうした新聞の名をあげてください。」

ウィッティ氏　「現在のところ、三ペンスの新聞が発行されているのはロンドンです。『ロイズ』とか『ニューズ・オブ・ザ・ワールド』などいくつかあります。それらは大変な発行数なのです。というのも、広告を得られないものですから、販売数だけで利益をあげなければならないのです。」
ウォムズレイ委員　「どのような性格の新聞か、ご説明願えますか。」
ウィッティ氏　「はい、悪くはありません。けれども、良くもありません。」
ウォムズレイ委員　「それらが以前の無印紙出版物にくらべて良いというわけですね。」
ウィッティ氏　「はるかに良いと思います。」

驚くべきことには、リヴァプール市の警察署長を務めたウィッティ氏が、無印紙の急進派新聞の果たした役割を肯定的に評価しているのである。ウォムズレイ卿はあとで彼の政治的立場を問いただしているが、ウィッティ氏はこれにひと言、「リベラル」と答えている。

彼が、無印紙新聞によって駆逐されたと述べている出版物が、当時「屑もの《トラッシュ》」と呼ばれたブロードサイドやチャップブックなどを指していることはいうまでもない。ウィッティ氏は、要するに、そうした類よりは無印紙新聞の方が、そして無印紙新聞よりは『ロイズ・ウィークリー』などの日曜新聞の方が労働者階級の読み物としてましだといっているのである。

それでは、ウィッティ氏はそうした主張をどのような見地からおこなっているのだろうか。次に引用するのは、コブデン委員とのやりとりである。

コブデン委員　「新聞つまりニュースを掲載した定期刊行物が、この国の無印紙の定期刊行物と同じ土俵で勝負するなら、その性格を完全に変えることができると考えるのですね。」
ウィッティ氏　「そうなれば、今あなたが無印紙出版物とおっしゃったものは姿を消すでしょう。」

コブデン委員　「ニュースは、無印紙出版物に現在あふれているいかがわしい物語や小説、そしてしばしば猥褻な読み物の代りになると考えるわけですね。」

ウィッティ氏　「まったく、その通りです。根も葉もない恐怖読み物に替わって、警察署からのほんとうの話が読めるようになるのです。そして、それこそが世の中でもっとも教育的な読み物なのです。」

右の引用で、リチャード・コブデンが、無印紙の定期刊行物といっているのが一八四〇年代から連続形式でさかんに出版された「ソールズベリ・スクウェア小説」の類を指すことはいうまでもない。

進歩と改良への信仰

さて、ウィッティ氏の証言に対して、委員会の中で「知識への課税」廃止に反対の立場をリードするヘンリー・リッチ委員は、次のような疑問を呈している。

リッチ委員　「あなたは、ロンドンの週刊新聞が大量に出まわっているのは、恐ろしい警察報道を記事にすることで読者の恐怖に対する嗜好に迎合しているからだということを知ってますか。」

ウィッティ氏　「わたしは、警察報道は世の中でもっとも教育的でもっとも望ましい読み物だと思うと申し上げましたね。警察報道を事実として記事にしたものはすべての人びとにとって有益なのです。それはゆがんだ空想の産物ではありません。真実なのです。そこには真実の人生があるのです。」

リッチ委員　「あなたは『ウィークリー・ディスパッチ』が教育的な新聞だと思うのですか。」

ウィッティ氏「わたしは警察報道を教育的なものと考えております。そして、『ウィークリー・ディスパッチ』は現在発行されている新聞のなかでもっとも有益なもののひとつだと考えます。」

リッチ委員「すると、道徳的にも良い傾向にあると?」

ウィッティ氏「そうは申していません。けれど、そうしたものによって、社会が危険にさらされるほど被害をこうむるとは思いません。」

ここで、質問者は「知識への課税」廃止論者のエワート委員にかわり、彼はウィッティ氏を援護して次のように尋ねている。

エワート委員「あなたは、警察報道が時にはゆがんだものであろうとも、そうした事実の普及と知識とは全体として真実のためになる、したがってそれは望ましいとおっしゃるのですね。」

ウィッティ氏「その通りです。それは人びとを危険から守るのです。もしも彼らが警察報道を前もって読んでいたなら、危険を冒さなかったでしょう。警察報道によって人間とはいかなる性質のものかが正確にわかります。刑事法廷には貴族から泥棒まであらゆる人間がいて、そこでそれぞれが自分の意見を語るのを目にすることができます。」

以上のやりとりで、留意しておきたいのは、ウィッティ氏も委員会メンバーたちも犯罪ニュースを「警察報道」と呼んでいる点である。この事実は、一八二九年にロンドン首都警察が誕生してから二一年を経た当時、新聞の犯罪ニュースがすでに警察に依拠するようになっていたという事実をものがたっているだけではない。私たちはそこに、一八二八年、その論文『予防警察論』のなかで、「警察は広報なしには、また広報は警察なしには互いに効果を発揮しない」と唱えたチャドウィックが、犯罪事件の迅速な報道の必要性を訴えていらい、犯罪ニュースが裁判と公開処刑の時点から事件発生と犯人逮捕の時点へとようやく焦点を移行しつつあったという事実をも確認することができるのである。もっとも、一八六八年の公開処刑廃止までは、先にみたように、イギリス民衆の関心は処刑の時点にも集中し、新聞は、ブロードサイドとともに、彼らの関心の度合いに応じて紙面を構成したのである。また、死刑執行が監獄内でおこなわれるようになると、つづく二〇年間、司法長官の許可のもとに来賓として参列した記者たちは、その秘儀の迅速かつ克明なレポートを競っている。

さらに、私たちはまた、ウィッティ氏のような元警察署長が新聞経営に乗り出しているという事実に、新聞と警察の関係の変化をうかがうことができる。ウィッティ氏は、質疑応答のなかで『ウィークリー・ディスパッチ』をさかんに擁護しているが、スコットランドヤード誕生の際、この日曜新聞こそその創設に反対の急先鋒に立っていた新聞だったのである。「知識への課税」廃止に反対の委員二人が『ウィークリー・ディスパッチ』の不道徳性について、ウィッティ氏に執拗に質問を浴びせているのは、おそらく当時の記憶が残っていたからにちがいない。ちなみに、『サンデイ・タイムズ』(一八二二年創刊)の創設者ダュエル・W・ハーヴェイも、ウィッティ氏とは逆に、一八四〇～六三年にかけてロンドン市警察(これはロンドン・シティのみを管轄とした)の総監を務めている。

さて、私たちが「新聞印紙税特別委員会調査報告書」から知ることのできるのは、委員会メンバーにせよ証言者にせよ、「知識への課税」廃止論者に共通してみられる「進歩」と「改良」への信仰である。彼らにとって、一八三六年の新聞印紙税の大幅な引き下げ以後の二〇年間はいわば実験期間だったのであり、彼らはその間に叢生した日曜新聞に対してみな肯定的な評価を下しているのである。知識税廃止促進協会書記のC・D・コレットも、その回想録のなかで、『ロイズ・ウィークリー』について、次のように語っている。

「それは政治的に『リベラル』であるが、政党機関紙ではない。われわれが知っているいかなる新聞にもまして、かつてブルーアム卿が印紙税のあるかぎり不可能だと断言していた種類の新聞なのである。それは、五〇年前にはこの国の労働者階級にはけっして届かなかったものを、それを望む労働者階級すべての人間に提供してくれる。」

ブロードサイドと急進派労働者の無印紙新聞の伝統を結合してイギリス民衆の人気を集めた『ロイズ』に代表される日曜新聞は、皮肉なことに、リベラルな中産階級の改革論者の目に、彼ら労働者階級にふさわしい理想の新聞と映ったのである。その理由は、それらの紙面が犯罪ニュースいや警察ニュースを中心として構成されていたからであることはもはや言を費やすまでもない。

「新聞の自由」の最後の勝利

新聞印紙税特別委員会の二年後、一八五三年八月四日、アバディーン連立内閣(1852-55)の下、ミルナー＝ギブソンの決議案提出によって「知識への課税」のなかでまず広告税が廃止される。蔵相グラッドストン(のちの自由党党首)は、その前年、政府は新聞に対するすべての制約を望んではいないと語っていたが、ミルナー＝ギブソンの決議案に対して、現行の広告税一シリング六ペンスを六ペンスに引き下げるという修正案を提案している。これが否決されて、広告税は廃止されたのであるが、その効果は、結局のところ、当時最大の広告媒体であった『タイムズ』の優位にいっそうの拍車をかけるにすぎなかった。

「知識への課税」撤廃を表明していたグラッドストンの修正案が、年間の広告税収一八万ポンドを維持したい蔵相の立場からの妥協案であったとすれば、ミルナー＝ギブソンの広告税廃止案もまた、彼ら知識税廃止促進協会のメンバーにとって妥協案以外のなにものでもなかった。彼らの目標はあらゆる「知識への課税」の即時撤廃にあったからである。そもそも一八五〇年にミルナー＝ギブソンが下院に三つの課税のなかでもっとも政府税収の多い新聞用紙税の廃止を提案したのも「知識への課税」が財政上の問題ではないことを訴えるためであった。広告税廃止は彼らの改革計画にとって最後の課題にすぎなかったのである。

だが、すでにこの時、「知識への課税」が広告税、印紙税、用紙税という順序つまり政府税収の低い順に廃止されるシナリオは成立していたのである。コレットの回想録の序文で、彼の友人G・J・ホリヨクも述べているが、知識税廃止促進協会の運動は、ヴィクトリア時代という保守党と自由党のめまぐるしい政権交代に応じて戦術を変えた柔軟な姿勢によって、そののちの圧力団体運動のモデルとなっている。

さて、一八五三年の広告税廃止以降、「知識への課税」廃止論者の『タイムズ』に対する敵意がますます高まったことはいうまでもない。知識税廃止促進協会は『タイムズ』一紙のみを攻撃対象にしたわけではないが、自由貿易論者コブデンの言動は、ロンドンの新聞とりわけ『タイムズ』の独占に対する地方新聞の擁護を強調している。『タイムズ』は一八五四年の七月初め、その社説で、「コブデン氏とその一派は首都の新聞の影響力を台無しにしようと望んでいる。われわれはマンチェスターの印刷機にまでレベルを落とすつもりはない」と苦々しそうに述べている。また、「知識への課税」廃止を支持していた中産階級改革派の雑誌『エグザミナー』の元編集長フォンブランクは、「巨人の息の根を止めるのは大変よろしいが、小人たちと暮らすのも快適とはいいがたい」と警告を発している。

ところで、思いがけないことに、「知識への課税」廃止キャンペーンに味方したのは、一八五三〜五六年にかけてのクリミア戦争であった。

イギリス、フランス、トルコ、サルジニアの連合軍とロシアの間に戦われたこの戦争は、海外に数多くの特派員と通信網をもつ『タイムズ』の優位をいっそう堅固なものにした。今日、世界最初の戦争ジャーナリストとして名高いウィリアム・ラッセルが、かつてのT・バーンズとならぶ名主幹ディレインの指揮の下に、戦場から送稿した軍隊批判は、政府の戦時政策に影響力を発揮し、保守党のアバディーン連立内閣を失脚させたほどであった。『タイムズ』の政治的立場は、その失脚ののちに政権の座についたパーマストン自由党内閣(1855-58)からも一線を画したのである。

しかし、皮肉にも、そのことがかえって『タイムズ』に対する反感をますます助長させたのである。ヴィクトリア女王はその報道を「不名誉な攻撃」と非難し、戦争末期には「知識への課税」廃止に消極的であったJ・ラッセル卿をして、「イギリスが真のイギリスに戻るには、『タイムズ』という下劣な暴君の首を討たなければならない」と憤慨させたのである。

クリミア戦争が「知識への課税」廃止運動にとって有利に働いた理由がもう一つある。新聞がもっともよく売れるのは、いつの時代でも戦争という非常事態の発生の時期であろう。四年にわたったクリミア戦争は、戦争ニュースだけをあつかった「戦争通信」(War Telegraph)と銘打った数多くの無印紙の日刊紙(たとえばマンチェスター発行の『デイリー・ウォー・テレグラフ』や『ウォー・エキスプレス』、エディンバラ発行の『ウォー・グラフ』など)を叢生させ、政府とりわけ国税局はその対策に頭を悩ましたからである。

一八五五年三月一九日、パーマストン自由党内閣の蔵相G・J・ルイス卿が下院に新聞税法案を提出する。この法案は賛成二一五票、反対一六一票と、自由・保守両党の賛成をえて、六月一五日、ヴィクトリア女王の裁可が下ってようやく六月二九日に発効する。

この法律は新聞印紙税の廃止を実質的に決定づけるものであったが、新聞は無印紙での発行が許可されると同時に、一ペニーの印紙をスタンプしたものは郵送の特権があたえられるというものであった。蔵相ルイス卿が提出した当初の法案では、一ペニー印紙で郵送が無料となるのは新聞一部六オンスまでだったのが、ミルナー=ギブソンとグラッドストンの提案によって、その制限が四オンスまで引き下げられたのである。『タイムズ』は一部の平均の重さが六オンスであったため、余分の郵送料を支払わねばならず、無印紙のものが四ペンス、印紙をスタンプしたものが五ペンス半になった。これに対して、他の新聞の重さは四オンス以下だったため、『タイムズ』は不利な立場を余儀なくされたのである。

ところで、一八四〇年代に熱狂的な建設ブームをむかえ五〇年代初めにはすでに主要幹線網の整備を整えていた鉄道の新聞輸送の料金は、重さにかかわりなく一律半ペニーであったため、地方の購読者にとって好都合な条件をもたらした。新聞税法成立の三年後、『タイムズ』と『イラストレイティド・ロンドン・ニューズ』は郵政省に対して、郵便料金を鉄道料金と同額にするよう要求しているが、郵政省はこれを拒否し、そのかわりに四オンスの重量制限を六オンスにまで引き上げている。政府が、重さにかかわりなく新聞の郵便料金を半ペニーとするのは、ようやく一八七〇年になってからのことである。

いずれにせよ、『タイムズ』が過去二〇年間に築いてきた支配的地位は、一八五五年の新聞税法によって揺らぎはじめたのである。かつて一八三二年の下院演説において「新聞界のジェントルメン」による「独占」を激しく非難したブルワー＝リットンは、この時、次のように『タイムズ』を弁護している。

「私が遠い子孫に今日のイギリス文明の記念を残そうとするなら、それは船渠《ドック》でも鉄道でも公共建築物でもなければ、私たちが今座っている宮殿でもない。それは『タイムズ』という新聞の一束である。」

だが、リットンの言葉にはどこか迫りくる新聞王国の凋落への白鳥の歌の響きが漂っている。一八五五年法は「巨人の息の根を止める」ことはなかったとしても、『タイムズ』がこれまで独走してきた発行部数の首位の座は急速に後退することになる。ちなみに、リットンはその三年後、ダービー保守党内閣に植民地相として入閣し、その政治的生涯におけるもっとも輝かしい絶頂を迎えているが、当時の日曜新聞の隆盛に対して批判的な評価を下していたとしても驚くにはあたらない。また、かつて「知識への課税」廃止を、ただひとり公開処刑の廃止と同一のパースペクテイブにおいて理解していたリットンにとって、ミルナー＝ギブソンやコブデンらの単一目標を掲げた圧力団体運動にはなんの関心もなかったのである。そして、「予防警察」の理念の提唱者であるとともに、中産階級による「知識への課税」改革運動の第一回集会を主催したチャドウィックもまた、その情熱はすでに四〇年代から公衆衛生改革問題へと移っており、新聞税法の成立にいかなる関心をもったか、もはやその声を聞くことはできない。

大衆ジャーナリズムへの道

一八五五年法の成立に不満足であった知識税廃止促進協会は、「知識への課税」完全廃止にむけてさらなるキャンペーン、すなわち用紙税の廃止と、新聞の創刊に際して政府に収めなければならない「委託金制度」(security system)の廃止の運動を展開している。

用紙税は新聞購読者にとってそれほど負担のかかるものではなかったが、政府財収にとっては三つの課税のなかでもっとも多額な税収であったために、その廃止に対する抵抗は激しかった。下院でのキャンペーンはふたたびミルナー＝ギブソンによっておこなわれたが、院外では、地方新聞協会と製紙業者が既得権益の擁護のために反対し、これに賛同したのは、『ロイズ・ウィークリー・ニューズ』のE・ロイドが資金を出して一八五八年にロンドンで組織された新聞定期刊行物課税廃止達成協会であった。

しかしながら、もっとも激しかったのは上院の抵抗であった。一八五九年、第二次パーマストン内閣の成立で、ミルナー＝ギブソンは貿易相になって新聞用紙税の廃止法案を提出したが、製紙業者を背景とする大土地所有貴族たちの反対に直面している。ロバート・セシル卿は、「一ペニーの新聞から教育ある者が何を学べようか」と述べ、用紙税を「知識への課税」として語ることは「真の教育に対する売春行為である」と主張している。もっとも、のちにセシル卿自身、『スタンダード』という価格一ペニーの新聞の定期的な寄稿家となっている。

新聞用紙税廃止法案は、最終的には上院での賛否一九三対一〇四で可決され、一八六一年一〇月一日、新聞はようやく経済的に「自由」となる。保守党のディズレイリとならんでヴィクトリア朝後期の最大の政治家グラッドストンは、のちに、「私がかかわった議会のなかでもっとも激しい戦いだった」と回想しているが、用紙税廃止は単に新聞税収だけの問題でなく、そののちの政府のあらゆる財政問題において、貴族の決定権を剥奪する最初の議会闘争だったからである。委託金制度の廃止はその八年後、一八六九年になってからのことである。

それでは、「知識への課税」廃止は、当時のジャーナリズムにいかなる効果をおよぼしたのだろうか。その直接の結果が新聞の総発行部数の飛躍的な上昇にあったことを示すには、次のような統計的事実をあげれば十分であろう。すなわち、一八一六年~三六年までの四ペンス印紙税の時期には新聞の売れ行きの上昇はわずか三三パーセント、一八三六年~五六年までの一ペニー印紙税時代には七〇パーセントであったのに対して、一八五六年につづく二五年間の上昇率は少なく見積もっても六〇〇パーセントにも達する。また、新聞の種類については、一八五四年のロンドンの日刊紙の数は一四紙、週刊紙八七紙(その他に三八紙)、地方紙四七三紙(日刊紙はなかった)と総数六一二紙だったのに対して、一八九五年になると、ロンドンの日刊紙二八、週刊紙その他四二八、地方日刊紙一七三、地方週刊紙一六七五、その総数二三〇四紙を数えるのである。

このように、「知識への課税」廃止によってもたらされたのは、ロンドンと地方都市における日刊新聞の新たな隆盛、とりわけ地方新聞のめざましい躍進にほかならない。まさしく「知識への課税」改革論者たちが予測していた状況が出現したのである。では、それは、フォンブランクが「巨人の息の根を止めるのはよいが、小人たちと暮らすのも快適とはいいがたい」と憂慮したような事態だったのだろうか。

一八五五年六月二九日、まさに新聞印紙税が廃止されるのと時を同じくして、四ページだて、一ペニーの日刊紙『デイリー・テレグラフ』がロンドンで発行される。『デイリー・テレグラフ』は数週間もしないうちに『タイムズ』をのぞくロンドン全紙の発行部数を上まわるようになり、その後まもなく『タイムズ』の発行部数六万五〇〇を追い越している。さらに、用紙税廃止の一八六一年にはその二倍にも達し、一八七七年には二四万部を越え、その第一面に「世界最大の発行部数」という見出しをつけるほどに成長する。もっとも、価格一ペニーの新聞は『デイリー・テレグラフ』が最初だったわけではない。むしろ、『シェフィールド・デイリー・テレグラフ』(六月八日創刊)『リヴァプール・デイリー・ポスト』(六月一一日創刊)などの地方紙が先鞭をつけている。

さらに、一八五六年には、『デイリー・テレグラフ』の成功に触発されて、一ペニーの日刊紙『モーニング・スター』と『イヴニング・スター』が発行され、一ペニーという価格はそののちの新聞価格の標準となり、労働者階級という新たに厖大な購読者層を獲得した大衆日刊新聞の時代が到来する。この一ペニーがもともとブロードサイドの値段であったことはもはや繰りかえすまでもないだろう。「知識への課税」廃止はフォンブランクの警告を杞憂に終わらせ、『タイムズ』の支配的地位を剥奪するとともに、いわゆるペニー・プレスと呼ばれる新たな「巨人の群れ」を生みだしたのである。

やがて、これらの「巨人の群れ」を支配する人物がこの世紀の終わりに現れる。一八九六年、大衆日刊紙『デイリー・メール』を創刊したアルフレッド・G・W・ハームスワース(1865-1922)、のちのノースクリフ卿である。彼は一六歳で学業を終え、二一歳で懸賞金つきの週刊誌『アンサーズ』を創刊、その後、子供や主婦や女工向けの数多くのペニー・ドレッドフルの発行によって経営基盤を固め、夕刊紙『イヴニング・ニューズ』を買収したあと、日刊紙『デイリー・メール』を発行したのである。創刊号の発売部数三九万七二一五部、これまでの最高記録であった。その成功は、ノースクリフ自身がそうだったが、明らかに一八七〇年の初等教育義務法による識字率の普及が生みだした厖大な読者層の形成を背景としている。「大衆の読み物を製造して商品と同じように売り出せ。広告しろ。人のおしゃべりにのぼるようにしろ」というのが、ノースクリフのとった方法だった。犯罪ニュース（戦時には戦争ニュース）を紙面のトップに掲げるそのやり方は、すでに「知識への課税」時代の日曜新聞がブロードサイドの手法をまねることによって先鞭をつけたものであり、むろん彼の独創ではない。そののち、彼は日曜紙『ウィークリー・ディスパッチ』の買収、『デイリー・ミラー』の創刊、そして廃刊の危機にあった『オブザーバー』と『タイムズ』の経営再建を社主として成功させ、さらに、『グラスゴー・デイリー・レコード』『サザン・デイリー・メール』などの地方紙の経営と系列化をおこない、いわゆる「ノースクリフ王国」を築くにいたる。だが、その経緯を語ることは、新聞企業史というまた別の物語に属するだろう。

補論　スキャンダリズムの起源

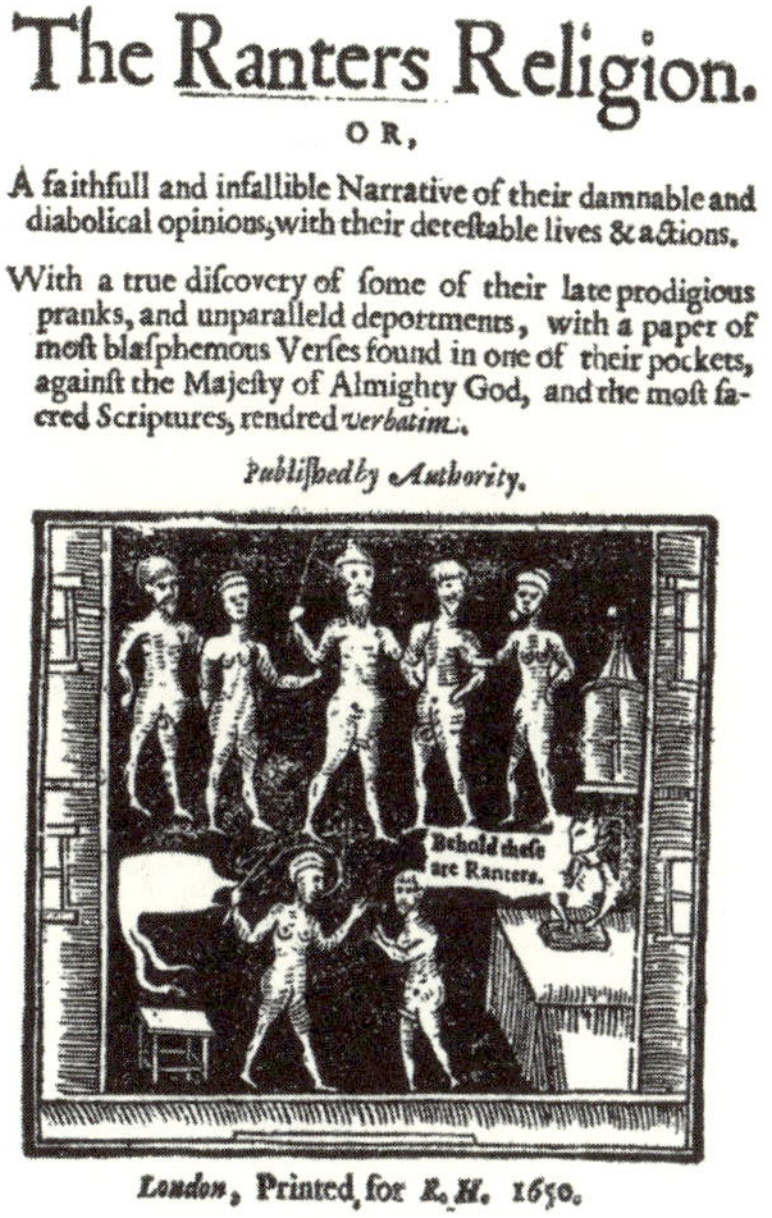

The Ranters Religion.

OR,

A faithfull and infallible Narrative of their damnable and diabolical opinions, with their detestable lives & actions.

With a true discovery of some of their late prodigious pranks, and unparalleld deportments, with a paper of most blasphemous Verses found in one of their pockets, against the Majesty of Almighty God, and the most sacred Scriptures, rendred *verbatim*.

Published by Authority.

London, Printed for *R. H.* 1650.

1650年10月11日、政府当局発行の「ランターズの信仰、あるいは彼らの忌わしい悪魔的主張とその恥ずべき生活行動の正確かつ誤りなき物語」と題されたパンフレット。前景には、性的主導権を握った女が描かれている。

補論　スキャンダリズムの起源

魔女裁判のニュース・パンフレット

イギリス最初期のニュース・パンフレットやブロードサイドについて語るさい、私たちは宗教的異端をあつかったものに触れないわけにはいかない。まずは、「魔女」の告発と裁判そして処刑がどのように報じられたかを看てみよう。

「魔術を用いて人身に危害を及ぼし、また財産を損壊する者」を取り締まる法律いわゆる魔女迫害法は、一六、七世紀のチューダー朝およびスチュアート朝において、三度、制定されている。最初は、ヘンリー八世による宗教改革直後の一五四二年、つぎがエリザベス一世治下の一五六三年、そしてスチュアート朝のジェイムズ一世の一六〇四年である。浜林正夫の『魔女の社会史』（一九七八）によれば、処刑された魔女の数はおよそ一〇〇〇人にのぼり、その数がピークに達したのは市民革命期（とりわけ一六四四〜五）、次にエリザベス時代、そしてジェイムズ一世の時代であり、いずれもプロテスタントとりわけピューリタンの高揚の時代にあたる。

シャーバーの最初期のニュース・バラッド研究（一九二九）によれば、犯罪パンフレットやブロードサイドとならんで当時の出版業者の在庫リストの中で主流をなしていたのが、魔女に関するニュース・パンフレット類であった。この種のパンフレットやブロードサイドは民衆の間に幅広い人気を博し、そのニュースの供給はコンスタントで、その大半が地方の巡回裁判所（assize）における魔女の審判と告白にもとづくものであった。それらはいずれもステロタイプな書式で、たいていの場合、ファミリア（familiar）と呼ばれる悪魔の使い（多くは猫、鼠、雛鳥、蛙、蝿などの小動物）との交わりや人畜に危害を与える呪いのかどで有罪の宣告を受けている。

一五七九年、アビントンで処刑された魔女、エリザベス・スタイルは鼠の姿をしたファミリアと交わり、彼をフィリップと名づけ自分の血を吸わせて養っていた。エリザベスとその共犯者たちは敵の姿をかたどった蠟人形をこしらえ、その心臓をサンザシの枝で突き刺したといわれる(「四人の名高い魔女によってなされた奇妙にして真実、非道かつ畏怖すべき所業のニュース」、E・ホワイト)。また、しばしば、魔術の実践に加えて、カトリック教徒であることの罪が問われた。たとえば、一五六六年、ジョン・ウォルシュという男は、カトリックの托鉢僧に唆されて魔術を行なったことをデヴォンシャーのエクセターで告白している(「ジョン・ウォルシュの審理」、ジョン・オードリー、一五六六年一二月二三日)。また、一六〇三年には、悪霊に取り憑かれた数人の男がイエズス会の僧たちから悪魔払いをしてもらったことを告白しているが(「悪魔払いを装ったカトリックの巧妙な騙りについての公表」、ジェームズ・ロバート、一六〇三)、このニュース・パンフレットは明らかに政府の命を受けた御用印刷業者によって発行されたものである。

魔女のニュース・パンフレットがどのような意図によって出版されたかを知る最適の例は、一五六二年のトマス・ドーソンが発行した、「エセックス州のセント・オージスにおけるすべての魔女の告発、審問そして告白についての真実かつ正確なる記録――これによって、魔女がいかに有害でキリスト教国に生きるに価しない者たちであるかをすべての人びとが知るであろう――」(W・W、一五八二)であろう。その本文中、次のような文が見られる。「私は、魔女たちの審問の進行の状況を熱心に観察し、彼らの反逆の罪は明らかであると認め、彼らの数多くの悪行をすぐさま数枚の紙片に綴ることにした」と。これによって、W・Wという匿名の作者が明らかに法廷の書記官であることが知られるのである。

さらにまた、私たちは、魔女裁判のニュース・パンフレットが裁判官や治安判事の承認の下に発行され、裁判所自身によって発案・奨励されていたという事実を、一六一三年、ジョン・バーンズという出版業者による「ランカシャーの魔女たちの驚くべき発見」というパンフレットに見ることができる。本文の冒頭近く、「我々はこれらの事実を出版して世に知らしめる必要をおぼえた」という言葉が記され、別の個所では、「書記官が苦労して書きあげた後、私がそれに手を加え、記録された事実に反する事柄がないように計らった。……魔女らに対するすべての裁判記録と証拠を慎重に検討したうえで、私は、この真実の報告が出版に価すると判断した」と述べられているのである。

ところで、A・マクファーレンの『チューダー朝およびスチュアート朝イングランドの魔女』(一九七〇)は、魔女迫害が最も多発したイングランド東南部州のエセックスの裁判記録とパンフレット類を綿密に調査した地方史研究として知られる。彼は、告発された魔女数を、巡回および四季裁判所三一四人、教会裁判所二三〇人、自治区裁判所二五人、星法庁四人、その他数人と合計およそ五八〇人を数えあげ、州内の各村落での魔女迫害の発生場所から魔女とその被害者の社会階層にいたるまで徹底的に追跡している。

その地域分布で興味深いことは、その発生件数が土地の囲い込みが進んだ州の北東部と中央ベルト地帯にもっとも多く、遅れた北西部で少ない。マクファーレンは、こうした事実から、「魔女は囲い込み地における増大する人口の圧力の問題とおそらく関係している」という。彼はまた、魔女迫害が一般に労働者や農民や職人を職業とする貧困層で起こり、被害者の方は魔女よりも比較的に裕福であったという事実から、相互扶助や慈善にもとづく共同体の人間関係が崩壊し、個人主義的な社会へと移行する過程で生じた現象であると結論づけている。人びとが 中世以来の隣人関係を崩しながら、そこに「良心の呵責」を覚える時、その隣人関係の崩壊の犠牲者となった村の貧しい人びとをむしろ魔女として排除することによって、自らの良心の呵責を緩和しようとしたのである、と。

以上のような事実から、魔女迫害が中世いらいの共同体の解体期に貧しい民衆の間で自然発生的に生じたスケイプゴート現象であったにせよ、これに多大な影響を及ぼしたニュース・パンフレットの役割、そしてそこに介在していた国家権力の意思の存在という歴史的事実を、私たちは忘れてはならないということである。

では、最初期のニュース・パンフレットやブロードサイドは当時の宗教的異端の排除にどのような役割を果たしたのだろうか。私たちは、次に、そのような具体例を、イギリス市民革命の後退期に都市下層民衆の間に生まれたランターズ(Ranters)と呼ばれる急進的な異端運動が当時のニュース・パンフレットにどのように扱われ、それがどのような影響を与えたかという事実の中に探ってみることにしよう。

ランターズ、その恐怖と神話

魔女処刑が一六四〇年から一六六〇年にいたるいわゆるピューリタン革命期、とりわけ一六四四〜四五年にピークをなしたことはすでに述べたが、この市民戦争の時代はまた、イギリス民衆の間にさまざまな急進的セクトの宗教運動が展開された時代でもあった。

国王派に対する議会派の圧倒的な軍事的勝利によって内戦が終結した一六四六年の翌年から、議会に対する民衆の不満の増大は神秘主義的な宗教運動を叢生させ、水平派(Levellers)と呼ばれる明確な政治意識をもった急進的セクトを生んだ。レヴェラーズは議会軍内部の士官や兵士を掌握して全軍会議を設置し、一七世紀という時代において画期的な平等主義的な革命綱領「人民協約」(Agreement of the People)を発表する。だが、クロムウェルらの独立派による権力の掌握と、一六四九年一月の国王チャールズ一世の処刑の後には「人民協約」は無視された。人民協約の実現の期待を裏切られたレヴェラーズは各地で反乱を起こすが、独立派の武力の前に壊滅するにいたる。同年五月、共和国が宣言され、六月、ロンドン市が軍総司令官クロムウェルを賞賛のうちに迎えいれ、それ以後一六六〇年の王制復古まで共和制が敷かれ、共和制政府は民衆の間のセクト運動の弾圧に向かうことになる。

木田理文(一九八〇、八一)によれば、国王処刑からクロムウェルの護民官制樹立までの最も不安定な時期に数多くの神秘主義的なセクト運動が輩出した。なかでも、その最左翼の突出となったランターズ運動が成立したのは一六四六〜四八年頃と推測され、一六四九〜五〇年にかけて急激に拡大し、共和制期に最盛期を迎えるが、政府の弾圧（たとえば、一六五〇年八月九日の瀆神禁止令の発布）と民衆の間のクエーカーの台頭によって、一六五五年頃から急速に衰え、一六五八〜六〇年頃に姿を消したといわれている。

のちに一八世紀最大の詩人画家ウィリアム・ブレイクに影響を与えることになる、ランターズ運動の思想的指導者として知られるのは、『神の光と影』（一六五〇）を著したヤコブ・ボーサムリー、『燃えて飛ぶ巻物』（一六五〇）のアビィザー・コップ、『単一の眼』（一六五〇）のロレンス・クラークソンらといわれる。

クリストファー・ヒル（一九七二）によれば、その教義は、道徳律不要論と汎神論とを二本の柱として、神、私有財産、禁欲主義を否定し、合理主義的かつ唯物論的な財産の共有と自由な性的関係を主張し、プロテスタント倫理に対抗して性愛と表現の自由が享受される共産主義社会を構想したといわれる。また、この運動を支持した社会階層は都市およびその周辺に居住する下層職人、小屋住農民、下級兵士たちであったが、ランターズは彼ら移住者の日常的慣習や他所者的感情をイデオロギー的に表現した民衆運動にほかならないという。

そもそもランターズとは、「熱狂的に説教する人びと」という意味の名称であり、安息日や祝祭日に居酒屋や食料品店で、一組の男女か一〇人前後の小グループをなして、音楽的、演劇的、遊戯的な表現方法で喧騒な集会を開いた。当時不道徳とみなされた煙草を吸い、喫煙そのものが彼らの結束のシンボルであり、見神のための興奮剤であった。ランターズは他の宗派から「喧騒派」「狂信の徒」と非難された。次に引用するのは、ピューリタン牧師Ｒ・バクスターの『遺稿集』（一六九六）の中の一節である。

「彼らは、呪われた自由思想の教義と結び、そのためあらゆる忌むべき〈生〉の不浄に陥っている。……身の毛もよだつ〈瀆神の言葉〉を口にし、その多くはよく〈邪淫〉を犯す。敬虔かつ謹厳と評判の高いさる既婚婦人などは、彼らにそそのかされ、恥ずべき娼婦となり果て、荷車にのせられロンドンの街々をうろつくほどであった。」

さらにまた、民衆運動の間で急進的セクトをなしていたディッガーズの指導者G・ウィンスタンリーは、彼らの熱狂的な説教の実践をして「暗闇の悪魔の王国」、家族の「平和破壊者」「怠惰の援助」と非難した。また、クエーカーの指導者G・フォックスは獄中の彼らに面会したが、その突然の狂騒ぶりに呆れかえったと回想しているという。

歴史の彼方に忘れられた過激な神秘主義的な宗教集団とみなされていたランターズが脚光を浴びたのは、ヒッピー運動が隆盛をきわめた一九七〇年からであるが、現在、ランターズの社会的性格を、秘教的な急進的セクトとみなすかあるいは都市下層民衆の大衆運動と捉えるかで、歴史研究者の間に見解が分かれていた。

ところが、ここに、ランターズは急進的セクトの組織としても民衆運動としても、いやそのような集団さえも歴史上存在しなかったことを実証した歴史社会学的な研究がある。J・C・デイヴィスの『恐怖、神話そして歴史——ランターズと歴史家たち』（一九八六）がそれである。

彼はまず、その理論的指導者と目されてきたボーサムリー以下の宗教思想家たちの著作の検討によって、彼らがけっしてランターズと呼ばれる急進的セクトあるいは運動の指導者ではなかったことを解明する。つまり、ボーサムリーは「シーカーズ」と呼ばれたセクトに属し、コップはバプティストであり、またクラークソンは国教主義から長老会への改宗者であって、彼らの著作はそれぞれの宗教的遍歴の過程の産物として理解しなければならない、と。しかも、ランターズの特徴とみなされてきた汎神論《パンティズム》は彼らにかぎらず、一七世紀半ばの一般的な精神的傾向であり、また、道徳律不要論《アンティノミアニズム》についても三人ともこれを否定していることを彼は指摘する。

それでは、ランターズというセクトも運動もまたその教義も存在しなかったとすれば、一七世紀の人びとはなぜ彼らを社会的、道徳的かつ宗教的に危険な存在としてその実在を信じたのであろうか。デイヴィスは、当時、とりわけ一六五〇年とその後の数年間に発行されたパンフレットやブロードサイドの検討を通じて、ランターズとはピューリタン革命後退期の宗教的な恐怖と不安が生みだした逸脱イメージの投影にほかならないという事実を突きとめる。

ランターズを新しい有害なセクトあるいは運動として攻撃した最初のパンフレット、「ランターズ信仰」が発行されたのは、一六五〇年一〇月一一日のこと、その出版は共和制政府によるものであった(もっとも、パンフレット自体には、日付が明記されていない)。デイヴィスによれば、その後のランターズというセクトあるいは運動のイメージを最初に形成させたのはこの「ランターズ信仰」にほかならない。

パンフレットの表紙は、鞭をもった裸の女と男が描かれ、「これがランターズだ」という吹き出しのある木版画が飾られ、これを目にした者に猥褻な心象を形成させようという意図が露骨にあらわれている(☆1)。本文には、ランターズが神は罪深い行為を喜び、しかも復活は占星術によって決定されると信じているとある。すべての女は共有されなければならず、神名濫用、飲酒と喫煙そして乱婚が奨励される。神は三つの鍵を所有しており、第一の鍵はこの世にやって来るための子宮への鍵で、第二の鍵は自由の鍵、それによって快楽に正当性が付与され、また第三の鍵は復活のための鍵である。

The Ranters Declaration,

WITH

Their new Oath and Proteſtation ; their ſtrange Votes, and a new way to get money ; their Proclamation and Summons ; their new way of Ranting, *never before heard of* ; their dancing of the *Hay* naked, at the white *Lyon* in Peticoat-lane ; their mad Dream, and Dr. *Pockridge* his Speech, with their Trial, Examination, and Anſwers : the coming in of 3000. their Prayer and Recantation, *to be in all Cities and Market-towns read and publiſhed* ; the mad-Ranters further Reſolution ; their Chriſtmas Carol, and blaſpheming Song ; their two pretended-abominable Keyes to enter Heaven, and the worſhiping of his little-majeſty, the late Biſhop of *Canterbury* : A new and further Diſcovery of their black Art, with the Names of thoſe that are poſ-ſeſt by the Devil, having ſtrange and hideous cries heard within them, *to the great admiration of all thoſe that ſhall read and peruſe this enſuing ſubject.*

Licenſed according to order, and publiſhed by M. *Stubs*, a late fellow-Ranter

Imprinted at London, by J. C. MDCL.

①「ランターズの宣言」

——パンフレットは以上のような内容であるが、その全体はきわどいポルノグラフィーの雰囲気に包まれている。けれど、ここで留意しておきたいのは、その指導者に対する言及がないことである。コップとボーサムリーがそれぞれ『燃えて飛ぶ巻物』と『神の光と影』出版の廉で逮捕され刑罰を受けたのは、このパンフレット発行の少なくとも六ヵ月前であり、また、クラークソンの『単一の眼』もすでに焚書に処せられており、いずれもランターズ現象の直接の契機とはなっていないのである。

さらに、ランターズが実践的な道徳律の廃止を唱える反キリスト論者だというイメージを決定づけたのは、同年一〇月の末にローンス・バートルという出版者が発行した「野生のロバのための古い手綱」というタイトルのパンフレットであった。また、一一月一九日には、ふたたび、当局の手によって、「ランターズの群れ」が発行され、はじめてその主な指導者が、コップとクラクストンという名であることが言及され、その内容は、やはり、ランターズがいかに性的に乱れた集団であるかということへの非難に終始している。

一二月になると、「ランターズの騒ぎ」、「ランターズの宣言」、「ランターズの逮捕、審判そして彼らの供述」、そして「ランターズの転向」がつづいて出版され、ロンドンでのランターズの集会の模様や、兄弟殺しと尊属殺人を犯したウェールズ出身の男がランターズであったという事件が語られる。ちなみに、「ランターズの転向」というパンフレットは、ランターズが王党派で、チャールズ一世によるスチュアート王制復活の宣言をコヴェントリーで行なったという事件を伝えている。

さらにまた、一六五一年の一月には、「陽気な仲間、あるいは悪魔のランターズ」というパンフレットが「この世は今やランターズ一色に塗りつぶされており、用心しないと女房が夫の権威を奪い、自由気ままな不義を働くだろう」という教訓劇を載せている。また、「北部地方からの残酷なニュース」と「ニューゲイトとオールド・ベイリーからの奇妙なニュース」というニュース・パンフレットが二〇、二一日とつづいて発行され、それぞれランターズによる殺人事件と王制復活宣言の事件を伝えている。だが、「奇妙なニュース」の木版画は、「ランターズの騒ぎ」のそれをそのまま用いたもので、その内容も同工異曲にすぎない。ネタが尽きたのである。ちなみに、こうしたパンフレットは、その他にも、一六五四年までに五種類発行されている。

ふたたびデイヴィスによれば、これら一五のパンフレットは、政府当局による発行のほかはいずれもハックライターの手になるものであって、一七世紀半ばすでにセンセーショナルな「イエロー・ジャーナリズム」が成立していたと述べている。ランターズというセクトも運動もそして集団も、このようなニュース・パンフレットによって捏造されたものであり、その逸脱イメージはピューリタン革命後の混乱期のあらゆる悪のイメージが重ねられている。

しかしながら、ランターズの特徴とされた性的優位をほこる女性というイメージは、中世いらいの民衆のカーニヴァルの祝祭空間、いわゆる「逆さまの世界」(the World Upside Down)の反映にほかならない(☆2)。そこに王党派への憎悪が二重イメージで投影されているのである。

そして、さらに重要な点は、その逸脱イメージには、当時、偶像崇拝を廃し、神の内なる声のみに耳を傾けることを奨励するプロテスタンティズムが生みだした数多くのセクトの精神的混乱と不安が投影されていることである。要するに、ランターズとは、当時の人びとの、どこまでが善でどこからが悪なのか、その宗教的・道徳的境界を刻印づけるために創出された一種のモラル・パニック現象にほかならないのである(☆3)。

私たちは、ここに、スキャンダリズムの遠い起源を見いだすことができるが、それが国家のイニシアティヴによって始まったという事実を看過してはならないだろう。

図版解説

第一章

①ロンドンのバラッド売り。ブロードサイドのタイトルは「ポリスマン」と読める。この絵は初期写真技術であるダゲレオタイプをもとにエッチングで描かれたもので、メイヒューの『ロンドンの労働とロンドンの貧困』所収。

②『オブザーバー』紙（一八二三年一一月一〇日付）に掲載されたサーテル事件の殺害現場を描いた挿絵。

③「殺人への神の復讐」と題された、「赤い納屋の殺人」事件の挿絵。事件の発生は一八二七年五月だが、このブロードサイドは六年後の一八三三年六月一日発行され、長い人気を保っている。

④「恐ろしい殺人」という題の、カトナック発行の典型的なキャッチペニーの木版画。その本文には、ナイフで殺害とあるが、犯行の日時、場所も明記されていない。一八二〇年前後のものとみられるが、同じ図版が『ニューゲイト・カレンダー』第四巻にもある。

⑤「ロビン・フッドの賞金」という題のブロードサイド・バラッド。前文に「ロビン・フッドは背の高い若者だった」という曲のメロディで唄うよう指示がある。一六七〇年代発行と推定される。

⑥一六〇七年一月三一日、ウェールズのモンマスシャを襲った洪水を報じるロンドンで発行されたニュース・パンフレットの表紙。被害状況の説明に、まず羊・牛などの家畜、そのあと男、女、子供とつづく。本文は、洪水に押し流された三六の教区のリストが掲げられ、宗教的な説教に終始している。このニュースには旧約聖書のノアの洪水が参照系としてある。

⑦コックスの典型。カトナック発行のブロードサイド「リヴァプールの悲劇」の挿画。その原典は一七世紀の「コーンウォールのペリンからのニュース」に遡る。

⑧伝承バラッド「残酷な母」のメロディであるが、さまざまなヴァージョンがある。なかでも「グリーンウッド・サイド」は、ジョーン・バエズが一九六七年に歌ってポピュラーとなった。

第二章

①新聞印紙税として用紙にあらかじめ赤く捺印されたスタンプの変遷。アン女王治下の一七一二年八月一日に設置された時は半ペニー、一七八九年に二ペンス、一七九七年に三・五ペンス、そして一九世紀になると、一八一五には四ペンスと大幅に引き上げられてきた。言論弾圧の過酷な身体刑の緩和化とともに増税化される。

②騎馬義勇兵による暴虐行為を描いた一八一九年八月一六日の「ピータールーの虐殺」の風刺画。右後方の壇上でH・ハントが演説している。

③フリー・プレスの力を誇示した一八二九年五月三〇日発行の戯画。右上の帽子はウェリントン公を表している。擬人化された印刷機は手動の「スタンホープ式」。

④『プアマンズ・ガーディアン』一八三二年六月二三日付に掲載された、言論弾圧六法の委員会メンバーの戯画。正義の女神が「言論の勝利」の旗と槍をもって彼らを見下ろしている。

⑤一八三一年のブリストル暴動の参加者の処刑を風刺した「正義の均衡」と題された戯画。

第三章

①ベンサムが一七九一年刊行した『パノプティコン』所収の設計図。彼はその構想を、一七八五年、弟サミュエルが立案したロシアの造船所の労働管理計画から得たといわれる。

②一八四三年七月五日、警察当局発行の「ポリス・ガゼット」。犯罪情報が、放火・贋造・窃盗・家屋破壊・牛馬盗と重罪度の順序で掲載されている。

第四章

①ウィリアム・ホガースが一七四七年に描いたタイバーン・フェアの全景。後景に処刑台が架設されようとしている。
②ジョン・フォックスによる一五六三年版の『殉教者列伝』中のコバーム卿の火刑を描いた木版挿絵。
③エドワード・ロイドの一八四二年一一月二七日発行の無印紙新聞『ロイズ・イラストレイティド・ロンドン・ニューズ』の創刊号。右下のスタンプは偽の印紙である。

補論

①一六五〇年一二月一六日発行の「ランターズの宣言」と題されたニュース・パンフレットの表紙絵。本文中、新たなランターズの集団がペリカット街のホワイト・ライオンに集まり、姦通・近親相姦など背徳的な行為にふけったとある。ランターズ・パンフレットは排斥キャンペーン技法の宝庫ともいえる。

各章全注

第一章

☆**1**　のちに四巻本の大著としてまとめられる『ロンドンの労働とロンドンの貧困』は、一九世紀半ば、世界最大の都市ロンドンにおよそ五万人いたといわれる「路上の民」の生活と意識を、彼ら自身の言葉によってあますところなく描いて社会調査史上初の金字塔をなしている。この五万人という数字はメイヒューの推計であるが、彼はその内訳を、二輪車を押して野菜や魚介類を売り歩く「コスターマンガー」が三〜四万人、ブロードサイドやチャップブックあるいは文房具類をあつかう者はおよそ一〇〇〇人と見積もっている。また、メイヒューは、街頭のもの売りを、親の商売を受け継いだ者、好きでこの商売に入った者、失業や病気などでしかたなくこの商売に流れこんできた者というように、三つのタイプに分類している。ブロードサイド売りは第二の典型とされ、彼らは「街頭の貴族」を自称する花形的な存在であった。

☆**2**　メイヒューの数字は、C・ヒンドレーがあげる数字とやや異同がある。後者によれば、「赤い納屋事件」が一一六万六〇〇〇部、「グリーンエイカー事件」が一六五万部となっている。

☆**3**　「感情構造」という語は、本書がその問題意識を継承しようとする、イギリスの文明史家レイモンド・ウィリアムズがその著『長い革命』の中で用いている structure of feeling、すなわち「ある時代と空間における生きられた経験」の意味の訳語である。

☆**4**　イギリス各地からサーテルの処刑に集まった観衆の中には、鉄道を利用した者も少なくないだろう。一八二五年に世界最初の公営鉄道が敷かれ、一八三〇年代後半にはイギリス全土で鉄道建設ブームを呼んでいるからである。ちなみに、鉄道パック旅行の始まりは、一九世紀半ば、公開処刑見物のための特別列車だったという。

☆**5**　このド・クインシーの小説的エッセイは、昭和六年、谷崎潤一郎によって未完ながら翻訳されている「芸術の一様式として見たる殺人に就いて」（武侠社刊『犯罪科学』一九三一年三〜六月号）。

☆**6**　「赤い納屋の殺人」の人気は、不思議なことに現在に及んでいる。アメリカのフォーク歌手シャーリー・コリンズの唄を以下のサイトで視聴できる。

▼http://www.youtube.com/watch?v=qhr4P1W1HWY&feature=related

また、アメリカのシンガーソングライター、トム・ウェイツは同名の新曲が入ったアルバム『ボーン・マシーン Bone Machine』（一九九二年）でグラミー賞を獲得しており、インターネットで視聴することができる。

▼http://www.youtube.com/watch?v=lN9yZuorgq8&feature=related

さらにまた、グーグルで Murder in the Red Barn を検索すれば、今日でも、この事件の現場は人気スポットになっており、また、この事件に材をとった新作の芝居が上演されていることが知られる。

☆**7**　一六世紀の時間革命つまり不可逆で直進的な機械時間の進行のなかで「新しさ」への欲望が生じたと述べたが、ここで、より人類に普遍的かつ根源的な、もうひとつの「新しさ」の感情があることを指摘しておかなければならない。それは、季節の移り変わりや年中行事によって更新される「新しさ」の感情、つまり循環的時間に属する感情である。

☆**8**　トマス・デロニー(1543?-1600)は、エリザベス時代を代表する最大のバラッド作家といわれる。同時代の作家トマス・ナッシュは、彼を「バラッドの絹織工」と賞賛しているが、実際に絹織物をあつかう商人であった。エリザベス時代の初期にはバラッド作者の署名が明記されていたが、しだいにイニシャルだけとなり、やがてわずかの例外を除いて無署名となった。この事実は検閲の厳しさの増大をものがたるが、にもかかわらず、エリザベス一世の治世の終わりには、バラッドはますます隆盛をきわめることになる。

ちなみに、デロニーの「殺人バラッド」として有名なものに、一五九一年、親のいいなりに結婚した妻の夫殺しを唄った「プリマスのペイジ夫人の嘆き」がある。次のサイトを参照のこと。

▼http://www.pbm.com/~lindahl/deloney/misc_ballads.html

☆**9**　シャーバーがあげているもう一つの犯罪パンフレットの例として、「チャールズ・コートニーおよびクレメント・スライの生涯、逮捕、審問そして処刑」があるが、ステイショナーズ・カンパニーへの登録は一六一二年三月一三日、実際の死刑執行はその翌日であった。また、シャーバーは、当時、ブロードサイドやパンフレットの制作から出版に要する時間は二日以内のことであっただろうと推定している。

☆10　ここで、新聞やブロードサイドが犯罪の発生時点で事件のニュースを伝え始めたのが、警察制度の成立によってであると誤解してはならない。また、動機理解の言説空間が成立してはじめて犯罪が発生時点で語られるようになったと述べているのでもない。逆に、犯罪が発生時点で語られるようになって、それに適合的な動機理解のボキャブラリーと文法が生まれたのかもしれないのである。いずれにせよ、プレ＝アクティブな知のまなざしがそれを可能としたのであり、因果関係を問うことはできない。

もっとも、犯罪が発生時点で紙面に載るのは、一八世紀初め、勃興しつつあるブルジョワ階級を購読者層とした週刊新聞において「盗品広告」という形式によってである。だが、これは動機理解を中心として報道される今日の犯罪報道の起源ではなく、これを犯罪ニュースということはできない。一八世紀、ジョナサン・ワイルドなど盗品広告を利用した犯罪が問題となったことについては、第三章第三節「ポリス・ガゼットの系譜」を参照されたい。

☆11　これはわが国の場合も同様である。明治二四年五月一一日、ロシア皇太子殺傷事件いわゆる大津事件の犯人津田三蔵の逮捕後の獄中の様子を報じた大阪毎日新聞の記事について、元社会部の田中武文（一九七四）は、「現代の新聞も、重大事件の犯人は逮捕後の様子を詳しく報道するが、たとえ負傷していても脈拍、排尿にいたるまで時間の経過も追って、これほど詳細には書かない。むしろ、犯人の挙動、表情、心理といったものに焦点を合わせる。ところが、この津田の記事は、その点はほとんど触れず、彼の肉体的状況が焦点となっている。いまとは記者も読者も関心、興味のおきどころがちがっていたのだろう」と述べている。

ここで言及しておきたいのは、昭和天皇が重篤状態に陥った際、新聞が天皇の身体状態について毎日、詳しく報じたいわゆる下血報道についてである。各紙は、その理由を、明治天皇の例に準拠したと説明したが、大津事件の例にみるように、明治時代には容疑者の逮捕後の様子の報道もまったく同じだったのである。大津事件をめぐるこのエピソードは、明治が〈身体〉中心の、そして昭和が〈動機〉中心の時代であったことをものがたるが、昭和天皇の重篤報道は時代の感情構造がふたたび〈身体〉中心へと転換しつつあることの徴候とみなすことができる。

☆12　福音主義派はいうまでもなく、そもそもキリスト教の「福音」とはgood newsのことであり、災害や犯罪などのbad newsの中に神の啓示を読み取ることを含意している。

☆13　F・J・チャイルドが集成した伝承バラッドについては、以下のサイトで全リストを閲覧できる。

▼http://www.sacred-texts.com/neu/eng/child/

なお、「残酷な母」も、その別ヴァージョン「グリーンウッド・サイド」も、ユーチューブでジョーン・バエズはじめさまざまな歌手が唄っているのを視聴することができる。

▼http://www.youtube.com/watch?v=iwG595-o_dw

☆14　わが国の演劇やテレビで殺人や心中事件をあつかったドラマの題名にも地名をもつものが少なくない。これも同じ心理機制にもとづく命名といえよう。

第二章

☆1　もっとも、こうした戦略そのものは、ヘザリントンとその『プアマンズ・ガーディアン』が最初というわけではない。一八世紀後半、ジャーナリズムが「議会特権の侵犯」というかたちで、それまで非公開だった議会討論を公開させるにいたる、その発端の契機となったJ・ウィルクスとその週刊新聞『ノース・ブリトン』がとったのも同じ戦略であった。

一七六三年、当時下院議員だったウィルクス（後にロンドン市長）は、その『ノース・ブリトン』第四五号（四月二三日付）で、ジョージ三世の議会開院の勅語と時の政府を罵倒して、不敬罪と文書誹毀罪に問われてロンドン塔への投獄と議員資格の剥奪を繰りかえし、最長二二ヵ月の禁固刑を言い渡されている。ウィルクスはこの弾圧それ自体を逆手にとって、ロンドン市民の間に言論弾圧に対する熱狂的な抵抗の渦（「ウィルクスと自由！」）を巻き起こし、やがて一七七一年、彼の後任のロンドン市長ブラス・クロスビーによって『イヴニング・ポスト』（J・ミラー発行）が議会討議の記録を掲載し、その後、ウィルクス信奉者の手になる数かずの新聞が、弾圧に抗して、議会報告を印刷しはじめている。今日、『ハンサード』と呼ばれるイギリス議会議事録の始まりである。ちなみに、この名称は、一八〇三年、ウィリアム・コベットの急進派新聞『ポリティカル・レジスター』に付録として掲載された議会議事録を、一八一二年、印刷業者トマス・C・ハンサードが買い取り、引き継いで発行しつづけたことから付与されたものである。当時の議会議事録は、さまざまな新聞に載った記事を編集したものであった。イギリス議会は、一八八九年、『ハンサード』の出版に助成金を出すが、議会自身がその全議事録を発行するのは一九〇九年以降のことである。

ここで、面白いエピソードを紹介しよう。一八世紀の終わり、ロンドンのとあるコーヒーハウスで若い議員たちが、これまでの議会演説の中でもっともすばらしいのはだれの演説かという話題に興じていた。やがて、大ピット首相（在任 1766-68）の演説だということに意見が一致したところで、近くに座っていた老紳士がそっと呟いた。あれは私が若く貧しい頃、記者が取材してきたピット首相の演説メモを、私が屋根裏部屋で文章にしたものです、と。老紳士は、『英語辞典』や『シェイクスピア全集』の編纂で名高いサミュエル・ジョンソン博士であった。彼はいわゆるアンカー記者だったのであり、当時、取材記者たちは議会の門衛になりすましたり、また壁に耳を当てて盗聴したりして議会討論を暗記してメモをとっていたのである。ジャーナリストが民主主義のパイオニアと呼ばれるのはこうしたエピソードによる。

☆**2**　ニジマスは古い卑語で「忠実な下僕」を意味する。

☆**3**　川島昭夫（一九八六）は、ヴィクトリア朝の「虚栄」あるいは「偽善」が、この「レスペクタビリティ崇拝」と密接に結びついていることを明快に論じている。また、下層労働者の間にもレスペクタビリティの誇示があったとして、次のような事実をあげていて興味深い。「一八五九年に一人の紳士の訪問を受け、乞食は泊まっていないかと尋ねられたグラスゴーの最下等の下宿屋の女主人は、『うちにいるのはレスペクタブルな方たちだけです』と答えることができたのである。そこでは一つのベッドに三人の客が寝ていたにもかかわらず。」

☆**4**　ミルトンの『アレオパジティカ』の出版は一六四四年、事前検閲を定めた出版認可法 licensing Act が制定された二年後のことである。彼は、この政治パンフレットによって、紀元前五世紀の古代ギリシャ・アテネの雄弁家イソクラテスに擬して、この法律に抗議している。

☆5　ジンの酒税は、一七五一年、イギリス警察制度の生みの親H・フィールディングの提案にもとづく「酒類販売規制法」(Gin Act) によって高額が課せられていた。それでも、一八世紀末ロンドンの、ある医者の報告によれば、成人の死亡の八人中一人がジンの飲み過ぎによるという。この事情は、一八世紀ではホガース、一九世紀ではクルクシャンクの戯画のかっこうの題材となっている。

第三章

☆1　ここで、本論がフーコーによるパノプティコン論と微妙かつ決定的に異なる点について述べておきたい。

近代を規律＝訓練的な監視社会とみる彼は、ベンサムの一望監視施設について、次のように語る。「歴史的には、ブルジョワジーが一八世紀に、政治上の支配階級になったその過程は、形式的には平等主義の、明瞭な記号体系化された法律上の枠組の設定によって、しかも代議制ならびに代議制の体制の組織化をとおして庇護されてきた。しかし、規律＝訓練のさまざまな装置の発展および一般化は、こうした過程の、他方の、暗闇の斜面を組み立ててきた。原理上は平等主義的な権利の体系を保証していた一般的な法律形態はその基礎では、規律＝訓練が組み立てる、本質的には不平等主義的で不均斉な、微視的権力の例の体系(注：パノプティコン)によって、細々とした日常的で物理的な例の機構によって支えられていた。(中略) 契約が法ならびに政治権力の理念的基礎だと想定しえた反面では、一望監視方式が強制権の、不変的に広まった技術方式を組み立てていた。」

このように、フーコーはパノプティコンを近代市民社会の平等主義的な法体系の背後に存在する不平等主義的な権力機構であるとみなしている。これに対して、本論は、ベンサムのパノプティコンを「政治技術論上の形象」とみなす点においてはフーコーの見解を継承しつつも、これを「平等主義的」で民主的な技術方式であると考えている。この相違は、フーコーが中央監視塔の唯一者の「不在」を強調しているのに対して、本論が「だれもが」その位置に立つことができるという点に力点をおいていることから生じている。フーコーが有名な「主体＝隷属」を論じるのは、彼が、近代社会の権力は実体のないつまり監視不在の機械仕掛けの自動装置(つまりパノプティコン)として存在すると考えているからであるが、そのような永久運動の装置がありえないことは自明である。したがって、ベンサムの一望監視方式の懲治監獄が失敗に終わったように、フーコーの主体＝隷属論も破綻する。ベンサムのパノプティコン建設の夢は、彼の《パブリシティ》の思想の一部をなすものではあるが、その思想が当時の統計学の未発達によって全面的に開花できなかったために咲いたあだ花にすぎなかった。そして、ベンサムのパノプティコンの中央監視塔の「匿名」のまなざしこそ統計のまなざしにほかならないのである。興味深いのは、統計がイギリスに導入された一七九〇年頃には publicistics とも呼ばれていたことである。

☆**2**　統計が、一九世紀イギリスにおいて、社会統制システムとして成功をおさめた例として、生命保険をはじめとする各種の保険制度をあげることができる。その起源は、産業革命の進行した一八世紀の後半に発達した職人の相互扶助組織である「友愛協会」(その発生は一七世紀終わり)に遡るとしても、やがて二〇世紀になって社会保険制度として完備されるにいたるそのシステムは、統計の発達なしには想像さえできない。労働者個人(あるいはその代行者)が自己の生涯賃金の算定において人生設計をおこなう保険システムは、統計のまなざしが生みだした《予防》という近代的観念によって成立するみごとな「建物なきパノプティコン」にほかならない。

☆**3**　統計のまなざしの不安の自己投影、そしてその隠蔽——これが「危険な階級」の成立に隠されていた出来事なのである。統計のまなざしの不安は、やがて、激動する時代を生きる民衆自身の、捉えどころのない漠然とした不安と同調することになるだろう。不安なまなざしは、絶えず、そしていたるところに危険を感知せずにはいられない。このように漠然とした不安感情は、「危険な階級」というひとつの明確な表現形式をあたえられてその正当性を確認するにいたる。人びとは漠然とした不安にいつまでも耐えることはできないからである。表現それ自体は不安をさらに増幅させるとしても、解決されるべき明確な対象が設定されるかぎり、人びとはすすんでそれを受け入れる。そして、ひとたび「危険な階級」というカテゴリーが成立すると、それに属するとみなされた人間の体型・容貌にはじまり、その言葉使い・身振りにいたるまで、あらゆる「危険」の徴候の弁別と分類、そしてその精緻な体系化がおこなわれるであろう。

やがて、一九世紀末になって、ロンブローゾの「生来性犯罪人」説をその究極の表現とする、犯罪を犯罪者の「性格」の「徴表」

とみなし、犯罪の本質を犯罪行為そのものよりも犯罪者自身の「犯罪性」にもとめる、徴表説・行為者主義・性格責任論という精緻な動機理解のためのボキャブラリーと文法を基礎とした近代刑法思想が産出されるのは、統計の不安のまなざしの下にはじめて成立するこのような認識論的空間においてなのである。そして、いうまでもなく、犯罪の《予防》というプレ＝アクティヴな近代的観念が成立するのもまた、この認識論的空間の内部においてにほかならない。

☆**4**　もっとも、『ニューゲイト・カレンダー』全五巻の最初の刊行は一七七三年で、同名の書は一七九四年に七巻本、一八一一年には五巻本が刊行されている。

ここで、一八世紀に数多く出版された犯罪者名鑑の代表的なものをあげておこう。その最初は、一七一二〜一四年に三巻にまとめられた『最も悪名高きハイウェイメン、盗賊、店荒らし、詐欺師の生涯と略奪についての完全な歴史』(キャプテン・アレグザンダー・スミス編)であり、これは主としてロンドンとウェストミンスターの過去一〇〇年の裁判記録を集大成したものである。つづいて一七一八年には、N・Bという署名の『オールド・ベイリー裁判所における最も悪名高き犯罪者たちの著名な判決の完全な記録』と題された四巻が出て、その後、一七二二年には同種の記録集が四種類刊行されている。また、デフォーはキャプテン・チャールズ・ジョンソンという筆名で『最も悪名高き海賊たちによる略奪と殺人についての通史』二巻を出版している。この名は、その後一七三四年の『最も悪名高きハイウェイメン、殺人者、強盗の生涯と冒険についての通史』二巻にも使われているが、これは別人である。その他にも、一七三五年に『最も名高い犯罪者の生涯』(J・オズボーン、二巻)、一七五三年の『最も有名なハイウェイメン、殺人者、強盗、海賊の生涯と冒険の通史』(キャプテン・マッケルカン)、一七六八年の『タイバーン・クロニクル』四巻、一七七六年の『ニューゲイト監獄年鑑』(J・ウェンマン、四巻)がある。「ニューゲイト・カレンダー」という語はしばしばこれらの総称として用いられる。

☆**5**　警察の逮捕段階における新聞紙上での被疑者の氏名公表の問題の起源はここに見いだされる。

第四章

☆**1**　ロミリー卿が少年時代、恐怖におののいた二つの書物は、一方は聖人の、もう一方は犯罪者の生涯の記録の集成であることはすでに見てきたが、ここで、二つの書物の奇妙な対称性について触れておきたい。前者は、しばしば悪行と堕落にみちた青年期に始まり改心と宗教的覚醒、そして迫害による死という殉教の生涯が語られている。これに対して、後者においては、同じように青年期の堕落に始まり、悪の深化そしてその結末としての処刑台での死が語られている。かつて川島昭夫は、私との対話において、二つの書物が互いに「鏡像」の関係にあると端的に語ったことがあるが、彼の指摘は、犯罪者の絞首台上の死がイギリス民衆によってしばしば聖別され、その遺品が護符として珍重された事実をみごとに説明する。殉教者と刑死者は記号論的には「有徽」という同一の価値を有するわけである。

ロミリー卿が二つの書物に対して恐怖という同一の感情しか抱かなかったということは、すでにそうした宗教的感情が一八世紀後半には失われていた事実をものがたっている。ここで、もう一つのエピソードを紹介しておこう。ブルワー＝リットンと同時代の作家ピアス・イーガンは「ギルズ・ヒルの悲劇」のサーテルの解剖死体から刳出した眼球をニューゲイト・ノヴェル作家がもつにふさわしい品だといって彼に献呈している。この話は、すでに一九世紀に入ると刑死者の遺品が怪奇趣味の対象以外の意味をもたなくなっていた事実を明らかにしている。

☆**2**　わが国の明治初期、近代日本における最初の翻訳小説として広く読まれたのが、彼の小説であったことを記しておこう。明治一一年に『欧州奇事花柳春話』という題で翻訳された『アーネスト・マルトラヴァース』一八三七）をはじめとして、翌一二年の『奇想春史』（原題『ポンペィ最後の日』、一八三四）、あるいは翌一三年の『龍動鬼談』（原題『不思議な物語』、一八六二年）など、リットンの小説の翻訳は明治一一年から二四年までの間に一四編にものぼる。その意味では、彼は、わが国の近代小説とりわけ政治小説の成立にも大きな足跡を残しているのであるが、不思議なことに、その影響をまともに論じた研究は見あたらない。

☆**3**　この小説の、「社会に下劣な害毒を流す存在を抹殺することは正当な行為ではないか」という殺人の動機のテーマは、ドストエフスキーの『罪と罰』（一八六六）のそれに酷似しているが、彼がリットンのフランス語訳版を読んでいた可能性もある。

☆4　興味深いことに、『英国と英国人』の中の「ベンサム論」がJ・S・ミル執筆の評論であるとは全二巻のどこにも書かれていないばかりか、リットンは親友ミルに謝辞さえ記していない。これは、一八世紀から一九世紀初め、当時の雑誌は執筆者の名前が掲載されていないという事実と密接な関連がある。ものを書くことはノブリス・オブリジェとしての行為とみなされていたとともに、狭い知的サークルの中でだれが書いたものかすぐに知れたからであろう。もっとも、リットンは一九世紀の著作権保護の制定に尽力した一人でもあった。第二章で、『タイムズ』の『社史』が、名編集長バーンズの名前が紙面に載ったのは死亡記事だけだったことを賞賛していると述べたが、これは当時ごく普通の慣例だったのである。

☆5　精神分析用語に、「昇華 sublimation」という語があるが、明らかにこの「崇高美 sublime」という言葉を一般化したものといえるだろう。フロイト（1856-1939）もまた明らかに一九世紀という時代の申し子であった。

☆6　とはいえ、皮肉にも、リットンの犯罪小説の成立と隆盛それ自体は公開処刑制度の存続と対応関係にあった。公開処刑の廃止後、犯罪小説は衰退し、あのシャーロック・ホームズの活躍する推理小説の時代が始まるのである。ちなみに、イギリスで死刑が廃止されるのは一九六九年のことである。

☆7　ちなみに、正式名称にある「シャリヴァリ」という言葉は、ラフ・ミュージックとも呼ばれる民衆による社会的制裁のことであり、わが国でかつて新聞が「社会の木鐸」と呼ばれたのに似た言葉である。

☆8　北条文緒はその著『ニューゲイト・ノヴェル』（一九八一）のなかで、一八三〇年代から四〇年代への犯罪小説の変化を「撲殺」から「毒殺」への変化とみごとに要約している。

☆9　マルクスが『剰余価値学説史』のなかで、「犯罪者はブルジョワの生活の単調と無事平穏をやぶる。こうして彼は、ブルジョワ生活の停滞をふせぎ、また、あの不安な緊張と可動性――これがなければ、競争の刺激さえも鈍化するであろう――を呼び起こす」と述べているのは、明らかにヴィクトリア時代の新聞の犯罪ニュースについての見解であろう。

☆10　犯罪史家V・A・C・ギャトレル（一九八〇）は、ヴィクトリア朝とその後のエドワード朝における窃盗犯と暴力犯の減少を当時の犯罪統計の再加工によって検証しながら、犯罪が物質文明の進歩にとって不可避の代価であるという通説に挑戦している。

また、彼の編著の中で、J・デイヴィスは、イギリス文学史上センセーショナル・ノヴェルが流行した六〇年代の一八六二年、ロンドンで多発した「ギャロット」と呼ばれる路上のひったくり強盗が、警察と新聞が生みだしたモラル・パニック現象で、このキャンペーンによって「犯罪者階級」という人間類型が広範に流布したことを追跡している。

補論

☆**1**　この木版画は、一六四一年に発行された「蛇たちの巣窟」と題されたアダム主義者 adamites と呼ばれたヌーディストたちを攻撃するパンフレットを転用したもので、その木版画の吹き出しは、鞭をもった女が男に「欲望を鎮めよ」と命じている。男女の地位の逆転は中世いらいの民衆の祝祭空間「逆さまの世界」のポピュラーなモチーフにほかならない。

☆**2**　この祝祭空間の概要については、バーバラ・バブコック編（岩崎宗治他訳）『さかさまの世界——芸術と社会における象徴的逆転』、岩波書店（二〇〇〇年）を参照のこと。

☆**3**　デイヴィスによるランターズの歴史的な不在証明は、あたかも冤罪論のように困難かつスリリングな知的刺激にあふれており、その後、クリストファー・ヒルをはじめ多くの反論を呼んだ。一九九三年には、Past and Present.no.140 誌上でディベートが行われ、デイヴィスがこれに応えて決着がつけられている。主要参考文献を参照のこと。

旧版あとがき

本書は、一九八六〜九年に三六回にわたって『法学セミナー』に連載した「犯罪報道の社会史」と『文学』（一九八九年七月号）に掲載した「ブロードサイド物語再考」を全面的に書き改めたものである。

『法学セミナー』の連載は、当時、わが国のマス・メディアの事件報道のあり方を改革しようとして起こった、新聞記者や弁護士を中心とする「人権と報道」運動の高まりのなかで始められたものであった。当初、私が意図したのは、イギリス近代ジャーナリズムとロンドン首都警察を始めとする国家警察制度とが同じ政治的プログラムによって、あたかもコインの両面のように成立したという事実を明らかにする点にあった。この歴史的事実の証明は、言論・報道の自由、中立公正、客観報道の原則を標榜するわが国のジャーナリズムにも大きな疑問を投げかけよう。私は、イギリス近代ジャーナリズムの歴史を辿ることによって、この改革運動に対してささやかながらも理論的な支援を送りたいと思ったのだった。私の意図が成功しているか否かは読者の判断をあおぎたい。

もっとも、新たに五年の歳月をかけて、私を本書に取り組ませたのは、歴史を結果において捉えるのではなく、その生成の現場を記述したいという思いである。私がとった方法は、〈意図〉の歴史と〈結果〉の歴史を区別し、前者に力点をおいて分析と記述をすすめることだった。あえてこのような方法を自らに課したのは、ひとつには今日蔓延しているかにみえるシステム論的思考への挑発、またひとつには歴史を民衆レベルで記述することで自らを免責するかのような社会史や女性史に対する疑問符の呈示という面もあったが、何よりも私は、さまざまな〈意図〉と〈結果〉が織りなす「イロニーの歴史」を綴りたかったからである。

だが、振りかえってみると、私を駆りたてたのは、一九世紀に成立した近代ジャーナリズムもいずれ近い将来に終焉するだろうという予感であった。誤解をおそれずにいえば、ニュースが日々いや時々刻々とまるで氾濫するかのような様相を呈している現在、かえって、ニュースという概念そのものがもはや消滅しつつあるのだ。インターネット時代の幕開けといわれる今日、かつて一九世紀に「知識への課税」をめぐってさまざまな言説がわき起こったように、数多くの議論がなされなければならないだろう。その時、振りかえって、歴史を繙いてみることはけっして無駄ではあるまい。

思えば、本書で新聞のプロトタイプと呼んだブロードサイド・バラッドを私が最初に聴いたのは一七歳の時だった。夜のラジオから流れてくる女性シンガーの澄んだ歌声のとりこになり、当時は入手が困難だったモノラルのレコードをやっとの思いで買った。のちの反戦歌手ジョーン・バエズのデビュー・アルバムである。その中の Mary Hamilton, Henry Martin, Lily of the West, Banks of Ohio などの歌が伝承バラッドや殺人バラッドだったのだ。もっとも、私がそのことを知るのはずっとあとになってからである。今日まで私は、一七歳の感受性になり響いた調べを追いつづけてきたのかもしれない。

さて、本書をまとめるにあたって、数多くの方たちにお世話になった。川島昭夫氏は、貴重な文献を惜しげもなく貸してくれたばかりでなく、彼の数かずの助言は私の導きの糸であった。「イギリス生活史研究会」の方々、とりわけ角山栄、村岡健次、川北稔、見市雅俊、大久保桂子の各氏、また、一九世紀の有機体論的な社会観の成立を調べるよう命じることによって私の仕事のきっかけを与えてくれた仲村祥一氏にも謝意を表したい。さらに、該博な世界史とりわけ軍事情報史の知識によって私を鼓舞した森田茂氏にもお礼をいいたい。『法学セミナー』の元編集長成澤壽信氏（現代人文社社主）、また、遅々として筆のすすまない私を適切な助言によって励ましながら、気長に待ってくださった岩波書店の岩永泰造氏に感謝する。

最後に、私は本書を、すべての書物はここにあるという奢りとものを書くことの空しさを教えてくれた、市井の一印刷人だった亡き父の霊に捧げたい。

阪神大震災からようやく修復なったエッジウッド館にて

一九九五年五月三日

あとがきにかえて
インターネット時代へ問いかけるもの

本書の旧版が出版されたのは一九九五年であるが、最初の執筆は一九八六年六月〜八九年五月の『法学セミナー』誌の連載であった。

その連載は、旧版では収録しなかった「ニュース論」から始まっている。私がそれを書いた一九八六年には、ネット上にニュースがシームレスにあふれる今日のような事態は想像さえできなかった。けれど、そのことは、逆に、インターネット以前と以後とで、ニュースの在りようがどのように変わったか、あるいは変わっていないかを見分けるうえで参考になるだろう。ここに再録して、インターネット時代のジャーナリズムのあり方を考えるための手掛かりとしたい。

＊

ニュースとは何か

私たちは日々、朝の食卓で、通勤・通学の電車の中で、また夕べの団らんの間で、新聞を読みテレビを眺めては、その日その日の世の中の出来事を知り、そして忘れていく。私たちの日常の繰りかえしのなかを、つかの間、しかし絶え間なく厖大な数の犯罪や事件のニュースが通り過ぎていく。私たちは、ある時は事件の残虐さに恐怖し、犯人を憎悪し被害者を憐れみ、ある時は事件の愚かさにあきれ、また新型の犯罪の出現に驚き、またある時は事件の背後にある社会の不条理に怒りを覚える。日々の犯罪や事件は、ことの大小を問わず、私たちの日々の感情に刺激と興奮を与え、私たちをつかの間のおしゃべりに駆りたて、そして忘れられていくのである。

犯罪や事件のニュースにかぎらず、朝となく夜となく、ニュースを読み、眺め、そして忘れることが、現代に生きる私たちの習慣となっている。私たちは、日々の繰りかえしの中で、いや、日々を破綻なく繰りかえすためにこそ、おびただしい量のニュースを消費して生きている。だが、振りかえって考えてみると、そこにはひとつのアイロニカルな事実が隠されている。

マス・メディアが私たちの日常生活に絶え間なく送りこんでくる厖大な量のニュースには、犯罪や事件はもちろんのこと、偶然に起きることや予測できないこと、異常な出来事に満ちあふれている。いいかえれば、たとえどんなにささいな偶発事であっても、それが私たちの日常生活の習慣や日課やルーティンから逸れているとき、マス・メディアによってニュースとなる。私たちは、私たちのおきまりの日常を反復するためにこそ、おきまりの日常から逸れた出来事をニュースというかたちで消費しているのである。

ひとつのなぞなぞがある。家庭にあるものの中で、肉や魚や野菜よりもいちばん日もちの悪いものはなにか？

答えは、もちろん新聞である。このなぞなぞには、二つの重要な示唆が含まれている。

だれが昨日の新聞を読みたがるだろうか。ひとたびそれを知ってしまえば、たちまち鮮度が失われ価値をなくしてしまうニュースとは、ただつかの間の《現在》においてしか存在することのできないものなのだ。そして、ニュースはまた、パンやコーヒーと同じように、私たちの日々の糧なのである。拒食症が、ありあまる物質資源に取り囲まれた豊かな社会への不適応症状であるのと同様に、めまぐるしい現代社会からの撤退である鬱病の初期症状に対して、精神科医は「朝刊シンドローム」という名を与えている。ニュースとは、私たちが、急速で過剰な刺激にあふれた現代社会のめまぐるしいテンポとリズムに適応するために欠かすことのできない日用の糧なのである。

しかしながら、おびただしいニュースの厖大な量の消費という習慣が、激しいテンポとリズムにあふれる都市化された現代社会に生きる私たちの、強度な神経刺激を追いもとめて倦むことを知らない性向と嗜好によるものとみなすならば、私たちの精神生活の表層をしか見ないことになるだろう。

ニュースとりわけ犯罪や事件のニュースが、私たちの生活の単調と平穏をやぶり、不安と緊張という刺激によって日常生活の停滞をふせいでいるのはたしかである。しかし、それだけのことであれば、現代の都市化された環境は光と音にみちた他のさまざまな強烈な刺激にことかかないのである。たしかに、私たちの感性はたえず新しい強烈な刺激を追いもとめ、刺激に倦み疲れてはまた新たな刺激を探しつづけてやむことがない。そもそも感性とはアノミックな性質のものであって、それを外部から規制する何ものもなく、あるのはただ神経生理学的な刺激逓減の法則だけである。過剰な刺激はやがて私たちの感性を不活性な状態に陥らせるだろう。かつてドイツの社会学者ジンメルが指摘したように、「都市の子どもはすでに倦怠を知っている」のである。

むしろ、私たちは日々、ニュースを読み眺めそして忘れるという習慣を身につけることによって、都市化された環境の中でたえず過剰な刺激にさらされている私たちの感性を、アノミー状態に陥ることから防御しているのである。

私たちの日々のニュースの消費の習慣は、他のさまざまな日常の習慣とは性質を異にしている。朝の起床から夜の就眠にいたるまで、日々の習慣となっている数かずの行為が、なんら感情をともなうことなく、ほとんど無意識になされる自動的なしぐさであるのに対して、ニュースを読み、見るという行為には、つねに《驚き》という感情作用がともなっている。私たちは毎日、《驚き》に出あうためにこそ、ニュースに接しているのである。習慣というものが惰性態の別名であるとすれば、ニュースの消費という習慣は何とも奇妙な習慣といわなければならない。だが、習慣化された《驚き》という、この矛盾した感情作用の過程こそが、ニュースの消費という習慣の特異な性質をかたちづくっているのである。

ニュースの消費という行為は、じつは現代に生きる私たちの日々の儀礼なのである。儀礼が習慣と異なるのは、感情の喚起とその解消のメカニズムの存在によってである。私たちは、偶発事や予測しえない異常な出来事にみちたニュースによって、驚異の感情を喚起される。だが、ニュースの鮮度の失われるのは早い。私たちの驚きはほんのつかの間のことであり、すぐに忘却の小波に洗われてしまう。

新聞は読み捨てられるものであり、テレビはいつも消されるのだ。厖大な量のニュースの消費、いや消尽の儀礼によって、私たちの日々の感情はたえず更新されているのである。

けれど、私的な儀礼というものがあるだろうか。

儀礼はつねに社会的、集合的で周期的な性格を有していなければならない。また、あらゆる儀礼が、日常からの分離と移行と再統合という三つの社会過程（V・ジュネップ）からなるものだとするならば、ニュースのほとんど瞬時的な消費過程は、とうていこれらの条件を満たしていそうもない。

だが、ふり返って考えてみよう。マス・メディアが日々、絶え間なく送りこんでくるニュースの厖大な量の消費のしかたには、朝と昼と晩というように、定時的かつ周期的なパターンがみられる。私たちは日々、たとえ個々別々であれ、同時刻に、テレビを見、新聞を読んでは同じニュースを消費することを繰りかえしている。ここに、ニュースの消費の、比類のない集合的特徴がみられる。私たちは、日々のニュースの消費を通して、たとえつかの間であれ、おさだまりの日常から非日常への離脱、そして再び日常への帰還を、たえず集合的に繰りかえしているのである。

おびただしいニュースの厖大な量の消費、それは現代社会の、他に比肩するもののない集合儀礼なのである。伝統的な儀礼と比較すれば、この儀礼は、その参加者を同一の場所に集めることのない、微分化され、個人化された、抽象的な儀礼といわなければならない。だが、私たちの日々の、定時的そして周期的なニュースの消費という儀礼への参加を、総体として眺めるならば、そのスケールの壮大さは伝統社会のそれと比すべくもない。

伝統社会から近代社会への発展の歴史は、同時に、世俗化すなわち脱儀礼化(derritualization)の過程であった。近代化の進行とともに次第に失われていった伝統的儀礼は、その推進に指導的役割を果たしたほかならぬマス・メディアが、その代理機能をになうにいたったのである。かつて、マクルーハンは、「マス・メディアとりわけエレクトロニクス・メディアは世界を部族化する」と唱えたが、その楽天的な主張を割り引いて聞くならば、彼の言葉は、現代におけるマス・メディアの司祭的役割を端的に言い表わしている。

現代社会は、日々の、厖大な量のニュースの消費という巨大な儀礼によって、私たちの感情を集合的にたえず更新させ、私たちを、強度の神経刺激にみちた、そのめまぐるしいテンポとリズムに適応させることにより、ほかならぬ社会自体を維持しているのである。ニュースは、私たちの日用の糧であると同時に、私たちの社会がたえ間なく《現存》しつづけるために日々捧げられている供物なのである。

このことは、ニュースが私たちの手に送りとどけられ、私たちがひとたびそれを知ってしまった瞬間にたちまち失われてしまう《ニュース価値》というものの謎めいた本質を明らかにしてくれる。ニュースの価値は、そう信じられているように、それが伝達する出来事の情報の稀少性にあるわけではない。それはまた、その情報の実利的な効用、いわゆる使用価値にあるわけでもない。

ニュースがどのようなものか、何度も言い古されてきたジョークを思い出すことにしよう。「犬が人を噛む」ではニュースにならない。「人が犬を噛む」から、ニュースになるのだ。このジョークは、ニュースの価値が出来事の本来の重要性、つまりその《意味》にはないことをはしなくも語っている。

一日の交通事故による死傷者の数と犯罪事件による死傷者の数とを比べれば、前者の方が圧倒的に厖大な数に達することはいうまでもない。事件のもたらす被害の大きさにおいて、また、社会に与える影響の大きさにおいて、交通事故の方が甚大であることもあまりにも自明である。にもかかわらず、新聞もテレビも、犯罪の方をニュースとして重要視し、私たちもまた、それを当然のこととして受けとめている。さらにまた、年間の交通事故の死傷者の数と戦争による死傷者の数を比較してみても、同様のことが指摘できることはいうまでもない。年間の交通事故による莫大な人命の損失が戦争によるそれと比較にならない数であるにもかかわらず、新聞の第一面を飾ることはめったにない。

戦争、犯罪、交通事故というニュースの順序は、それが私たちの生活におよぼす出来事の本来の重要性の度合いの順序ではない。交通事故に、「交通戦争」という修辞がほどこされるとき、この順序の二位と三位とが入れ替わる。ニュース・オーダーとは、たとえ修辞上の言い換えによってであれ、それによって喚起される私たちの集合的な感情の強度の関数なのである。

《ニュース価値》と呼ばれるものが、ほとんど瞬時に消尽するものでありながら、その価値を序列づけたり、計算したりすることが可能なのは、私たちが喚起される感情の強度を関数としているからである。《ニュース価値》とは、私たちの集合感情を作用させる喚起力にあるのであり、その力の作用はほんの一瞬の間に働けば十分なのだ。そして、ひとたび集合感情が呼び覚まされるや否や、ニュースの《意味》の世界が動きだすのだ。ニュースの、いわゆる情報としての価値、つまり出来事の重要性や緊急性の差異、実際的な知識としての効用性や稀少性の差異が、互いにせめぎあいながら、ものをいいはじめる。いや、充満する興奮と緊張につつまれて、私たちがおしゃべりを始めるのだ。ニュースとは、まさしく、「人をおしゃべりに駆りたてる何か」なのだ。この言葉は、一九世紀末アメリカの、近代的ニュース編集の開拓者C・A・デイナが下した定義である。今日の記号論者ならば、記号作用の場として、ニュースの世界を定義するだろう。たしかに、ニュースによって、私たちの記号環境がたえず活性化されているといってもいい。だが、より重要なことは、私たちにたえ間なく《驚き》の感情を喚起させ、おしゃべり（ディスクール）に駆りたてる、ニュースのもつ力によって、私たちの個々ばらばらな非連続の生が、いっきょに集合的で連続的な群れとしての生へと飛躍するということだ。この力の作用こそ、おびただしいニュースの厖大な消費という現代の儀礼が、日々たえ間なく私たちに及ぼす作用なのであり、その極微の力の積分されたリズムによって、私たちの社会はたえ間なく《現存》しつづけているのである。この力こそが、《ニュース価値》と呼ばれるものの本質にほかならないのである。

＊

以上である。まずこの小論からわかることは、インターネット以前も以後も、私たちが厖大な量のニュースを消費しながら暮らしていることには変わりないという事実である。マクロにみれば、たしかにニュースの量的規模は比較にならないほど現在の方が圧倒的であるだろう。けれど、私たちが日々、個々に接するニュースの量自体はそれほど変わりはないだろう。若い世代が新聞を読まなくなったといわれるが、たとえ媒体がネットやケータイに変わろうと、個人のニュースの摂取量は以前とそれほど変化はないということである。また、ネットやケータイは、自分の趣味や嗜好の範囲内のニュースにしか関心をもたない、分衆化した人間を生みだしているといわれる。だが、じつは「分衆」という言葉そのものが造語されたのはインターネット以前、一九八五年のことである。

では、インターネット以前と以後とで、いったい何が変わったのか。

ニュースの定期性と周期性という性格である。インターネット以後の社会では、新聞であれテレビであれマスメディアが私たちの日常に、定時にニュースを送りこみ、私たちがほぼ同時にニュースに接するという習慣、すなわち伝統社会とは比較にならない壮大なスケールの集合儀礼（ヘーゲルはこれを「礼拝」に喩えている）がまさに失われようとしているのである。

近代ジャーナリズムが終焉をむかえつつある現在、あらためて気づかされるのは、日々のニュースによって喚起される感情の更新という集合儀礼によって、私たちの社会そのものが現前していたという事実である。しかも、この日々の感情更新のリズムによって、産業社会を維持する欲望も更新されてきたのだ。ニュースが定時的かつ周期的なリズムを失い、ネット上をシームレスに流れる現在、ニュースはもはや現代の都市化された環境にあふれる他のさまざまな刺激と区別することのできないアノミックな性質を帯びるのである。

とりわけ、問題は犯罪や事件のニュースである。これらのニュースはただ単に私たちの日々の感情を更新するだけにとどまらず、社会の規制領域の境界をたえず明確に画定し、刻印するという象徴的役割をになってきた。日々の犯罪や事件のニュースによって、私たちの社会の象徴システムがたえ間なく生成し、社会の道徳的秩序が再生産されてきたのである。

今日、失われようとしているのは、近代ジャーナリズムが果たしてきたこのような役割にほかならない。インターネット時代のジャーナリズムはこれに代替する仕組みを発見することができるかが問われているのである。

最後に、本書が、『法学セミナー』連載時の編集長・成澤壽信氏のエディターシップによって出版されることは、私にとって望外のよろこびである。ここに記して感謝したい。

二〇一〇年一二月

村上直之

1802年	『ポリティカル・レジスター』創刊	
1803年	新聞記者、議会外廊下に座席確保	～1815年、ナポレオン戦争
1806年	この頃、ラディカル・プレス第一世代の登場	カフーン、週刊「警察広報」提言
1810年		ロミリー卿、刑法改正提案
1811年	犯罪白書の年次刊行	ラトクリフ街連続殺人事件
1815年	新聞印紙税、4ペンスに引き上げ	蒸気シリンダー印刷機
1817年	T・バーンズ、『タイムズ』主筆	
1819年		ピータールーの虐殺
1820年	この頃、ラディカル・プレス、壊滅状態	死刑罪種200を超える
1822年	『サンデイ・タイムズ』創刊	
1823年		サーテル事件
1824年		ヒューム、結社法の廃止
1825年	ヒューム、新聞印紙税減税案否決さる	鉄道開通
1827年	ブルーアム卿、有用知識普及協会	クーパー アプルガース印刷機
1828年		官報「ポリスガゼット」
1829年	チャドウィック「予防警察論」 『ロンドンレヴュー』	国家警察制度、スコットランドヤードの創設。
1830年	～36年、非合法な無印紙新聞、550紙 リットン『ポール・クリフォード』。	イングランド南部にスィング暴動 ～32年、農業地帯に暴動多発
1831年	『プアマンズ・ガーディアン』創刊	
1832年	リットン下院演説。『ペニー・マガジン』創刊	選挙法改正。国民政治同盟を結成
1833年	広告税の減税。リットン『英国と英国人』	コールドバース・フィールズ事件 ～39年、死刑罪種減少
1834年	議会内に記者席	工場法制定、救貧法改正
1835年	F・プレイス、新聞印紙税廃止協会を結成 『国民のためのパンフレット』発行	
1836年	印紙税減税1ペニーへ。地方紙、勃興	
1837年	チャーティスト機関紙『ノーザン・スター』創刊	
1839年	ローランド・ヒル、郵便切手制度の創設	
1840年	ロイド『ペニー・サンデイ・タイムズ』創刊	1840年代、チャーティスト運動高揚
1841年	メイヒュー、『パンチ』初代編集長	国家警察、主要工業都市に設置
1842年	『ロイズ・ウィークリー・ニューズ』創刊	
1843年	文書誹毀法、名誉毀損に限定	
1846年	ディケンズ『デイリー・ニューズ』創刊	穀物法、撤廃
1848年	判決前の事件報道を許可	新聞輸送用列車。電信網敷設
1850年	『レノルズ・ウィークリー・ニューズ』創刊	公共図書館法の成立
1851年	下院に新聞印紙税特別委員会設置 メイヒュー『ロンドンの労働とロンドンの貧困』	第1回ロンドン万博 英仏海峡に海底電信敷設
1853年	広告税廃止	～56年、クリミア戦争
1855年	印紙税廃止。『デイリー・テレグラフ』創刊	
1856年		2月、国家警察、イギリス全土設置
1861年	新聞用紙税廃止	死刑、殺人罪のみ適用
1868年		公開処刑の廃止
1869年	新聞委託金制度、廃止	
1870年	新聞輸送料金、一律0.5ペニーへ	フォスター法、国民教育制度の確立
1896年	ノースクリフ『デイリー・メール』創刊	

イギリス・ジャーナリズム史年表

	新聞・出版関連	刑事政策・警察その他
1476年	カクストン、印刷所を開設	
1513年	「フロドゥンの野の合戦」	
1542年	16世紀初め、ディ・ワード、ブロードサイド出版	魔女迫害法
1543年	ヘンリー8世、出版規制法を制定	
1557年	ステイショナーズ・カンパニー設立	
1563年	J・フォックス『殉教者列伝』	徒弟法、時間労働制の始まり
1641年	星法院、廃止	
1643年	出版認可法制定	
1644年	ミルトン『アレオパレジカ』	魔女処刑、盛ん
1646年	イギリス市民戦争終結	
1650年	パンフレット「ランターズ信仰」その他15種	急進派宗教セクト、叢生
1666年	官報『ロンドン・ガゼット』	
1689年	『権利の章典』	
1695年	出版認可法廃止	
1701年	『デイリー・クーラント』創刊	
1702年	『ポスト・ボーイ』創刊。翌年、『ポストマン』創刊	
1712年	新聞印紙税法、設置	
1713年		デフォー『レヴュー』廃刊
1714年	『オリジナル・ウィークリー・ジャーナル』創刊	アディソン『スペクタイター』廃刊
1723年		ブラック法の制定
1725年		ジョナサン・ワイルド、処刑
1751年		『強盗犯増加原因に関する調査』
1752年	『コベント・ガーデン・ジャーナル』創刊	
1753年		H・フィールディング、刑事記録保存の基礎
1757年	E・バーク『崇高と美の起源』	
1762年	ウィルクス『ノース・ブリトン』創刊	
1764年		ベッカリーア『犯罪と刑罰』
1770年代	議会議事録が新聞紙上に掲載。	
1773年	『ヒュー・アンド・クライ』創刊	裁判傍聴を記者に許可
1777年		J・ハワード『監獄事情』
1778年		ベンサム「重労働刑法案について」
1779年	『サンデイ・モニター』創刊	法廷の入廷許可料を新聞記者から徴収 犯罪者の身体への烙印、廃止
1780年		ゴードン暴動
1783年		刑場をニューゲイト前に移転
1785年	『タイムズ』創刊	ベンサム「パノプティコン」構想
1789年	新聞印紙税、2ペンスに倍増	フランス革命
1790年		アッヘンヴァル『国情論』第7版
1791年	『オブザーバー』創刊、『人間の権利』	
1792年	フォックスが文書誹毀法Libel Actの修正	
1795年	ハンナ・モア『廉価小冊子』	カフーン『首都警察論』第1版
1797年	新聞印紙税、3.5ペンスに増税	カフーン、国家警察の創設を提言
1798年	新聞法成立。この頃、ゴシック小説、隆盛	
1801年	『ウィークリー・ディスパッチ』創刊	イギリス国勢調査始まる

第四章

Berridge,Virginia Stewart :*Popular Journalism and Working Class Attitudes 1854-1886:Study of Reynolds's Newspaper, Lloyd's Weekly Newspaper and Weekly Times*, Doctorial Thesis, Univ. of London, Birkbeck College(Unpublished), 1976.

Bulwer-Lytton,Edward: *England and English*,2vols. ,Irish Univ. Press,1971.

Casamian,L.:*The Social Novel in England 1830-1850*,Routledge & Kegan Paul, 1973.

Hay,Douglas et als. :*Albion's Fatal Tree; Crime and Society in Eighteenth-Century England*, Penguin bks.,1975.

Hollingsworth, Keith: *The Newgate Novels 1830-1847*, Wayne State Univ. Press, 1963.

V.A.C.Gatrell et als. eds.: *Crime and the Law: the Social History of Crime in Western Europe since 1500*, 1980.

E・パーク(鍋島能正訳)『崇高と美の起源』，理想社，1973年.

P・アリエス(伊藤晃他訳)『死と歴史』，みすず書房，1983年.

R・ウィリアムズ(若松繁信訳)『長い革命』，ミネルヴァ書房，1983年.

R・D・オールティック(村田靖子訳)『ヴィクトリア朝の緋色の研究』，国書刊行会，1988年.

北条文緒『ニューゲイト・ノヴェル』，研究社，1981年.

補論

A.Macfarlane et al., *Witchcraft in Tudor and Stuart England*, Routledge and Kegan Paul, 1970.

J.C.Davis, :*Fear, Myth and History; the Ranters and Historians*, Cambridge Univ, Press1986.

:Fear, Myth and Europe: Reappraising the "Ranters" ,*Past and Present*, No.129,1990.

:Debate Fear, Myth and Europe: Reappraising the "Ranters" ,*Past and Present*, No.140,1993.

浜林正夫『魔女の社会史』，未来社，1978.

木田理文「イギリス革命におけるランターズ思想の歴史的意義」，『社会思想史』，no.4,1980.

「イギリス革命期の民衆運動の人間像——ランターズを中心として」，『イギリス哲学研究』，No. 4, 1981.

第二章

Altick, R.: *The English Common Reader*, Univ. of Chicago Press, 1957.
Anon: *The History of The Times*, 2vols, The Times Publishing Co.,1939.
Aspinall, Arthur: *Politics and the Press*, Home and Van Thal, 1949.
Asquith, Ivon :'Advertising and the press in the late eighteenth and early nineteenth centuries', in *Historical Journal* , XVIII(4), 1975.
Christian, Harry(ed.):*The Sociology of Journalism and the Press*, Univ. of Keele, 1980.
Collet, C.D.: *History of the Taxes on Knowledge; Their Origin and Repeal*, 2vols. ,Fisher Unwin, 1899.
Curran, J.et al.,: *Mass Communications and Society*, Edward Arnold, 1977.
Fox Bourne,H.R.: *English Newspapers; Chapters in the History of Journalism*, Chatto & Windus, 1887.
Herd, Harold: *The March of Journalism*, George A11en and Unwin, 1952.
Hunt, Frederick K.: *The Fourth Estate*, 2vols.,David Bogue, 1850.
Wiener, Joel H.: *The War of the Unstamped*, Cornell Univ.Press,1969.
:*A Descriptive Findings List of Unstamped Periodicals 1830-36*. BibliographicaI Society, 1969.
Williams, Francis: *Dangerous Estate;the Anatomy of Newspapers*, Longmans, Green & Co., 1957. (上原和夫・志賀正照省訳『脅かす第四階級』, 有紀書房, 1958 年 . ラディカル・プレスの戦いの章が削除されている。)
ジョン・スチュアート・ミル『自由論』, 岩波文庫, 1960 年 .
都筑忠七編『資料イギリス初期社会主義』, 平凡社, 1975 年.
川島昭夫「工業化時代の生活と文化」, 村岡健次・川北稔編著『イギリス近代史―宗教改革から現代まで』所収, ミネルヴァ書房, 1986 年 .
村岡健次『ヴィクトリア時代の政治と社会』, ミネルヴァ書房, 1987 年.

第三章

Collins, Philip : *Dickens and Crime*, 2nd edn., Macmillan & Co., 1965.
Colquhoun, P.:*A Treatise on the Politics of the Metropolis;containing a details of the Various Crimes and Misdemeanors*, 6th edn., Baldwin and son, 1800.
Radzinowicz, Sir Leon : *A History of English Criminal Law and its Administrarion from 1750*, 5vols., Stevens & Sons, 1948-86.
Boorstin, Daniel J.: *Democracy and its Contents*, Random House, 1974.
G・ルッシェ, キルヒハイマー (木原一史訳)『刑罰と社会構造』, 法務府法制意見第四局, 1945 年.
M・フーコー (田村似訳)『監獄の誕生』, 新潮社, 1977 年.
T・ケリー (原田勝他訳)『イギリス公共図書館』, 東京大学出版会 ,1983 年.
川島昭夫「十九世紀ロンドンのフェア」, 中村賢二郎編『歴史の中の都市』, ミルヴァ書房, 1986 年.

主要引用文献

第一章

Faller, L.B.: *Turned to Account*, Cambridge Univ. Press, 1987.

Firth, C.H.: 'Ballads and Broadsides', in *Shakespeare's England*, vol.II. Clarendon Press, 1916.

Hindley, Charles : *The Life and Times of James Catnach*, Reeves and Turner, 1878.

:*Curiosities of Street Literature*, Reeves and Turner, 1871, Broadsheet King(reprint), 1966.

Hobsbaum, E.J.: *The Bandit*, Penguin Bks, 1972.

Hobsbaum, E.J. & Rude, G.: *Captain Swing*, Penguin Bks, 1969.

Loyd, A.L.: *Folk Song in England*, Paladin, St.Albans, 1975.

Mayhew, Henry:*London Labour and The London Poor*, 4 vols.,1861-62.Dover(reprint), 1968.

Peterson, Ted : 'British Crime Pamphleteers : Forgotten Journalists', *Journalism Quarterly*, vol.22, 1945.

: 'James Catnach : Master of Street Literature' , *Journalism Quarterly*, vo1.27, 1950.

Rollins,H.E.:'The Black-letter Broadside Ballad', in *Publications of the Modern Language Association*,XXXIV, 1919.

: 'William Elderton : Elizabethan Actor and Ballad-Writer' ,in *Studies in Philology*, XVII.1920.

Shaaber, M.: *Some Forerunners of Newspaper in England 1476-1622*, Univ. of Pennsylvania Press, 1929.

Sharpe, J.A.: 'Last Dying Speeches : Religion, Ideology and Public Execution in Seventeenth-Century England' , in *Past and Present*, No.107, 1985.

Thompson, E.P.: *The Making of the English Working Class*, Penguin edn.,1968.

: *Whigs and Hunters*, Allen Lane, 1975.

毎日新聞社社史編集室『社会面変遷史（上）』, 1974 年.

大久保桂子「成立期のイギリス・ジャーナリズムにかんする覚え書き」,『西洋史学』第124 号所収, 1982 年.

川崎寿彦『森のイングランド』, 平凡社, 1987 年.

川島昭夫「狩猟法と密漁」, 村岡健次他編『ジェントルマン』所収, ミネルヴァ書房, 1987 年.

角山栄『時計の社会史』, 中央公論社, 1987 年.

見市雅俊「都市の生理学 — ヘンリー・メイヒューの新しい読み方」, 吉田光邦編『一九世紀日本の情報と社会変動』, 京都大学人文科学研究所, 1985 年.

著者略歴

村上直之（むらかみ・なおゆき）
1945 年群馬県高崎市に生まれる
1970 年京都大学教育学部卒業（社会病理学専攻）
専攻－社会学、メディア論、演劇批評
職歴－京都大学助手、芸術工学研究所ディレクター，神戸女学院大学文学部教授
著書『はじめからなかった記憶』（耕雲堂）
『花のおそれ』(花・写真／中川幸夫，誠文堂新光社)
『犯罪とメディア文化』（共著，有斐閣）
『ギャンブルの社会学』（共著，世界思想社）
『見立て発想法』（CDROM 付，芸術工学研究所）
『ニュースの誕生』（共著，東京大学出版会）etc.
訳書『アウトサイダーズ』（H.S. ベッカー著，新泉社）
『社会問題の構築』（J.I. キツセ他著，共訳，マルジュ社）

改訂版《かいていばん》 近代《きんだい》ジャーナリズムの誕生《たんじょう》
イギリス犯罪報道の社会史から

2010 年 12 月 30 日 第 1 版第 1 刷

著　者　村上直之
発行人　成澤壽信
発行所　株式会社 現代人文社
〒 160-0004　東京都新宿区四谷 2-10 八ッ橋ビル 7 階
振替　00130-3-52366
電話　03-5379-0307(代表)
FAX　03-5379-5388
E-Mail　henshu@genjin.jp(代表)/hanbai@genjin.jp(販売)
Web　http://www.genjin.jp
発売所　株式会社大学図書
印刷所　株式会社ミツワ
装　丁　加藤英一郎

検印省略 PRINTED IN JAPAN ISBN978-4-87798-470-0 C0022